デューティーとは何か

ヘビーデューティーと言い
ヘビアイと言う
いったいこれは何なのか
我々の生活とどこでどうかかわるのか
それは我々に何をもたらすのか

ヘビーデューティー＝HEAVY DUTY　熟語としては「丈夫な」、また「頑丈な」と訳にある。けれども文字からは「強力に働く」、「酷使に耐える」といったニュアンスが感じられる。

この本は、そのヘビーデューティーを基礎にした生活や道具、風俗体系というようなものを明らかにしようとしている。で、そのためにはこのタイトルになっている言葉をもう少し突き詰めてみたい。

ヘビーデューティーを我々が意識したのは米国に始まる。その米国で、ヘビーデューティーとは「丈夫な」でしかないだろう。それ以上の意味をそこへくわえるのは輸入国の考えすぎかもしれない。けれども、

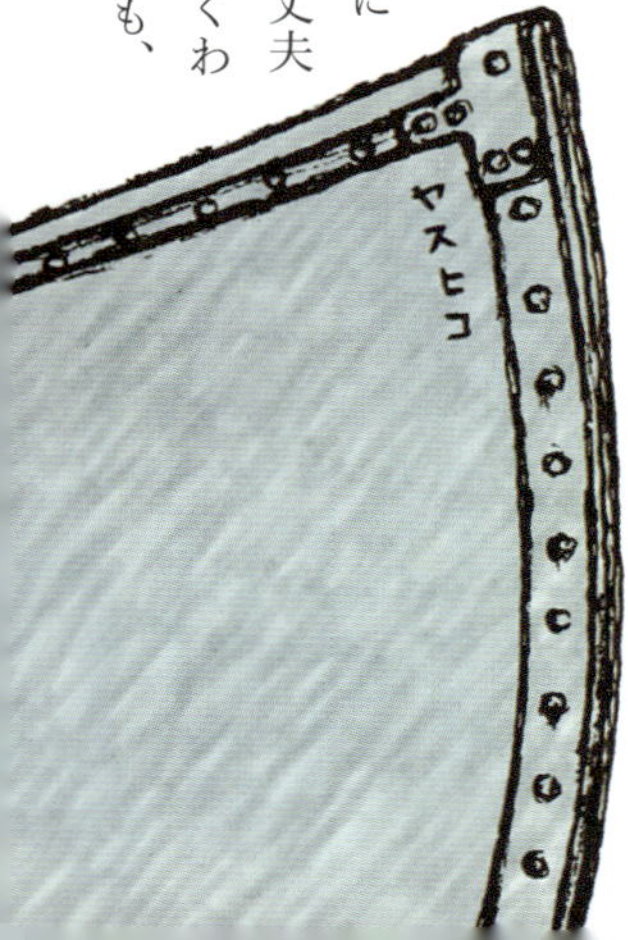

居直るわけじゃないが、それで良いと思うのだ。ヘビーデューティーという言葉の背景には「丈夫な」というだけではとても説明しきれない意識や生活がある。我々が知りたいのはそれであり、この本の目的もそこにある。

つけ加えの第一は、ヘビーデューティー、イコール「本物」ということ。ヘビーデューティーとは物の本質をふまえたもの。その目的をよく満足させるもの。必要でしかも充分なもの、よく機能するもの、

"THE COMPLETE WILDERNESS PADDLER"
から写した

つまり本もののことなのだ。だから、ヘビーデューティーの良さや美しさは、もの本来の姿そのままの中にある。当初の目的以外の作為や付加価値はヘビーデューティーにはいらない。また本来の姿だからこそウソではない本当の美意識が宿るのだ。ほんものの趣味性が入りこめるのだ。カヌー・トリップのときのフェルト帽子は絶対にダークグリーンでありたいというのも、クライミング・ブーツのレースは赤ときめつけるのも実にそこからきているのだ。

ヘビーデューティーと言えば米国というふうに考えがちで、たしかにいまは米国的ヘビーデューティーの時代だとも思うけれど、本来は人の生活があるところに必らずヘビーデューティーもあるので、ヨーロッパにもアジアにも、もちろん日本にもその歴史があるのだけれど、中でも米国が本場のように思われているところに実は今日的な意味がある。

米国のヘビーデューティーは、北米先住民をはじめ英国や欧州諸国の遺産を受けついで、北米大陸の風土の中で育ったもので、それは猟師、きこり、鉱山師、スカウト、

そして開拓者、カウボーイなどの男たちが育てたものだ。開拓時代の素朴だけれどだからこそ人間らしい生き方、自然はきびしくて大きいけれどそこにある自由さというようなものがヘビーデューティーの技術や道具を作り出した。その彼らに共通するものこそ「セルフエイド」の生き方だと思うのだ。

そのセルフエイドが現代の米国で、ことに若い人たちに注目された。文明の最先端を走っていたチャンピオンの米国だったからその欠陥にもいちばん先に気がつき、びっくりして大きな危機感をもった。それで「自然人としての人間」や、その人間が居るべき「環境」に考えが及んだ。宇宙船地球号の上で、自然の生態系の中で生きること、それはセルフエイドだ。そしてセルフエイドを可能にするのがヘビーデューティーだったのだ。

この数年、米国で行なわれたいろいろな試みはすべてこの方向にある。丸太小屋やドームハウスを含める住宅や建築物のハンドメイド、食料のプラントやエネルギーのプラント、薬を使わない医療法、健康食、セルフエイドと

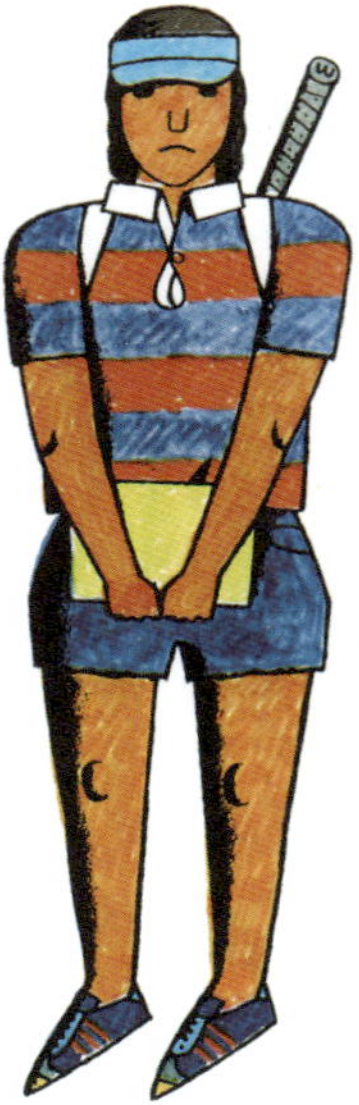

してのスポーツ（例えばジョギング）、フィッシングやアニマルワッチングからクロスカントリースキーツーリングやバックパッキングに至る一連のアウティング、セルフエイド的移動法としての自転車、エトセトラ……。

そこで当然、一般の生活風俗もその方向に向ってきている。服装はファッションである前にギア（道具）であり、だから服を着る楽しさも道具を使う楽しさと似ている。そのために作り出されまた再認識されたものこそ、いま我々がヘビーデューティーと呼ぶひとつの体系の服や道具なのだ。

これらのものは、一部は米国の（あるいはヨーロッパ系の）トラディショナルで、一部はそれを基礎にして新しく作られたものであり、そして数は少ないが現代科学が生んだまったく新しいものも加わって構成されている。

ヘビーデューティーを服装の体系としてみた場合に気がつくことは、おどろくほどアイビー＝トラディショナル体系に似ていることだ。そして共通の部分が多いことだ。

これは当然といえば当然で、ヘビーデューティーのトラディショナルな部分はトラディショナル体系のアウトドア部門かあるいはカントリー部門のわけで、だからヘビーデューティーはアイビー＝トラディショナルのアウトドア版と言ってもよいくらいだ。洋服後進国だった日本の青年が、ある時期にアイビーによって洋服や洋服を着る生活というものの本質を感じとったと同じように、ヘビーデューティーからはアウトドアで着る服や道具とアウトドアライフの本質を感じとれはすまいかと思う。

ヘビーデューティーはひとつの体系だからはっきりしたきめつけがある。それはこのあとの各篇でくわしく出てくるけれど、例えばTシャツにバッファロープレイドのウールシャツをレイ

ヤードしてトレイルパンツ、そしてマウンテンパーカを着ればクツはラグソールのウォーキングブーツだ。

これはアイビーの一例、Tシャツにボタンダウンのオクスフォードのシャツを重ね、クルーネックのシェトランドセーター、コットンパンツにコインローファーのクツというきめつけと同じで、さらにアイタムにしても作り方にしても共通の部分が多い。

映画なんかでもよく見るけれど、社会人としては正統派のトラッドを着こなしている老紳士が休日にフライ釣りに行くなんていうときはペンドルトンクラシックスにフィルソンのマキノークルーザーを重ね、足もとはコンビネーションのハンティングブーツだったりする。こんな感じでヘビーデューティーにもトラッドがちゃんとあるし、またアイビー＝トラディショナルの方にもヘビーデューティーのハートがある（アイビーのディテールを見ればよくわかる）ことなどからふと思いついてヘビーデューティーの愛称のつもりでつけたのが「ヘビアイ」（ヘビーデューティー・アイビーの略）で、だからこれは私の勝手な造語なのだ。そしてヘビアイのアイの方には学生のユニフォームとしてもアイビーの再来みたいだから、という意味も含めたつもりなのだ。

そういうことでヘビーデューティーは何も米国に限らないのだけれど、いまは米国を中心に語らなければならないこと。そしてそれが風俗や服装の体系としてどんなものなのかがわかっていただけたかと思う。また言葉としては前記ヘビーデューティー中のトラッドな部分のみを指して「ヘビトラ」（ヘビーデューティー・トラディショナルの略）なんていうのも出てくるので、この辺になるとだいぶパロディーがかってくるけれど、いずれもヘビーデューティーの形を明らかにしたいという意図から出たものなのでわかって欲しいと思う。

ヘビーデューティーの範囲は、この本でふれているアウトドア・ライフなどのスポーツ、リクレーションの世界のほかに、屋外労働や作業などのワー

キングのためのもの（軍用品まで含めて）があって、これはこれで大へんなものなのだがこの本ではごく一部を除いてはふれなかった。

何故かというと、ワーキングのためにヘビーデューティーであるのは当然であり、我々が選んだりまたそのことを楽しんだりする余地もないし軍用品に至ってはなおさらであって、これらのものは一般のヘビーデューティーに影響を与えるソースであることは認めるけれど、この体系の中に入れるわけにはいかなかった。たとえば一時大流行したワークブーツと呼ばれるクツはもっぱらコンクリートやアスファルトの上に立つ都市労働者の足のために設計されたものでオフロードや雪や泥にはまったく無力なばかりか歩くという機能性さえあてにならないものだ。そんなふうに、ある場合は共通点があっても別の面では正反対だったりするので、これはこれで他の機会に語られるべき一大敵国と認めて敬遠した。

この本は服や道具を通してヘビーデューティーとその背景にある生活を認識して、もしかしたら貴方の生活にもそれを取り入れたらどうだろう、と考えて話を進めるつもりなのだ。

ヘビーデューティー衣裳計画帖

ヘビアイの春夏秋冬を真剣に着こなし、ライフ・スタイルを確立しよう

えり出た
マウンテンパーカ
もちろん60/40地
いつでもどこでも
マウンテンパーカは
オールマイティーです
バッファロープレイドは
アカクロが本命です
さむい日には
ダウンウエアをレイヤード
しよう
HDな
ハバーサック
チノの
トレイルパンツ
となればモカシンだろう

ヘビアイの日常的な着かたです。デートなので思いきってきわめつきのバッファロー・プレイドなどを着てみた。ダウンベストではありきたりだからマウンテンパーカ以外に考えられない。都会では60／40が泣くが、雨が降ってきたら防水加工がものをいう。

デイパックもいいが、こんな日にはL・L・ビーンのハバーサックがピッタシ。トレイルパンツはチノクロスが原則。

**いちばんヘビー
デューティーな仕様の
ヘビアイのまとめ方。**

耳被いつきのフィールドキャップ。アークティック・ダウンパーカはダウンがたっぷり入っておる。パンツはキルティング・ラインドで、ソレルのダブルブーツにスノー・シュー。ハドソン・ベイ・アッキスとノコギリがあれば森での暮らしも楽しい。

グースダウン入りの60/40パーカは森の中にいちばんふさわしい冬のヘビアイアイテム
森の中の生活はまったくヘビアイライフです
雪とパインツリーとコテージの暮し
これぞヘビアイ
ファイバー入りのスーパーウオーマー
山小屋生活のシムボルはハドソンベイ型アッキス
スノーシュー

キャンパスのヘビアイ。第一番はウラネル・ジャンパー。一年中着られるヘビアイの基本だ。冬でもこの恰好で通学するところにヘビーデューティーのハートがある。ジムショーツにトレーニングシューズはいわずもがな。デイパックの下にはノートを入れて、上にはペンとお弁当とナイフを入れること。ウラネル・ジャンパーにはフードがついていて、寒い時にはこれをかぶる。そして風下を向く。だから冬でもヘビーデューティー。それでもまだ寒い場合は校庭を何周か走る。そのためにトレーニング・シューズをはいている。それでもなおかつ寒い、という人はフリスビーの遠投をやろう。そもそもこのスタイルは自転車乗り向きなので車で通学なんかしてはいけない。ぜひともロード・レーサーで、キャンパスや街を走るようにしよう。

もちろん自分の学校やクラブの名入りというのがホンモノです
これぞうらネルジャンパー これなしにヘビアイは語れません
もちろんデイパック
ジムショーツで通学しよう
とうぜんトレーニングシューズ

ノルエー型のニットキャップとダウンスウェーターとコーデュロイのパンツとトレーニング・シューズが**冬の自転車乗りアイタム**である。ヘルメットも用意しよう。マシンはまたもやロード・レーサー。バイクバッグはロード・レーサーのためのつくりで、ヒモの長いヤツがめっぽうヘビアイだ。自転車で走るうちに暑くなったらダウンスウェーターを丸めてバイクバッグの中に入れよう。ズボンの右足首はバイクバンドで止めてコーデュロイを守ろう。何度もいう。冬だからこそ寒そうな顔はしない、と。

ダウン・スウェーターと呼ばれるこの羽毛服がまたヘビアイ的なものです
ノルエー型のニットキャップ
自転車のりにはヘルメットを
足はもちろんロードレーサーだ
ロードレーサーのために作ったひもの長いバイクバッグがめっぽうヘビアイです

ヘビアイ旅行篇。ローカル線に乗って小京都をたずねるならば、フルフレームパックよりソフトパック。ドン・ジェンセンかイボン・ショイナードの名作に秋の想い出を詰め込みながら漂泊する。北の旅ならダウンパーカ、それも60／40シェルがいいだろう。軽くいくならアラスカンシャツかスタッグ・ジャケットが便利だろう。それにHDなコットンパンツと6インチのラグソール・ブーツでこの旅のヘビアイ仕上げは完了。パックの中味にスリーピングバッグは不可欠。旅先では小学校かお寺に泊めてもらう。その際これがものをいう。ミニストーブやクッキングギアを携行し、雨具、磁石、地図などをパックにひそませるのも常識だ。

トランクなどもちませんジェンセンパックを背負ってみました
旅に欠かせないのはダウンパーカこれも60/40にねがいたいです
これがアラスカンシャツ旅にぴったりのヘビアイのマストだ
ヘビアイ青年の旅にスリーピングバッグは欠かせない
ウオーキングブーツ

ふだん着ヘビアイ。

フラノのフィールドキャップにシャモアクロスのシャツ。これは最高のコットン・フラノでヘビアイのマスト。60／40シェルのダウンベストをレイヤードして本格ストレートのブルージーン。これだけ揃えばベーシックなヘビアイは文句なし。これからヘビアイを始めるという人は、この辺が入りやすいだろう。つづいてバッファロー・プレイドとかトレイルパンツなどというような順で揃えていくのがヘビアイの上手な揃え方だ。

フィールドキャップはフラノの深いのがよい
ウチの近所でちびっこどもを集めてあそぶときのイデタチである 私はコーチです
2着目のダウンベストはぜひ60/40で
これぞシャモアクロス・シャツ
これならどこへ行ってもコワイものなし
そんなのをヘビーデューティーといいます
最高のコットン・フラノでヘビアイ・マスト中のマストと言うべし
足もとはといえばこれもおなじみトレーニングシューズということになります
ジーンズはもちろん本格ストレートで

ヘビアイ流ホリデー・ウェアとくれば、まず第一はシモトレこと、シモフリのフーデッド・トレーナー。プルオーバーもよいけれど、前ジッパーがいま風。ジーンズでもよろしいが、ヘビアイ規則の第一条に『四季を通じてできうるかぎりショーツで暮らすべし』とあるからには、カットオフジーンズでがんばらなければならない。脇のスリット風からポケットの白い袋がチラチラ見えるのがヘビアイのハートだ。トレーニングも犬との散歩もスケート・ボードも全部これですむのだ。真冬には、ショーツで外出とは、ヘビアイもつらい。

休日のきまりはトレーナーそれもシモフリがヘビアイ
この本ブローティガンの「アメリカのます釣り」である
もちろんやるのはヘビアイスポーツだフリスビーかスケートボードかソフトボールか
フィールドキャップはヘビアイ・マストのひとつです
さむくてもカットオフジーンズです
わきをスリット風に開けてポケットのシロが少しみえるのがヘビアイ
やはりトレーニングシューズです

ヘビアイ春夏篇。雨の多い日本ではこんな防水スタイルが外出や通学ではヘビアイ的。帽子、パーカともに新登場の通気と防水という二律背反する条件を兼備した宇宙開発のオマケ素材を採用しよう。その際、色はセパレートのほうがヘビアイ的だということを忘れずに。当然ながらこの季節、ヘビアイ人間としてはショーツだけで暮すべきだ。トレイル・ショーツ、カットオフ・ジーンズ、ジムショーツ、スイミング・ショーツなどでキメること。さて靴だが、トレーニング・シューズやモカシンなどは当然ながら、つゆどき特に気にしたいのはあのラバー・モカシン、すなわち、上部オイルタンド・レザー、下部ガム・ラバー、さらにノンスリップ・ソールのこの靴が最高にヘビアイだと考える。

キャンパスウエアはレインパーカです
ポリウレタンとトリコットのコンビの
新素材は防水と通気が
ともに万点という
ヘビーデューティー
のきわめつけ
パーカと
同じ素材の
レインキャップ
色はセパレートの方が
ヘビアイ的
春から夏へ
雨の多い頃にはこんな防水仕様の
ヘビーデューティーで通学して欲しいです
ヘビアイ青年ならば
少し涼しくともショーツを
足はもちろん
ラバーモカシン
ヘビアイ
これがなくては
なりたちませぬ

春夏のヘビアイ、どキマリがこれだ。この時期なんといっても最高なのがライトウエイト・マウンテンパーカで、これまたすなわち上半分二重防水のナイロン・ツイル、下半分ポリエステル・コットン地の軽量級のユーティリティー・パーカなのだ。夏山によく、キャンピングまた釣りによく、さらにはヨットまたカヌー乗りに適し、わずかな雨なら恐るるところなし、というくらいのものなのだ。真夏のヘビアイ・ベーシックはこんなふうにきめつけたい。

春〜夏のアウティングにはこんな軽量級のマウンテンパーカがぴったりです
ポリエステルとコットンの65/35地ナイロンのライニングで上半分は二重防水というヘビーデューティーだ
ポプリンのショーツだ
徒歩旅行にはこんなモカシンブーツがよいでしょうビーンのメインガイドなどはまことにHDです
アルミフレーム入りノマッドパック

バンダナキャップ
HDウエアの中でいちばん
ポピュラーなダウンベストだが
こんな着方も
してみよう
これを女の子がするとまたとても
かわいらしくてよろしいものだから
ヘビアイシスターにすすめよう
たとえば春〜夏にこのようにTシャツとレイヤード
なんていうのはいちどやってみると実によいもので
ヘビアイボーイのふだん着としてはぴったり
なのであります
これはやっぱり
カットオフ
ジーンズ
ということになります
そしておなじみの
トレーニングフラットが
この季節にはいちばん
ふさわしいと思う

MAR. 1977
ヤスヒコ

春夏版ふだん着ヘビアイ。すでに誰でももってるダウンベストもTシャツの上にじかにレイヤードすると新鮮な気分が出るからおぼえておきたい。Tシャツだけでは朝晩冷えこむことがあるので、サラリとダウンベストを重ねる。リゾートなんかでもこれはやるテ。これまた女のコがやると可愛いのでヘビアイシスターにもやらせてみよう。その際、トレーニング・シューズならふつうだがはだしもまたヘビアイの一種目なのです。

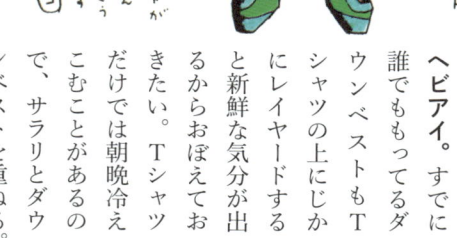

ヘビーデューティー・ライフを志すなら、服装や小道具を持つだけであってはならない。目的はライフ・スタイルにあるのだから。その手はじめとして、まず自分の部屋からＨＤに改造したらどうだろう。もちろん手づくり。それがセルフエイドだ。でも友人に手伝ってもらうのはよい。材料は解体建築物の古材をもらってくる。ベッドはマットレスだけ。藁のやつがＨＤだ。本棚やテーブル、椅子、クロゼットなど何でも作ってしまおう。丈夫でさえあればみてくれなど少々ひしゃげていた方がＨＤ感が出る。工具は本ものを必要にして充分なだけそろえよう。工事が終ったらそれらは部屋に並べて次の作業を夢見よう。

アラスカの丸太小屋の入口

ヘビアイ青年の部屋

せめて自分の部屋だけでもＨＤに手作りで改造してみよう

暖房とか什器などは実用的デザインの古物がよい。実用的な本物なら古物でも充分使用に耐えるはずだし、古物なら試験済みということでもあるし。材料が余ったら壁面など利用してボックス・アート風の表現をしてみよう。古登山靴や古いストックのリングや森でひろってきた枯枝やサルオガセやもっとおもしろいものを組み合わせて作ってみよう。

クロカンツーリングと
ダウンヒルの板
ガードつきのはだか電球
とうぜんスノーシュー
パッ
アラスカの地図
鉄製のベッド

ヘビーデューティーな生活空間

アスペンのスキーバムの部屋

ハンドメイドハウスでよくみるボックスアート風のインテリア

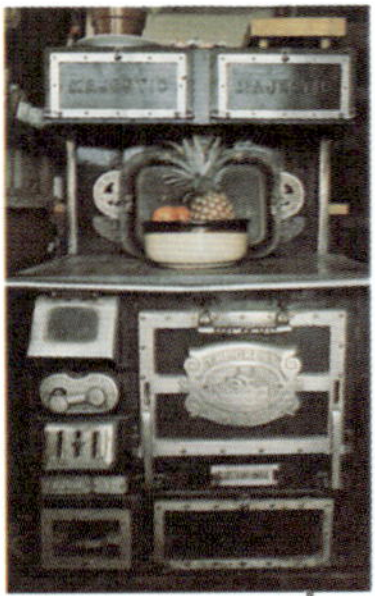
キッチンの古いストーブ

アラスカのスキーロッジの入口

みてくれは粗末だが暖かそうなつくりがHDなのだ

手作りの便所

ヤマケイ文庫

ヘビーデューティーの本

Kobayashi Yasuhiko

小林泰彦

Yamakei Library

目次

文庫版発刊にあたって

本書の原著『ヘビーデューティーの本』は1977年10月、婦人画報社から刊行されたものです。したがって、紹介された衣料品や用具は現在では入手困難なものや大きく変わったものがありますが、文庫化にあたっては、当時のヘビーデューティーやアウトドアといった概念や時代背景を理解していただくための文献として、原本の文章、イラストレーションのまま再構成しました。また、使われている用語・技術なども現在とは異なることがあることをご了解ください。

編集部

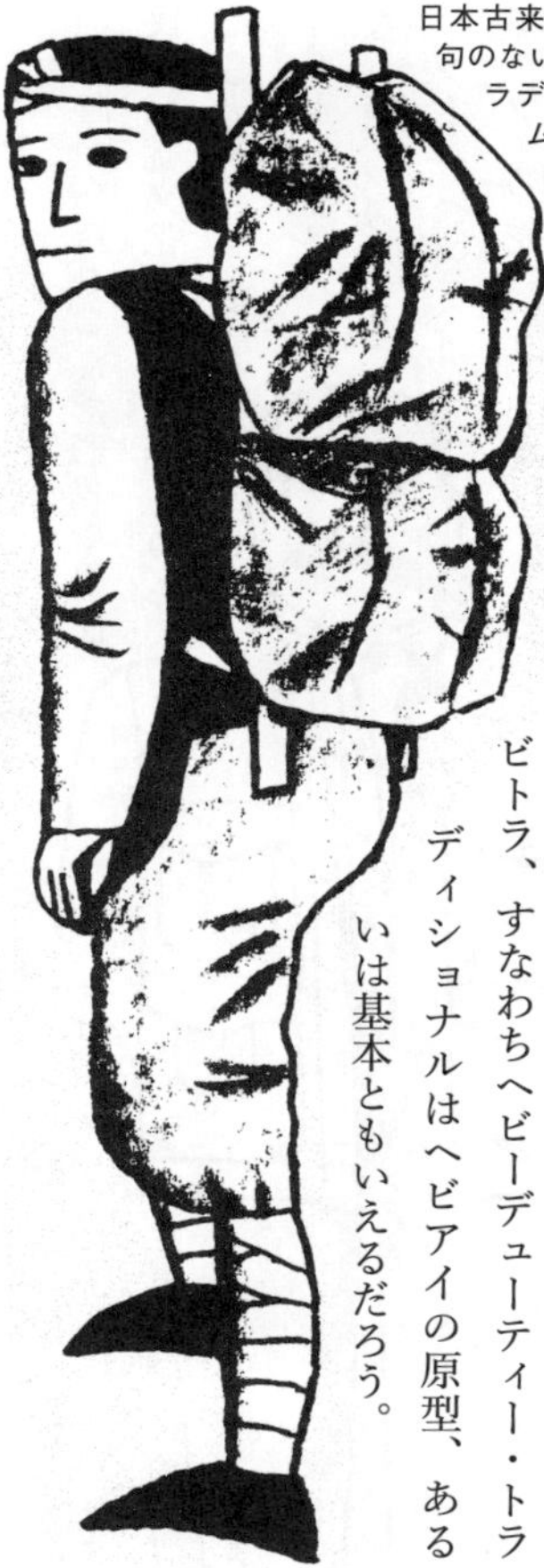

日本古来の「しょいこ」などは文句のないヘビーデューティー・トラディショナル。フルフレームのバックパックなんて、しょいこの現代版にすぎないのだ。

伝統的な様式を保ち続けていまもその価値を失なわぬ、というならばそれはそのことだけでもヘビーデューティーといえるほど、ヘビーデューティーのトラディショナルは我々にとって貴重な財産なのではあるまいか。

ヘビアイがいまの学生たちの生活そのものであるように、ヘビトラ、すなわちヘビーデューティー・トラディショナルはヘビアイの原型、あるいは基本ともいえるだろう。

ヘビーデューティー・トラディショナル

アイビーに対するトラッドと同様に、ヘビアイの背景にはヘビトラがある

そのヘビトラの系譜のひとつは米国東部、ニューイングランドに中心がある。このヘビーデューティーは猟師、漁師、樵夫、開拓者などによって確立された。そこには彼らが旧大陸から持ちこんだ形式や先住民の伝統文化の影響が強くみられるのだ。いまでも実用価値を失わないパックバスケットやハンティングブーツをはじめとする一連の東部のヘビトラはこの地方のものである。

もうひとつの系譜は米国ノースウェスト地方を中心とするものでこれも鉱山師、樵夫、猟師などの生活から出たものが多い。トラッ

ヘビトラ代表ともいうべきなのがこれ
マキノーのクルーザー
これがトラディショナルなクルーザー
生地が26オンスの本格マキノー地
もちろんシアトルのフィルソン社製だ
オーセンティックなモカシンは
東部のトラッド
昔から毛皮商人や狩人が使った
DULUTH CANOE PACK
キャンバスとレザーのコンビで
HDそのもの

パーネルソンなどはこちらの系列に属するものだ。

そしてそれからのヘビーデューティーはプロフェッショナルからリクレーションに流れを変えて、現代のスポーツハンティングやフィッシング、カヌーイング、スノーシューイングなどのためのトラディショナルとして生き続けている。これは我国でも背負子のようにいくつかの例をみるけれど、こちらの場合は伝統が充分に生かされていないことが残念だと思う。

米国のヘビトラでは、その名称にもトラッパー（わなをしかける人、猟師）とかパスファインダー（開拓者）とかウッズマン（樵夫など）ということばが使

われているように、そのオリジナルがしのばれるのが多い。マキノークルーザーのマキノーは先住民のオリジナルだし、ツイードハットのアイリッシュは文字通り欧州系のもの。オートキャンプやコテージライフに欠かせないセトビキの什器はいまもトラディショナル・デザインをそのままに使われているが、その名もフロンティアとあったりする。カヌーのりに使われるキャンバスのカヌーパックは本来が毛皮商人や毛皮猟師たちによって作られ使われてきたものだという。こうしたものをみてもわかるのは、これらヘビトラがその土地に根ざした天然素材や伝統的技術によってなりたってい

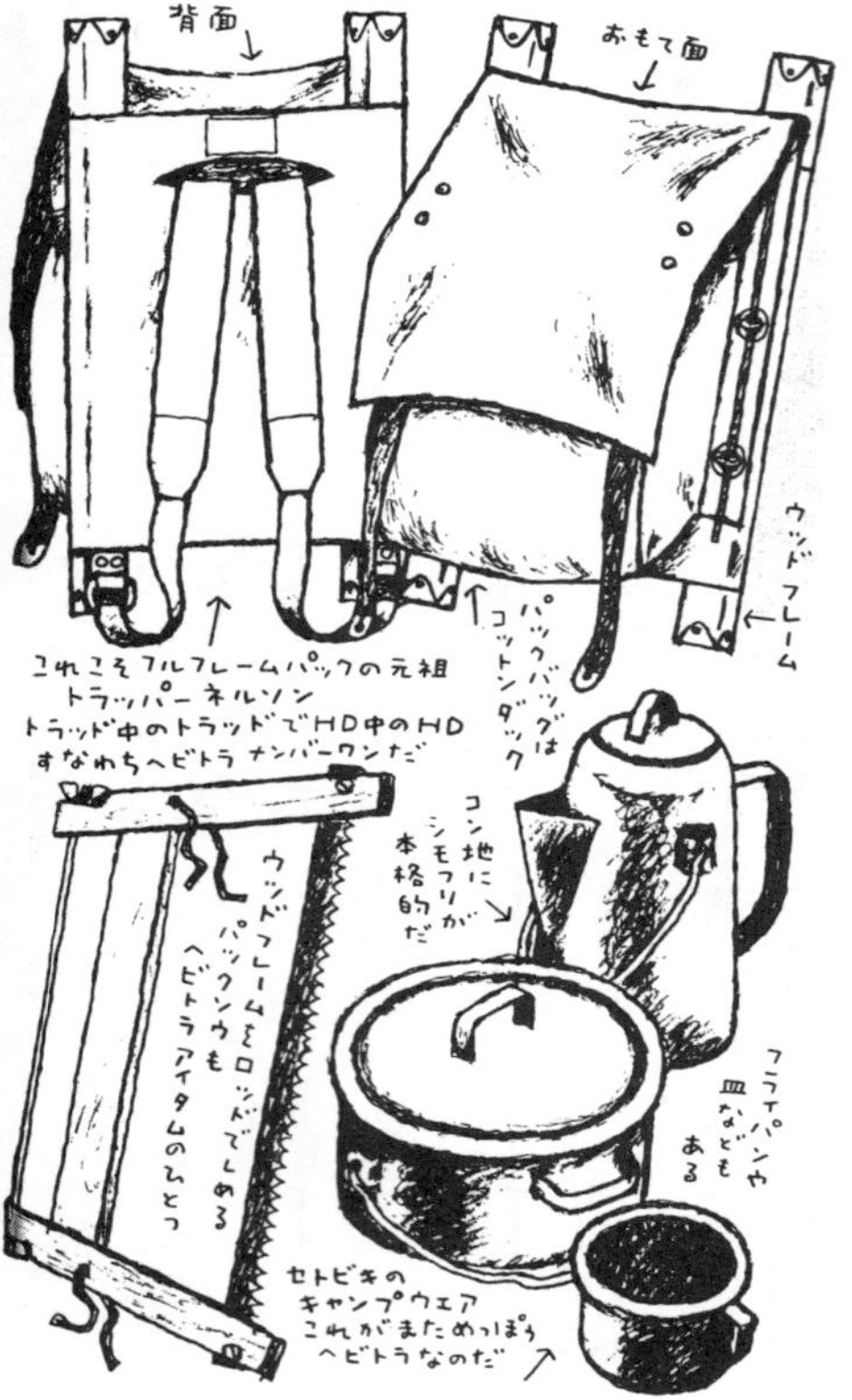

るということで、トネリコに革を張って作るスノーシューや木わくをアザラシなどの革でおおうカヌーなどもその代表的な例だ。そしてスノーシューは軽金属と合成皮革、カヌーはプラスチックスやアルミニウムというふうに新しい素材によって現代に生き続けていることもまたヘビトラの新しい姿として忘れられないことだ。ヘビアイの基礎になっているヘビトラを、いまあらためて見直すのは意義あることにちがいないのだ。

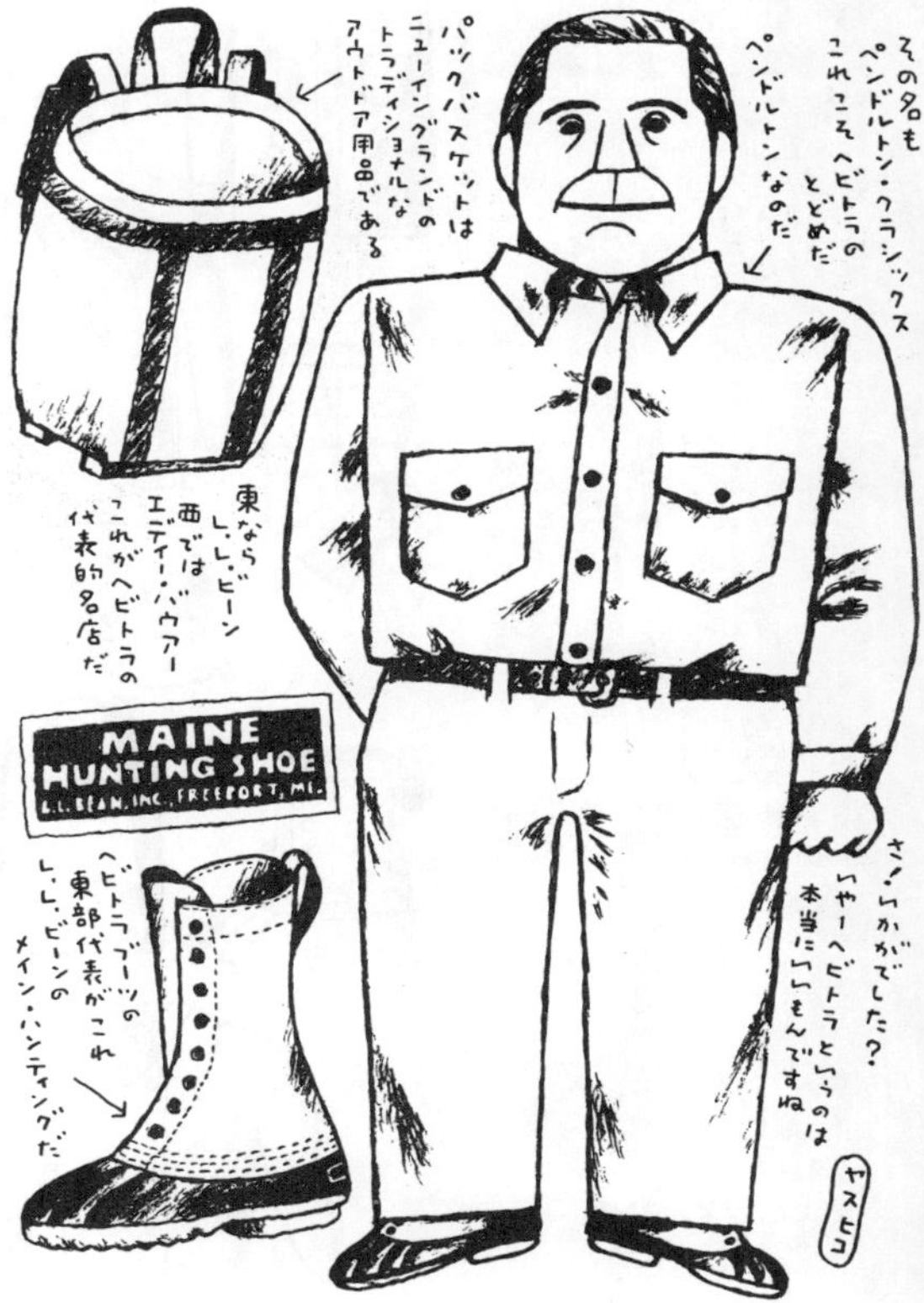

その名も
ペンドルトン・クラシックス
これこそヘビトラの
とどめだ
ペンドルトンなのだ
パックバスケットは
ニューイングランドの
トラディショナルな
アウトドア用品である
東なら
L.L.ビーン
西では
エディー・バウアー
これがヘビトラの
代表的名店だ
MAINE
HUNTING SHOE
L.L. BEAN, INC. FREEPORT, ME.
ヘビトラブーツの
東部代表がこれ
L.L.ビーンの
メイン・ハンティングだ
さ！いかがでした？
いやーヘビトラというのは
本当にいいもんですね
ヤスヒコ

ヘビアイ青年のための コオーディネイト・テーブル

冬

ポーラーガード60/40パーカ
ウールラインド60/40パーカ
ヘビー・ダウンパーカ★

アラスカン・シャツ
マキノー・クルーザー
スタッグ・ジャケット★

ベロアのプルオーバー・シャツ★
ダウンシャツ

ウインドパンツ
ニッカ・ボッカース
ダウンパンツ
コードロイのトレイルパンツ
メルトンラインド・パンツ
ウッズマン・パンツ★
インシュレーテッド・オーバーパンツ

グースダウンのワッチキャップ
イヤーラップつきインシュレーテッド・フィールドキャップ★
ラビットのトラッパーズ
バラクラバ★
アイリッシュツイードハット

ダブルのクライミング・ブーツ
ホワイトベーパー・ブーツ
アークティック・ブーツ
インシュレーテッド・ハンティング・シューズ
ラインド・モカシン・ブーツ
フェルト・インナー・ブーツ★

未脱脂ウールセーター
ダウンセーター，ミトン
シェーカーニット・カーディガン★
クライミング・セーター
ファイバーフィル・ハンティング・コート
ブランケットラインド・ブッシュ・コート

★印はイラストのもの

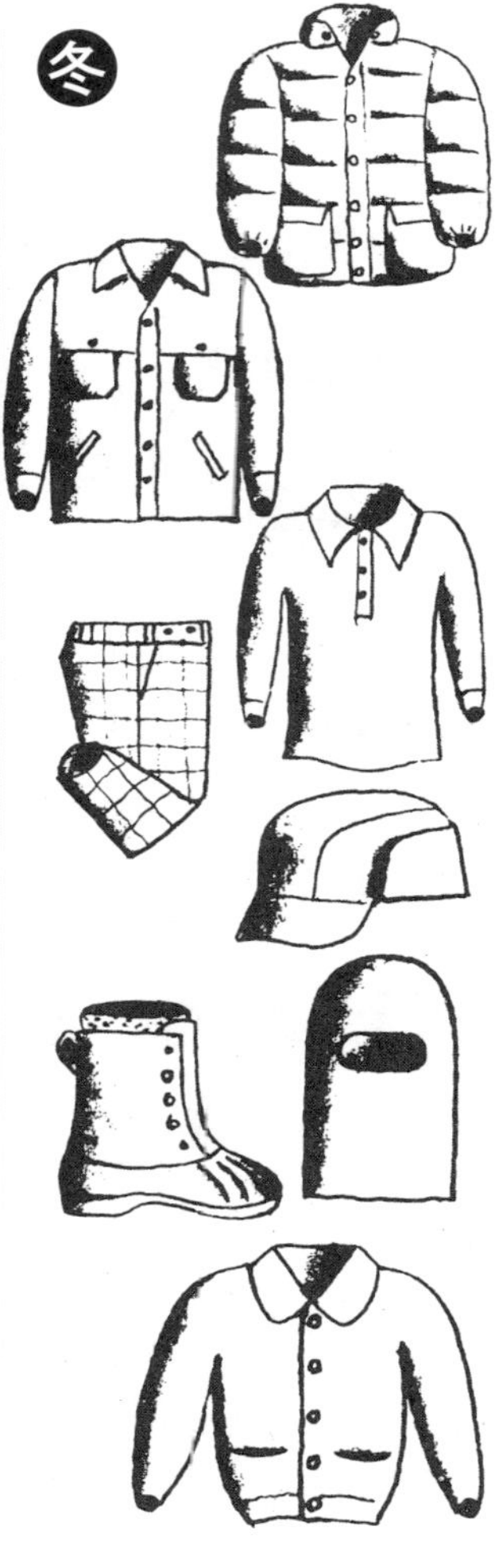

夏

パーカ	レインパーカ★ ライトウェイト・マウンテンパーカ★
ジャケット	ナイロンシェル★
シャツ	Tシャツ 半そでのラガーシャツ★ 半そでのダンガリーシャツ ランニング・シャツ★
パンツ	ジムショーツ カットオフ・ジーンズ トレイルショーツ★
帽子	サンバイザー レインハット コットンのフィールドキャップ パイルのテニスハット ポーチハット★
クツ	トレーニング・シューズ レースアップのモカシン★ ラバーモカシン デッキシューズ ハイキング・ブーツ
その他	バクフレックスのレインスーツ ナイロン・ポンチョ バンダナ スパッツ

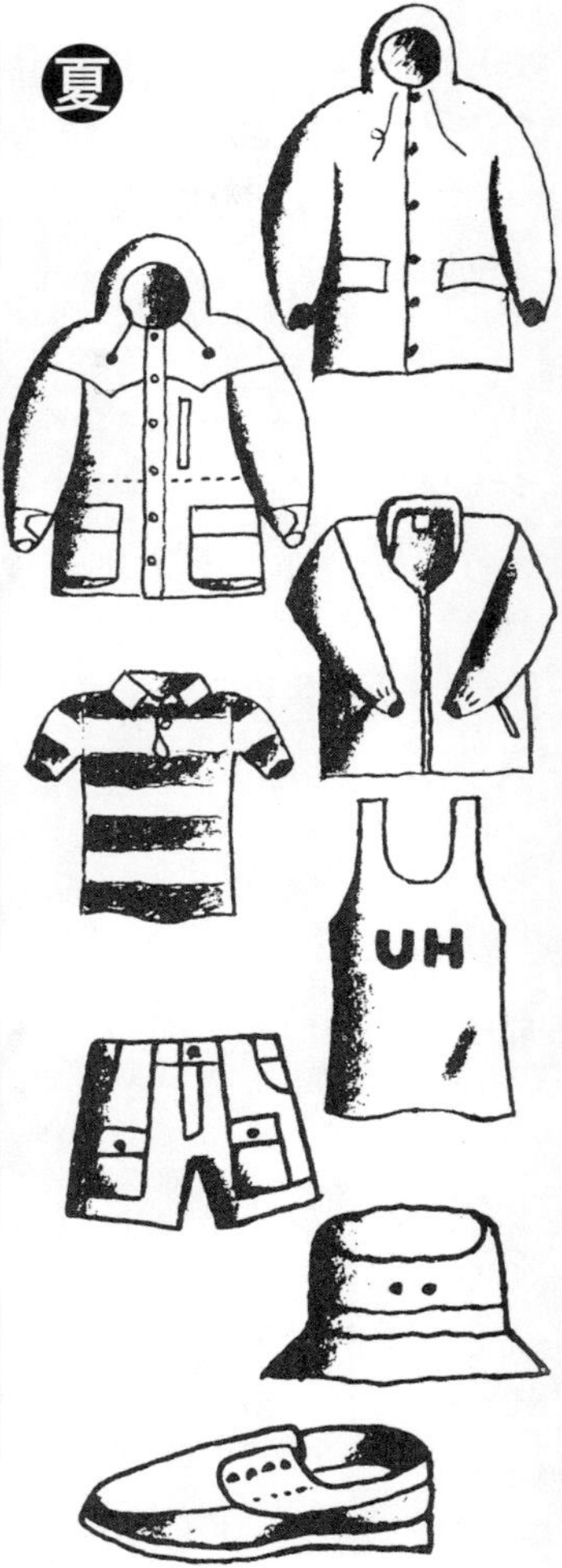

春／秋

パーカ	60/40 マウンテンパーカ★ グースダウン・パーカ ファイバーフィル・パーカ 65/35 パーカー
ジャケット	うらネルジャンパー クルーザー★ フィールドコート スタッグ・ジャケット
シャツ	ペンドルトン・クラシックス シャモアクロス・シャツ ラガーシャツ, スタッグ・シャツ ダンガリーシャツ, ネルシャツ バッファロープレイド・シャツ スピネーカーシャツ★ トレーナー フーデッド・トレーナー★
パンツ	コードロイ・カントリー チノのトレイルパンツ クルーザー・パンツ コットンダックのラフカバー★ チノのガイドパンツ ブルージーンズ ポプリンのフィールドパンツ
帽子	ニットのワッチキャップ フェルトのクラッシャー ニューポート・ハット レインハット フラノのフィールドキャップ ポプリンのブッシュハット クラシック・キャトルマンズ・クリース★
クツ	トレーニング・シューズ クライミング・ブーツ ハンティング・ブーツ エンジニアリング・ブーツ ペコス・ブーツ モカシン・ブーツ★
その他	ダウンベスト カゴール★ アノラック

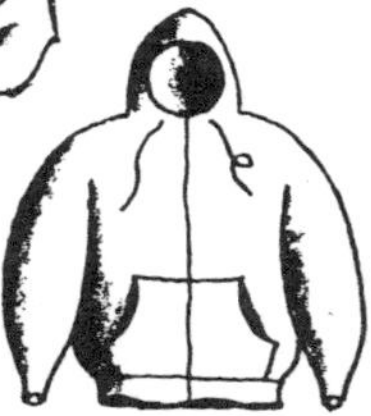
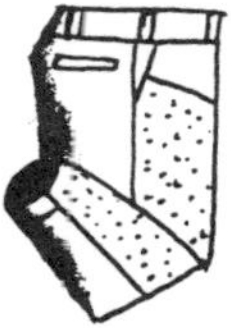

ヘビーデューティー物語

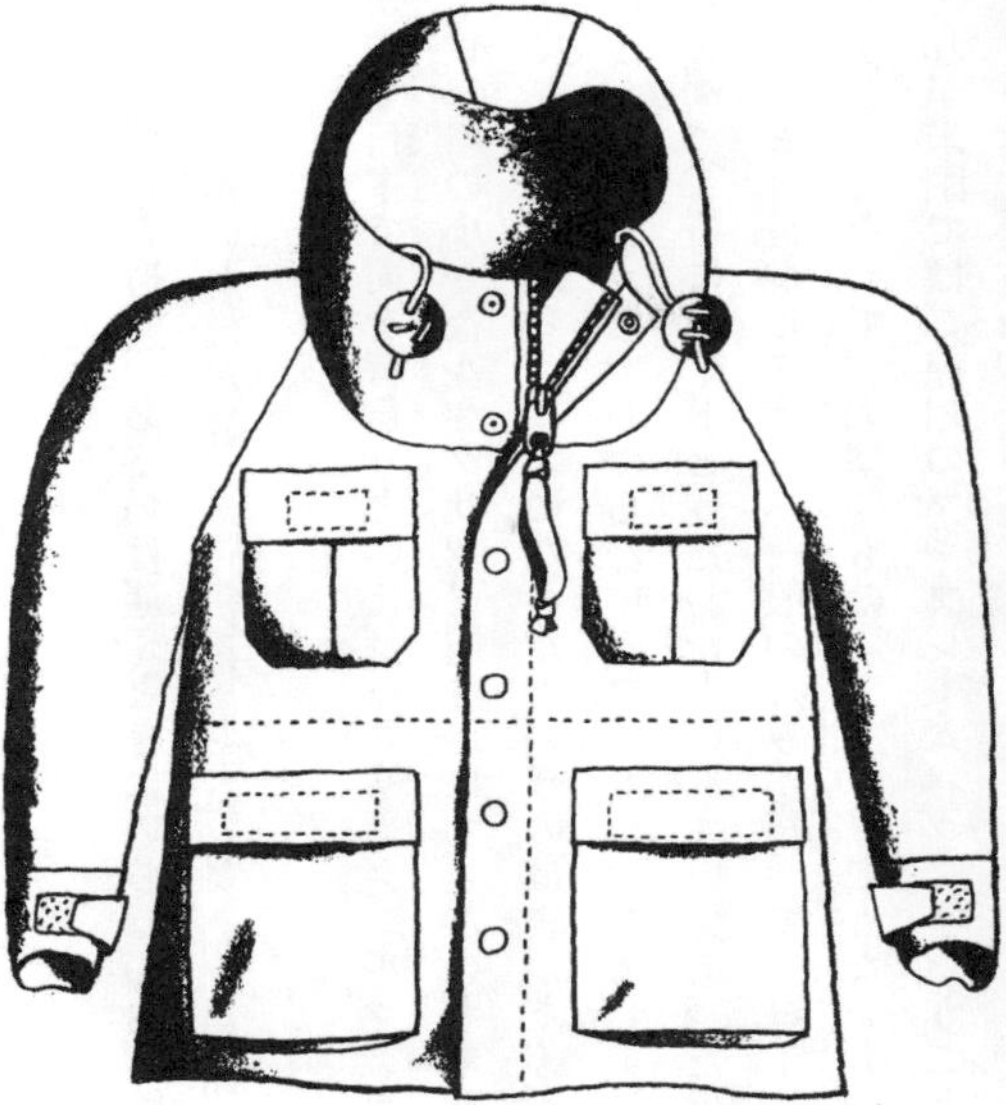

ヘビーデューティーの各ジャンル別にそれぞれのストーリーをまとめてみた
これはささやかなヘビーデューティーの入門篇

ローディング学

フレームパックの誕生

ひとが荷物を持つ、あるいは運ぶときにいちばん合理的なのは背負うことだと思う。背負うと荷がいちばん軽く感じられ、手があくから便利で安全、そして動き易くもある。

かつて日本で荷を背負うといえばキスリング（ルックサックの一種）が多かった。ヨーロッパの小さなルックサック屋さんにすぎないキスリングのデザインが東洋のこの国でこんなにポピュラーになったというのはまったく不思議なことで、何故かくも流行したのかまったくわからない。ファッションとしてはヨコ長にして背負うのがキスリングで、特にワイドとうたったものもずい分あったほどだ。

その後ヨコ長からタテ長へ一般の好みが移って、ヨーロッパ式ではいわゆるアタック型が全盛になって、大型のもの（アタックではないもの）もタテ長になっている。

これが米国ではご存知のフルフレームパックということになるので、タテ長化は世界的な合理化傾向なのだろう。

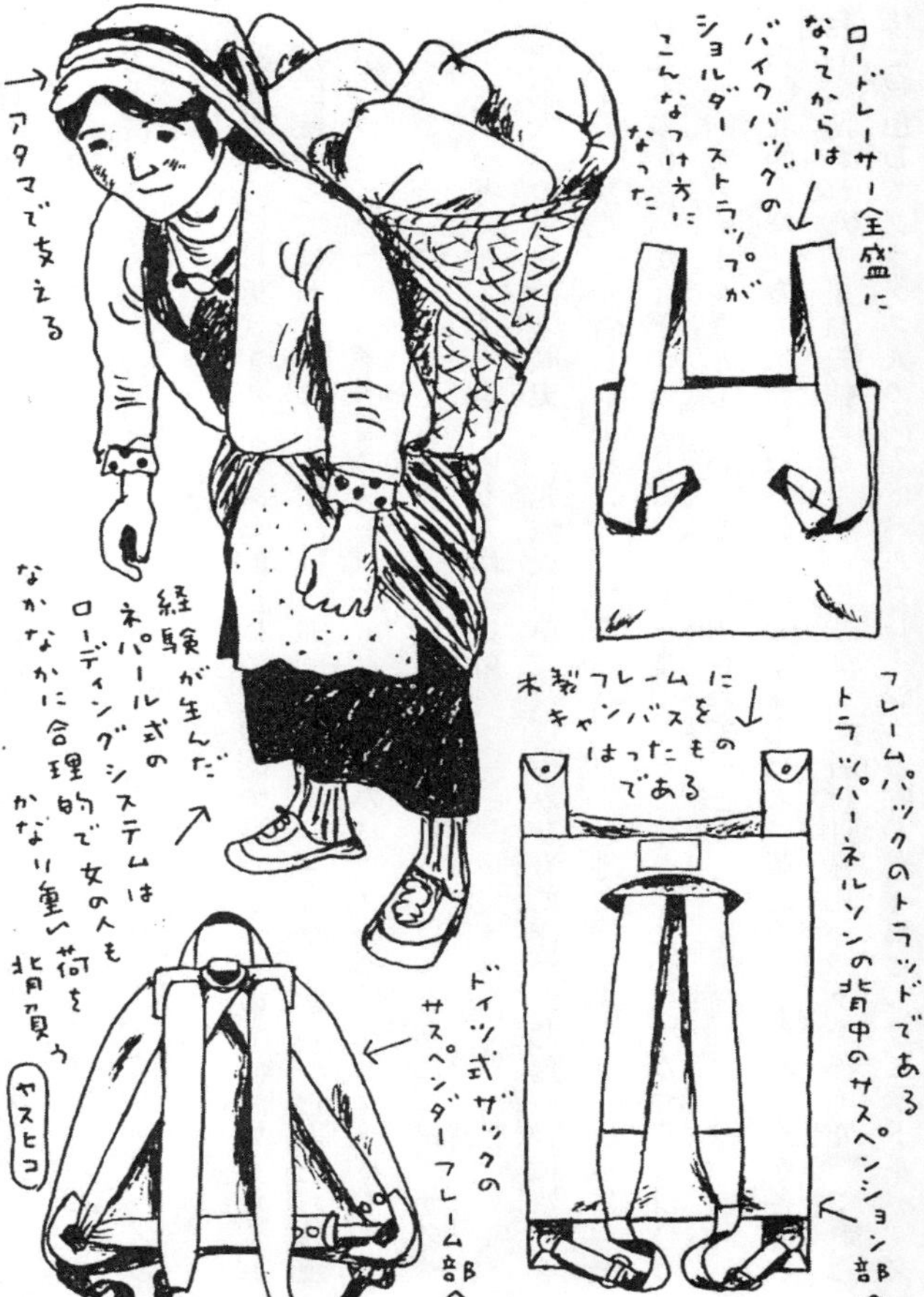
ロードレーサー全盛に
なってからは
バイクバッグの
ショルダーストラップが
こんなつけ方に
なった
アタマで支える
木製フレームに
キャンバスを
はったもの
である
フレームパックのトラッドである
トラッパーネルソンの背中のサスペンション部分
経験が生んだ
ネパール式の
ローディングシステムは
なかなかに合理的で女の人も
かなり重い荷を
背負う
ヤスヒコ
ドイツ式ザックの
サスペンダーフレーム部分

ヨーロッパではフランスが伝統的にどちらかといえばタテ長派で、ラフマー、ミレーという有名なブランドもそんな型で知られている。その反対はドイツで、荷を入れると尻のほうへ引っぱられるように垂れ下がって重心の低い丸っこい派がドイツだった。

米国というのは近代アルピニズム的にはめだつ国ではなかったので何派でもなく、ただ伝統としてはわずかに先住民、樵、猟師、開拓者、スカウトといった人たちの風習があったと思われる。木製フレームにキャンバスのバッグをつけたトラッパーネルソンなどは後のフルフレームパックの原型のひとつだろう。百年も前にヒップサスペンションを考えたメリアムという人はすごい。

北米大陸の背負いの歴史は、先住民の革、及び編みひもで作った背負い袋に始まる。袋より一歩進んだ背負い道具はカゴであろう。世界各地で同類があり、日本にも優れたものが多いが、下すぼまりのカゴを一本のひもでひたいにかけてかつぐのは極めて合理的でネパールなどではいまでも実用されている。

米国北西海岸地方では網状のアシのひもで支えたスギ革製のバックパックが各種の目的に使われた。平原先住民は野牛の皮やケンで各種運搬用バッグを作った。これは後に彩色してフランス人の商人はパルフレージュと呼んだ。馬につけてサドルバッグ代わりにもした。

北部平原先住民は木の枝をもちいて初めてパックフレームらしいものを作り、ときにはフレームを革の袋で包んだりした。

網状のタガに二本～四本の棒をしばりつけてパックフレームにしたのはメキシコの先住民だった。

パックフレームは初めは赤ん坊や子供を運ぶためのものだった。もちろん重量を腰、背、肩に分散させる合理性が重要だった。

入植してきたヨーロッパ人たちもまず先住民のパックフレームをまねた。それがリクレーション用になったのは十九世紀のニューイングランド地方だった。

初めの登山用パックは開拓者が使ったキャンバス地か革のひもで必要品をしばるという簡単なものだったが、それがキャンバス地のナップザックに変化した。またドイツ式のルックサックに似たものもできた。しかしこれらの袋は底に荷が集中してぐあいが悪く品物の出し入れにも不便だった。登山のときにバランスはくずれなくてよかったが。

北米で初めての独創的なパックは一八六二年にジョン・ラッシュが作ったもので蝶つがいの折りたたみ式で、もとは簡易ベッドとして考えられたものだった。一八七八年にヘンリー・メリアムがはじめてヒップサスペンションつきのパックを作った。フレームのサイド・レールは木の棒、固いパックバッグがついていた。現在のパックフレームにフル・ベルトが足りないだけのものなのに当時はまるで認められず、一世紀近くたってから注目されたのだった。

初めての量産パックフレームは北部西海岸先住民のパックをまねたもので、シアトルの猟師ネルソンが一九二二年から作りはじめたからトラッパー・ネルソンと呼ばれた。これは木わくにキャンバスを張ったものだ。

第二次大戦後、A・I・ケルティーがアルミのパックフレームとナイロンのバッグを開発してからはバックパックの流れは大きく変わり、いまのようなバックパックの時代になった。メリアムの考えが正しかったことが証明されたのである。

ヨーロッパ系のザックもフレームを入れたものは多いが、ケルティー以後のフルフレームパックが若者たちに圧倒的にうけたのは当然と思われるし、その点日本のしょいこは立派なものだと思う。ただしそれをより新しく生かさなかったのは残念だが。

フルフレームにもいくつもの短所があって、そのために出てきたのがいまのモノコックのルックサック、いわゆるソフトパックだろう。これはドン・ジェンセンのオリジナルに発したものでアメリカの合理主義とシステム好きが生んだように思うが、実際に登降が多くて状況がいろいろ変わる徒歩旅行には実によい。

フルフレームの大型パックに対するアタック役として作られたのがデイパックといってよいだろう。日常の背負いにも、これは新しいライフスタイルのシンボルのようになってきている。よくデイパックとまちがえられるものにバイクバッグがあるが、使い方も目的もまるで別のもの。最近ロードレーサー用になってますます特殊化した。

上下2分式は米国のデイパックのベイシックなデザインである
これも気に入っているジェリーの小型ザッククライミング・パック
アタックとしてはちょうどよい大きさだ
使い勝手のよさはバッグンのベルトパック
HDなバックル
CAMP TRAIL
キャンプトレイルというメーカーの傑作といえる
中に小ポケットがある

ローディングシステムとは

フルフレームパック、ソフトパックともに詰め方、背負い方に方法が確立されていて、それを知らないと道具は生きてこない。

現在使われている典型的なバックパックの構造は、まずパックフレームとパックバッグに分けて考えられる。パックフレームはパックの重量をもっとも効果的に集めて、バランスよく体に移すためにある。形状は梯子型、U型、逆U型などあってメーカーの判断で選ばれる。最良のフレームは強度のあるアルミ・チューブ製で、一部にはマグネシウム・チューブもある。チューブの接合部分は溶接、ブッシュ入りネジ止め、フィッティング・ジョイントがある。フレームは身長できめるのでなく実際背負って荷重し、歩いてみるのがいちばん良い。ともかくフレームのサイズがバックパック選びの大切なポイントだ。フレームはショルダーストラップ、ひとつまたはそれ以上のバックバンド、ヒップベルトの三つで体にフィットする。重量はヒップベルト、バックバンド、ショルダーストラップの順に強くかかるのがいちばん背負い易い。ことにヒップベルトがポイントで、新しいバックパックの最も優れた点がこのヒップベルト（パッド入りのもの）であるだろう。バックバンドの上下位置や、ショルダーストラップの上部取付点の間隔などは体に合わせてアジャストするべきである。フレームを横から見てS字なりにカーブしているのは格好ではなく人体工学的設計によるものでなければ無意味だ。バックバンドは布かネット、またはパッド入りだが、一般にはパッド入りがベスト。

パックバッグは使用者の行なうバックパッキングに必要にして最低限の道具を過不

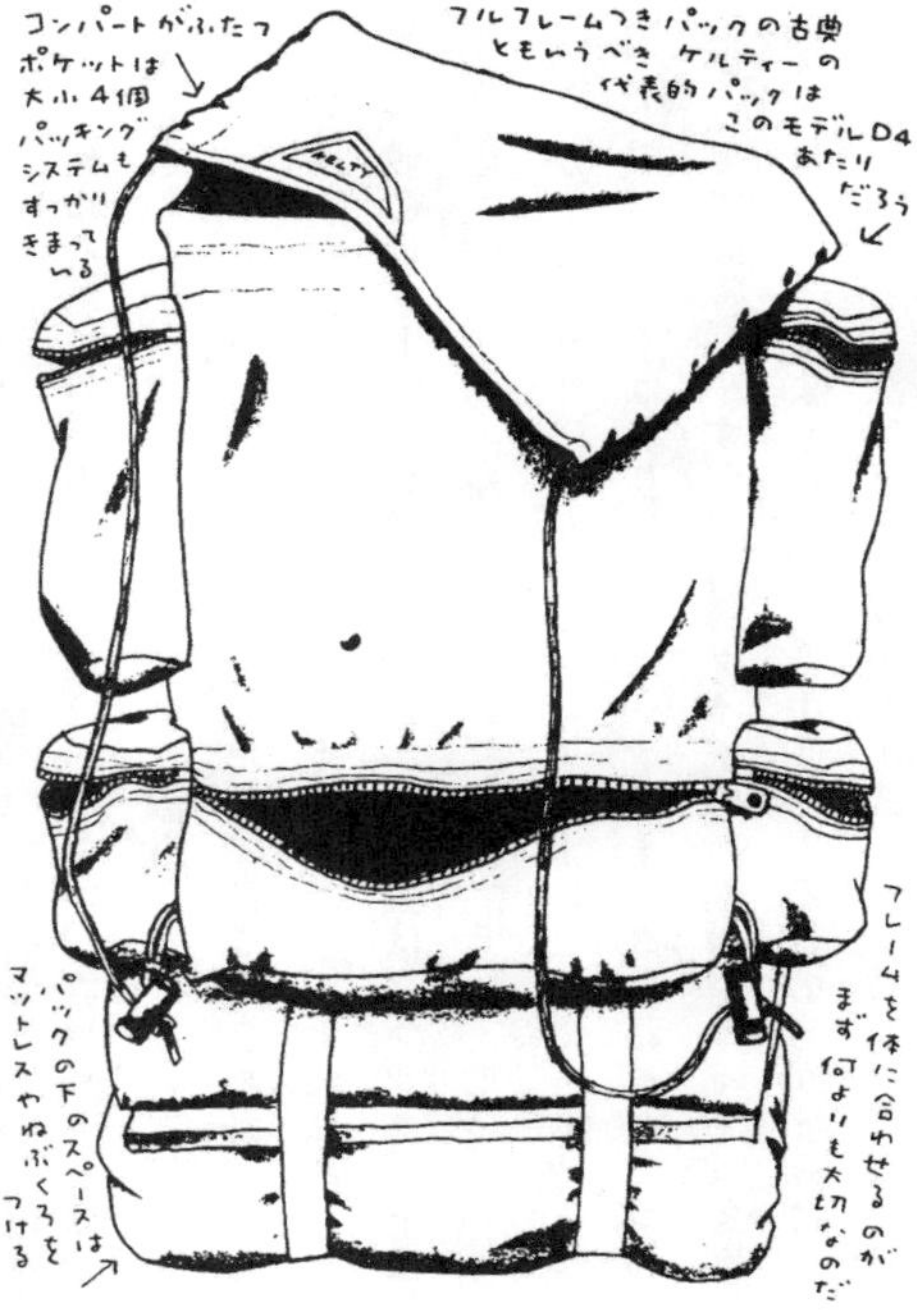

フルフレームつきパックの古典ともいうべき ケルティー の代表的パックは このモデルD4 あたり だろう
コンパートがふたつ ポケットは大小4個 パッキングシステムも すっかりきまっている
フレームを体に合わせるのが まず何よりも大切なのだ
パックの下のスペースは マットレスやねぶくろを つける

足なく納めるだけのものでなければいけない。コンパートに分かれているものは、中に入るものを十分に想定してサイズを設計していないと無意味だ。また正しく設計されていても設計者と別の使い方をしたのではこれまたパックを使う意味がなくなる。要は使用者が自分の行動と装備をよく知った上でそれに合ったパックを選ぶことである。一般には上下のコンパートに分かれ、上はフラップ、下はジッパーで開き、左右サイドに二個ずつのポケット、そして後正面に小物入れ、フラップには地図入れポケットがつくのが多い。左右ポケットの上の二個は一リットルびんが入るサイズがよい。下のポケットはより小型だ。ジッパーはタテわりとヨコわりがあり、タテわりは岩場などで故障しやすい。古いタイプのメタルジッパーは冬期などに故障が多い。地図入れはフラップよりバッグの背中側に入る式の方が痛みにくい。バッグをフレームにフィットする方法はピンにワイヤー式、ピンにリング式、バッグにつけたポケットにフレームの一部を入れバックルを併用する式などあるがワイヤーリングが一般的だ。フレームを入れる式はポケット部分が痛むので不可。ピン式は三つが普通。四個目のはスペアに使える。バッグ地はナイロンの六〜七オンスでウレタン防水が一般的。撥水地のものは防水地より蒸れないという利点がある。

バッグにものをつめるには、そのバッグが設計された意図に沿ってパックするのが正しいつめ方だ。一般的には重いものが上、軽いものが下が基本。これは重心を高くして不安定にするためで、タテ長のフレームパックでは不安定なほど背負いやすく行動しやすいからだ。つめる順は料理用具や食糧品などかたいものをタオルなどで保護して下のコンパートへ。下着、羽毛服、セーターなどは上のコンパートへ。雨具やパーカをその上に。水や燃料は左右上のポケットへ。薬品、コンパス、ハンカチなど行動中出し入れの多いものは下のポケットへ入れること。

ソフトパックは図にあるドン・ジェンセンのオリジナル・ジュンセン・パックがそ

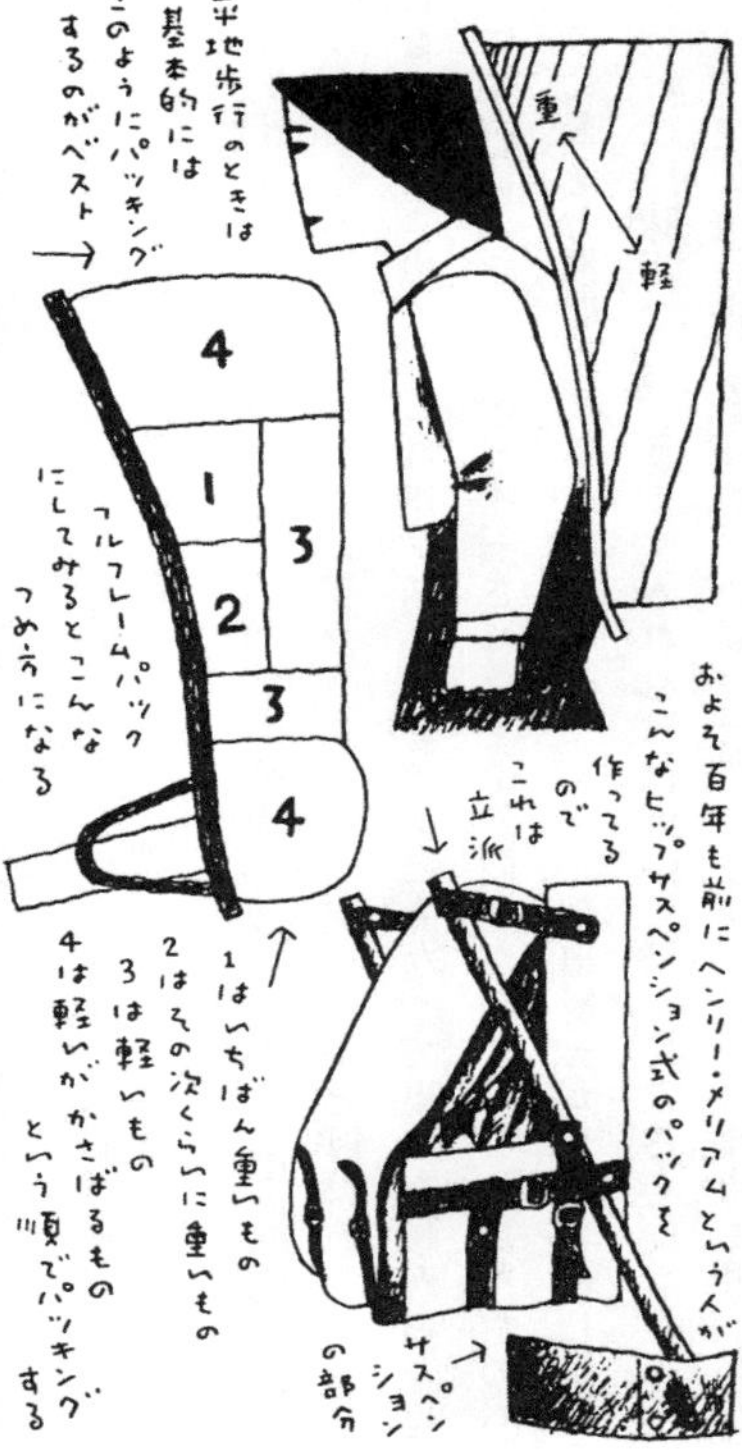

重
軽
平地歩行のときは
基本的には
このようにパッキング
するのがベスト
4
1
3
2
3
4
フルフレームパック
にしてみるとこんな
つめ方になる
1はいちばん重いもの
2はその次くらいに重いもの
3は軽いもの
4は軽いがかさばるもの
という順でパッキング
する
およそ百年も前にヘンリー・メリアムという人が
こんなヒップサスペンション式のパックを
作ってる
ので
これは
立派
サスペン
ション
の部分

の元祖のようになっていて、その系列のものをフレームレスパックの中でも特にソフトパックといっている。

すなわち、まず底部の寝ブクロ入れがそのまま左右にのびて腰をつつむようにしてベルトになる。これがラップアラウンドヒップベルトと呼ばれるソフトパックの生命ともいうべき点で、これがサスペンションともなって重量を腰から全身に拡散する。次に左右にふたつにデバイドされた上部の荷室があり、これは左右のバランスを保つように荷を分散収納するためのもので、だから重量とカサを計算しつつパッキングしなければ意味がない。うまく入れれば行動中、荷が片よる心配もなく出し入れも簡単なので大変効果的。そして最上部の一室になった部分には特に重いもの、分かれたものはスタッフバッグなどにつめてから入れる。その際この部分は身体に抱きつくような型にできているのでそれにしたがって入れること。バランスよくパッキングできたら背負ってみる。まずショルダーストラップをかけ、次にヒップベルトをいちばんぐあいのよい位置で固定したらあらためてショルダーを調整する。そうするとどうだろう。うまくパッキング、フィッティングした場合はちょうど背負われ上手な子供がおぶさったように身体全体に重量が分散し、しかも重心は高くバランスはくずれにくく、さらに突起物がないから行動もしやすいというデリケートな歩行に理想的なローディングであることがわかるのだ。オリジナル・ジェンセンでなくともこの系列のパック(ショイナードやジャンスポーツ、ジェリーなどいくつもあるが)はすべてこのシステムを踏しゅうしているので、これに準じて使いこなすべきだろう。いま最もぐあいのよいパックとして私はこのタイプのものをすすめる。

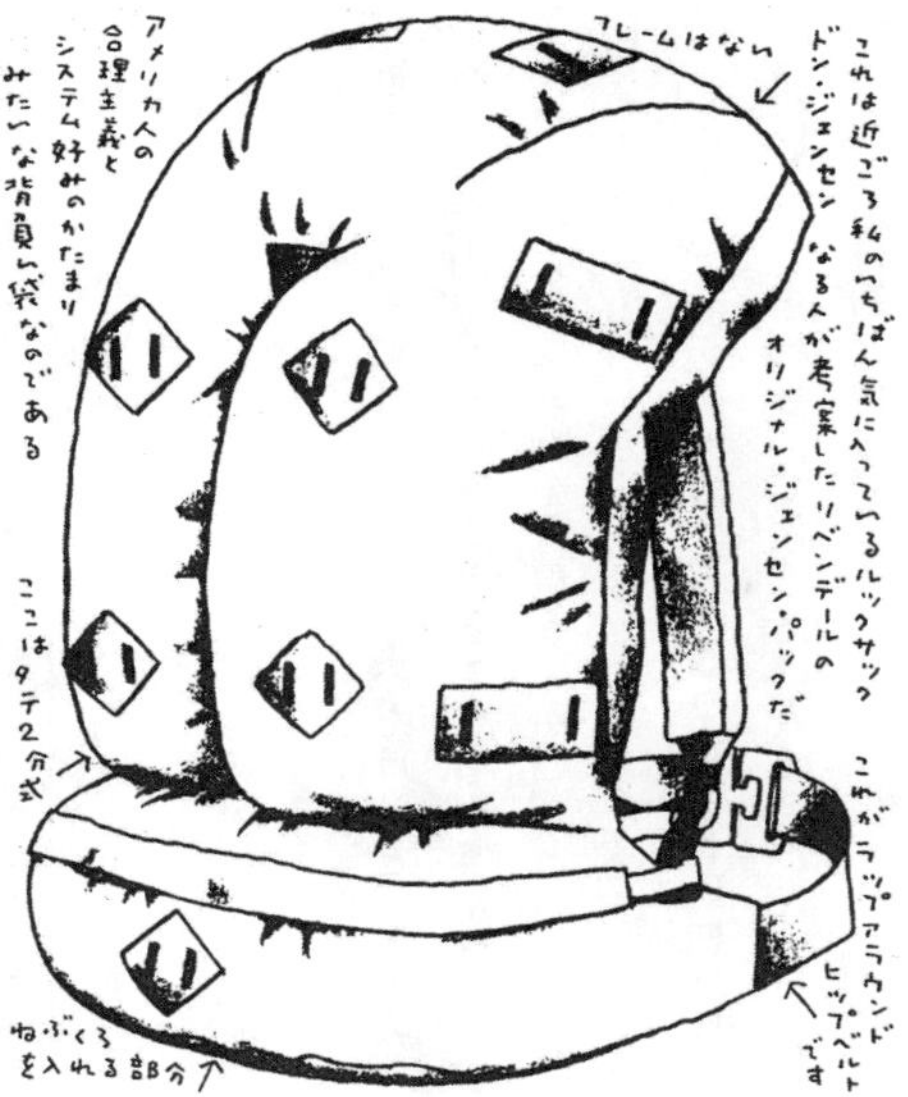
これは近ごろ私のいちばん気に入っているルックサック
ドン・ジェンセンなる人が考案したリベンデールのオリジナル・ジェンセン・パックだ
フレームはない
これがラップアラウンドヒップベルトです
アメリカ人の合理主義とシステム好みのかたまりみたいな背負い袋なのである
ここはタテ2分式
ねぶくろを入れる部分

バックパッキング

〈バックパッキング〉

近ごろしきりに耳にするコトバだけれど、こんなに消化の悪い外来語もめずらしい。ふつうの登山やハイキングとどこがちがうんだい、と思っている人も多いだろう。なぜタテ長の大きな荷物を背負うのかい、という人もいた。

〈バックパッキング〉（長すぎるので以下ＢＰと略す）とは、ひとことで言えば〈徒歩旅行〉だ。それも、できるだけ人の手が入っていない〈自然〉そのものの中へ入っていくのを目的とする。

ならば当然、そこでの自分の生活のすべては〈自給〉することになる。ＢＰとは、以上につきると思う。

私思うに、我々の生活には他力本願が多すぎる。これではいけない。まして旅、しかも自然の中へ身をおくにおいてをや。山にあっては山小屋、里には旅宿が多すぎ、過当競争の過剰サービスに我々は慣らされている。ＢＰの本質は〈ひとり〉であり

〈自給〉である（たまたま複数で行動するにしてもそのことを大切に）。ラッシュ型、集団型の思考から卒業するチャンスだ。若い女性といえどもBPでは自分の荷を背負い通すこと。それがセルフエイドだ。背負いきれないときは計画がまちがっていたと知るべきである。

自然の中の徒歩旅行

BPの目的は自然に一歩でも近づくことにある。前人未到の高山や秘境ばかりをめざすのではない。自然と自分が対座できればよい。自然に対して謙虚なこと。逆輸入のようだがこれはBPの本質だ。自然に持ちこんだものはすべて持ち返る、自分が汚した自然はもとにもどして去るといったこともそれに通じる。一部の登山にある征服といった攻撃性、その逆の逃避的な意味、どちらも無縁だ（全体主義や集団ヒステリーはなお無関係）。冒険的なBPはあるかもしれぬが、冒険がすなわちBPでないのはもちろんんだ。アラスカには広大で手つかずの豊かな自然があるけれど、秩父や奥日光にも本来の自然は生きている。小屋泊まりでする一週間のアルプス縦走になかったものが誰ひとり出会わずに野営した一泊の低山行にあった、という経験を山旅をする人ならきっとおもちであろう。BPの本質はそこだ。

日本にはこのような考え方のトレイル（必要充分な道とキャンプサイトと保安施設だけで他は一切手を加えていない自然路）は従来なかったのだけれど、これからは必要だろう。スーパー林道などやめてこの方にねがいたい。そこで現状では一般登山道（山地の場合なら）と指定キャンプ場、および幕営が禁止されている地域以外の場所を自分で選んですることになる。この場合、自給するのだから小屋泊りの登山とちがって幕営さえ可能ならば自由にコースをとれるのがＢＰだ。いわゆる登山やハイキング・コースにとらわれずに計画が立てられる。ただし入山許可や幕営届けなど必要な手続きは当然すべきだ。

登山やハイキングの対象外でありながらすばらしいところはたくさんある。小屋がない、とかアプローチが長すぎるなどの理由だろうけれど、こんなところは願ってもないＢＰフィールドだ。そうしたところを地図その他の資料から探し出しオリジナル・プランを立てるところからＢＰは始まる。

セルフエイドの旅には当然それを支えるシステムが要る。自分以外頼るもののないＢＰではこれが行動の成否をきめるし、実はこのシステムの確立がＢＰの今日を作った。

BPは米国に生れた。なぜ米国だったか、というより米国だからこそ生れるべくして生れたのだと思う。発達した管理社会、マスプロダクツ、プラスティックな文明、現代社会の人間疎外をいちばん早く、しかも熾烈に体験した米国の六〇年代、戦争、荒廃、そして内向した新しい世代がやっと行きついたところがひとつの出発点だったのだ。自然人としての人間を確かめること、文明の再検討、環境保全、その一連のムーブメントからBPは生れたとみてもよいだろう。ことに〈生態系の中の人間〉と

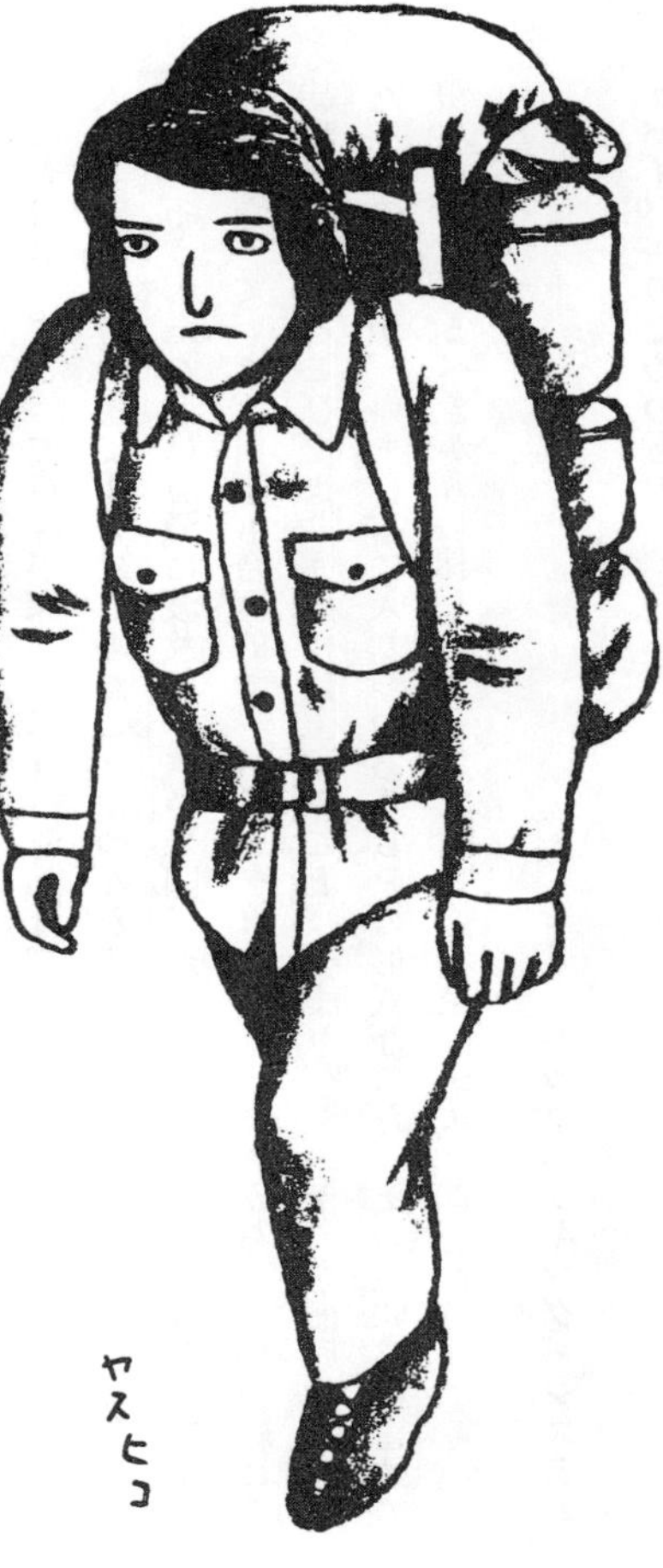

いうことはBPにとって意味が深いと思う。それは、すべて自動車にたよってきた米国人が、突然自分の足で歩きはじめたことにつながる。当然、これは新鮮なおどろきだった。そうしたことは急激に波及しやすい米国だから、たちまちそれは全米的なおどろきになっていき、何事も合理的でシステマティックな米国だから、この自給による徒歩旅行のよろこびをより完璧に仕上げること、つまり、システムを徹底的に追求した。その結果が、いま日本に入りつつあるBPの形式なのだ。その意味では冒頭の解釈はあらためるべきかもしれない……〈米国式徒歩旅行システム〉と。

バックパッキング・システム

〈**サバイバルのためのもの**〉

サバイバルとは〈生きぬく〉〈生き残る〉といったニュアンスのコトバで近ごろよくきかれるが、この辺にも自然の中で自給するBPの本質がみられるし、BPシステムのすべてにかかってくる考え方だけれど、ここではよりエッセンシャルなもののことだ。〈レスキュー・シート〉アルミ箔やプラスティック・フィルムをラミネートしたもので非常の場合に体をつつむ。毛布などより格段の保温力をもち、たためばタバコの箱くらいになる。日本でも市販されている。〈メタル・マッチ〉炭素棒状のものをけずって着火させる。ぬれても平気なのでマッチが使えなくなったときの技術だ。〈メタル・ミラー〉太陽光線を反射させて信号を送る非常用鏡。〈ファースト・エイド・キット〉救急薬品は誰でも持つが、これは厳選されたものをコンパクトにセットしてあるのが特徴。〈スネークバイト・キット〉毒ヘビ対策用。毒の吸出し器が容器で、中に傷の心臓寄りをしばるヒモ、切開用メス、消毒液が入っている小さなシステム品といったところで、その他、地形図、コンパス、炊事などの用具やとり扱いは一般と変わらない。

〈食糧品と炊事のシステム〉

最もBP的なのが〈乾燥食品〉すなわちインスタントとかフリーズドライ食品だ。軽量、高栄養価、料理簡単だから自給旅行に最適であり、この食品加工法の発達がBPを支えているといえる。いまでは国産品もかなり多いしメニューも豊富になってきているので、よい計画と上手な料理法がBP成功のカギになる。非常用のペミカンなどは登山の常識にあったものだ。〈ミニ・ストーブ〉楽にポケットへ入ってしまい、組み立ててカートリッジをはめれば一本で四十分燃えるブタンガス式。これはよいものので私も重宝している。米国製だが国産でも似たようにコンパクトなものが開発されている。〈ガソリン・ストーブ〉登山で使うスベア123とかプリムス71LなどがB

Ｐに流用できる。冬期向きだ。〈クッカー〉ＢＰでは自分ひとりをまかなえばよいので小型のポット、フライパンと皿兼用のフタ、グリップ、ケトルを一緒にしたセットで充分。国産で間に合う。

〈衣服〉

この中で注目すべきは羽毛服だ。米国の羽毛製品の進歩は近年おどろくほどだが、それもひとえにＢＰのためといえる。ＢＰでは極地仕様の超防寒パーカよりも〈ダウンセーター〉などというジャケット式で充分だ。軽量、保温力がよい、極めて小さくなるなどすべてＢＰ向き。これ一着持って他の保温衣料は持たない。国産でよいものが出はじめている。〈防水衣料〉は登山用のものが充分使える。

〈幕営用品〉

テントや寝袋は日本でも登山用によく研究されているのでＢＰ向きのものを選べばよい。米国ではＢＰ用テントが進んでいるが、日本ではツェルトをうまく利用することになるだろう。エアーマットは使わず、軽量コンパクトな〈エンソライトパッド〉が常識だ。

〈靴〉

登山靴で充分間に合う。近ごろ多いクライミング本位のものは向かない。

夏のバックパッキングにはこれだけのものを詰めていこう

〈バックパック〉

前記の自給用品のすべてをコースとスケジュールに合わせて厳選し調整しスタッフバッグを使ったりして納めるために、あらかじめ計算されつくられたのがバックパックである。だから、いいかげんな思いつきで適当に物をつめて出かけても何とかなってしまう他力本願の旅行では考えられないシステム性がそこにあるし、バックパックがそれ自体の目的以外（たとえば荷上げとか）に使いにくいのもそのためだ。典型的な〈フルフレームパック〉は四五ページの図の通りだ。フルフレームパックの合理性は重心を調節でき、荷重を肩、背、腰の三点に分散させることにあり、とくに腰の荷重こそは最も大切なところで、このシステムの最大の利点はここにある。フレームに接続されたヒップベルト、ことにヒップハガー式の場合、その意味は大きい。これによって自給装備の全重量がおどろくほど軽く背負えるのだ。この徒歩旅行システムが〈バックパッキング〉と呼ばれるのも偶然ではないことに気がつくであろう。

最近、とくにデリケートな登降の多い旅やスキーによる山旅に使われるようになったフレームレスの〈ジェンセン・パック〉も同じことがいえるので、くわしくは「ローディング学」の項をみてほしい。

以上のようなBPシステムは、ある意味では大変米国的なものであるのだが、私はあえてそのすべてをとり入れる必要もないと思っている。日本らしい徒歩旅行技術や用具はあって当然だし、バンダナを巻いてジーンズにダウンベストを着たからよい旅ができるということもないのだ。ただ必要なのはBPにある〈セルフエイドの考え方〉と〈合理性〉、これを理解することだと思う。それによって不可能だった旅が可能になり困難なルートは楽しくなり、またこれを応用することで研究家、画家、写真家、釣り人などの目的別の旅も、より自由になると思うからだ。米国でもこのシステムを応用する一般旅行者、ヒッチハイカーなどが本来のバックパッカーよりたくさんいるし(その全体をバックパッカーということが多い)、ひとりの人間としてもいろいろな旅があって当然だろう。そして少年少女のころから自給する習慣や技術を身につけるためにもBPはよい教科書になると思う。

デイパック

日常手に下げたりしている荷物、その荷物も背負ってしまえば両手はあくし、軽くもなる。そうして歩き出す。自転車にのる。だからいまのライフ・スタイルに欠かせないのがこれ、デイパックという背負い袋だ。だからヘビアイ人間になくてはならないのが、このデイパックというやつだ。小型だけれど、だからこそデイパックと、呼ばれるこの袋は、いま自分にとって何が必要で何がいらないかを考えさせるいちばん身近な小道具。ヘビアイ青年の君ならいったい何をつめこむだろうか、それを考えよう。

デイパックとは使い方のことだ

デイパックとは、名の通り〝一日の行動に必要なものを納めるのに充分な背負い袋〟のことである。

この〝背負う〟ということで気づくようにデイパックがライフスタイルの中へ入りこんできたのは人々が自動車へのるよりも〝歩く〟ことを、〝自転車にのる〟ことを、そして街にでるより〝自然の中へ入ってゆく〟ことを考えはじめたときからだ。

歩いたり自転車にのることが、はじめてみたらおどろくほど新鮮だったように、忘れかけていた自然の中へ入ってみたら、思いもよらずすばらしい体験ができたように、デイパックを使う生活というのは、それまでになかった新しい生き方につながっていたのだ。ある日、道で出会った相手もデイパックを背負っていて、やあ君も、と言われていっそう親しみを感じた。そうしてみんなデイパックを使うようになったのだ。

デイパックというのは新しいみたいだけれど以前から登山やハイキングで使っていたサブザックとか小型のアタックザックなんていうのだって同じもの。つまりデイパックというのはモノの名前ではなく使い方とか意識のことだ。

といっても、日本とちがって山登りが普及していなかった米国生れのモノだから、米国らしいシステマティックな考え方や独特の〝道具観〟で、ヨーロッパ流の日本のルックサックとはちがったものをデザインして、いまそれが〝デイパック〟の様式をつくり上げてしまっている。これが米国生れのデイパックだ。

型は一般に三角形。洋梨型とかティアードロップ型とかいうのもその形からきている。中をふたつに区切った2コンパート式や、区切りはなくて外にポケットがついている式のが多いようだ。

ピッケルをつけたり、ネブクロなどの必要物をとりつけるようになっていて、底も革ばりになっていたり、荷が体にぴったりつくようにウエストバンドがついていたり、つくりがしっかりしているのは岩登りとか登山などのスポーツ用。これは機能的だしモノとしてもよくできているから学生たちも愛用する。でも本などをたくさん入れる

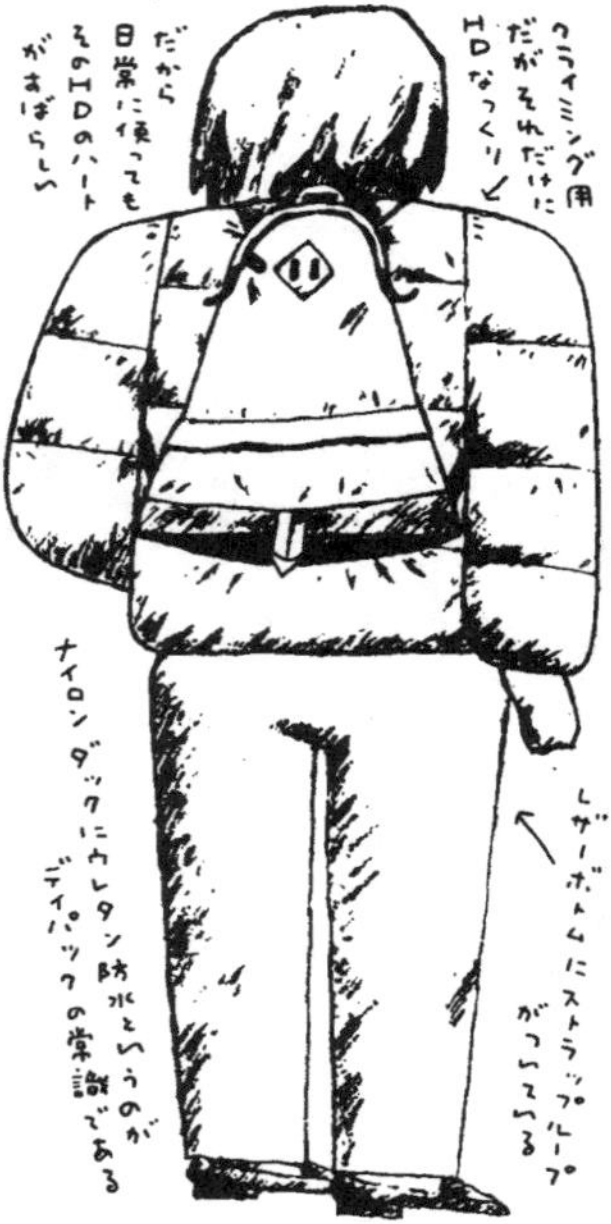

のは区切りのないのが便利で、自転車用ならやはりウエストバンドが欲しい。テニスのラケットが入るのやスケッチブックが折らずに入るのもある。

デイパックの中は小さい。だから必要で最小限のものを入れよう。でも他人にはわからぬ自分だけの必要品もひとつくらいは入れてほしいのだ。

多様なデイパックのタイプ

ジェリーのクライミング型、アルパイン・デザイン、レインボージッパーのシエラ・デザイン、ノース・フェイス、ホルバーのマウンテンパック、日本のスポーツ・

シャック・クライマーなどは、型やディテイルこそ少しずつちがうがみなオーソドックスな上下2室式。

ケルティーのデイパックは少し変わっていて変則上下2室にウラ側全面をウラ側でたてに開くジッパーで使えるようになっている3コンパート式。

変則といえばL・L・ビーンが負けずに新しく作ったデイパックも少し変則の2コンパートスタイル。

おかしいのはハイン／スノウブリッジのスラントジッパー2本という2コンパートで、斜めにあけて出し入れするのはHDかどうか疑問だ。

1コンパートはジェリーのミニパックはじめたくさんある単純1コンパート式と、ケルティーのサイクル／ハイカーやノース・フェイスのポキート、ジャン・スポーツ

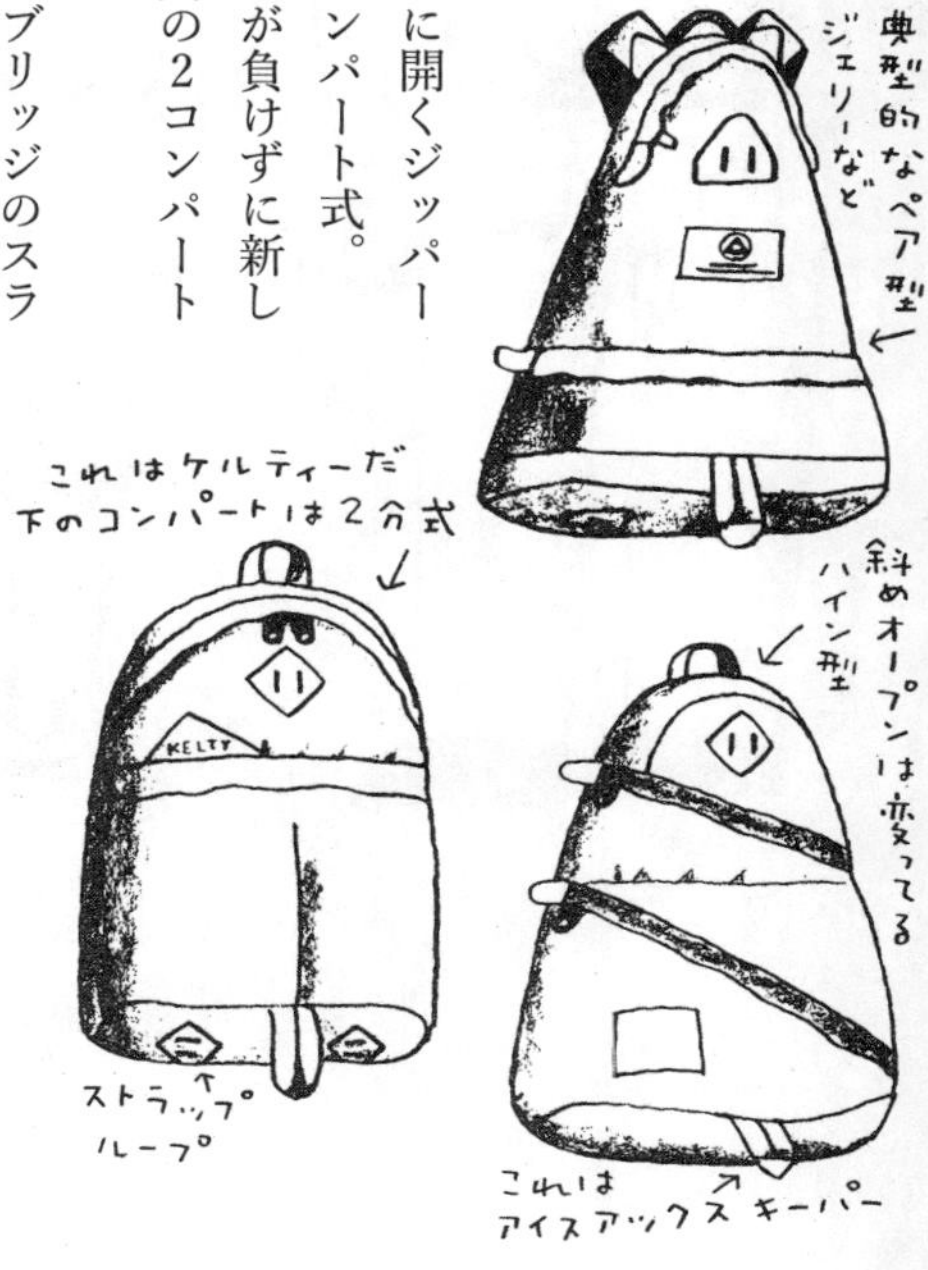

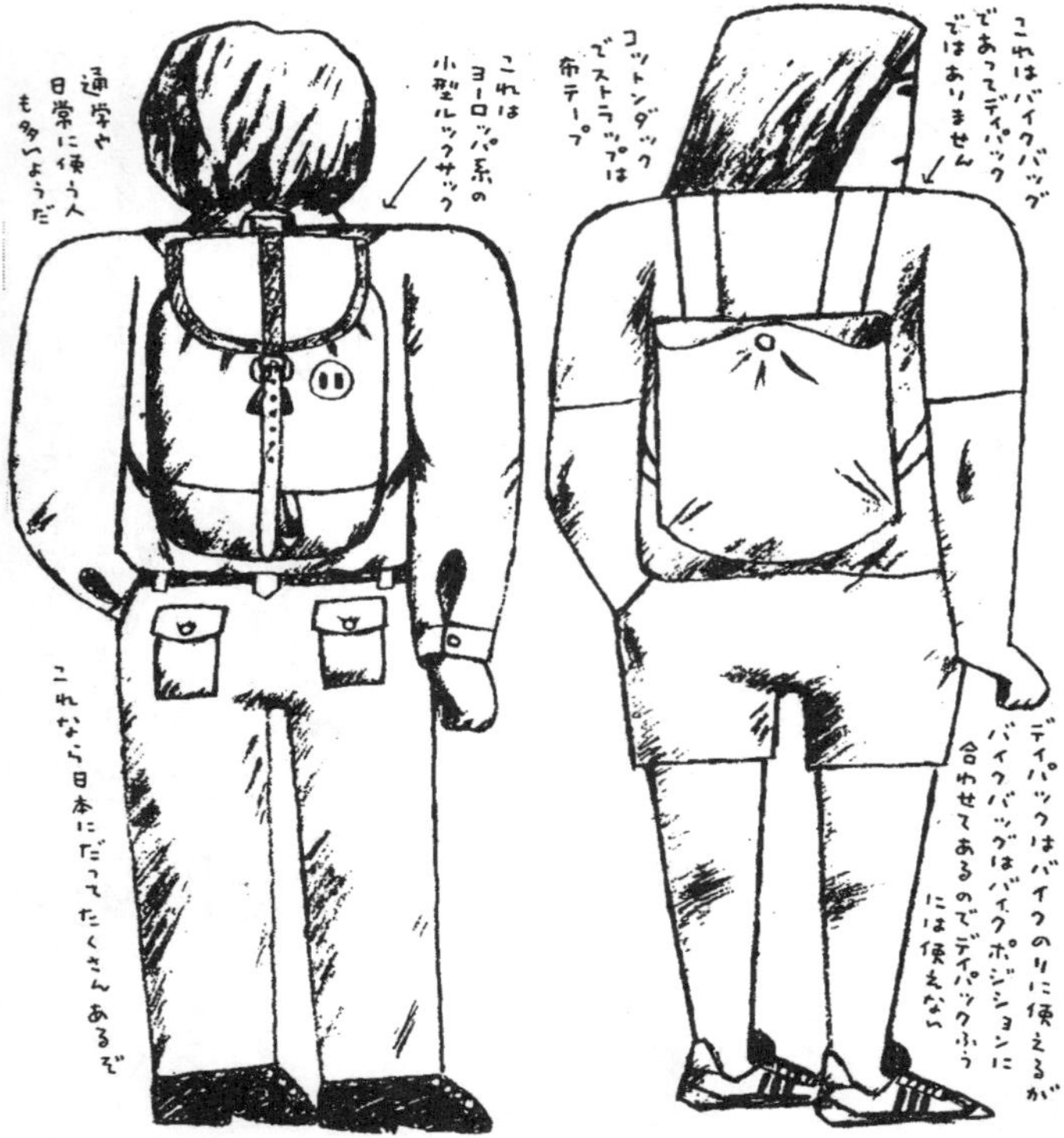
これはバイクバッグであってデイパックではありません
コットンダックでストラップは布テープ
これはヨーロッパ系の小型ルックサック
通学や日常に使う人も多いようだ
デイパックはバイクのりに使えるがバイクバッグはバイクポジションに合わせてあるのでデイパックふうには使えない
これなら日本にだってたくさんあるぞ

のサックスみたいなポケット付きのとある。1コンパートはパッキングもかんたんだからなれない人や子ども向き。それと通学用には大きな本が入る1コンパがよいかもしれない。ポケットは他のものとごっちゃになって、なくなりやすい小さなものを入れるとよい。

2コンパートも大型のは下にダウンウェアや夏用の寝ブクロ、雨具などのどれかが入るし、余ったかさばるもので軽いもの、あるいは長くて入らないもの（つりのロッド、カメラ用三脚など）は底部のループを使ってストラップでここに固定する。上のコンパートはもちろん重いものや小もの（カメラ、コンパス、薬品、ナイフやペンなど）を入れる。地図は下に入れてもよいが、できればパーカなどのポケットがいちばんよい。こう考えてくるとパーカやジャケットのポケットもかなりの収容所だと思うのだ。

バイクバッグはいまの型はロードレーサーのポジション（極端な前傾）に合わせて長いひもで背中のうしろ（尻に近く）へ下がるようになっているので歩くときにはものを落しやすくて薦められない。もっとも最近はスナップやひもで口をしばるようにしたものもあるがバイクバッグのよさはあの最もシンプルで簡単なところがかえってHDなのだからこれは考えすぎかと思われる。

ダウンの話

ダウンの価値はどこにある

寒冷地のヘビーデューティー・ウェアと言えばいうまでもなくその主役は羽毛服。いまや冬になれば何がなんでもグースダウン、ダウンでなければウインター・アウトドア・スポーツは成り立たぬくらいのありさまだ。

いちばん先に登場したのはかのダウンベストというやつで急激に普及した末、ついには「テトロンのダウンベスト入荷」なんていう看板が出るほどで、中身にしてもはたして何がつまっているやらまったくわからぬ状態なのである。

さて、ダウン（DOWN）とは水鳥などに生えている「綿毛」のことである。ふつう鳥のハネというときに指すフェザー（FEATHER）すなわち「羽根」とははっきり区別される。フェザーの比較的単純な構造に対してダウンはまことに複雑であり、写真でもわかるように少量で大きな空間をつくりだす性質のあるせんいが緊密な複合構造を組みたてていて、良質の（成熟した鳥からとれる）ダウンではより微細な結節部がたくさんあり、それが相互結合力をさらに強めているので、このようなダウンは、多くの水鳥のダウンの中でもとくに「グース（GOOSE）」すなわち「ガチョウ」のダウンにおいて顕著にみられるとされている。

なぜグースダウンが暖かいか。なぜグースダウンをつめた服がアウトドア・ライフに向くのか。まず、前記のようなGDの性格から、より少量で効率よく大量の空気のつまったスペースを作り出すからということがいえる。空気は最も優れた保温材ということを忘れてはいけない。そして服が必ずもたなければいけない条件である通気というポイントも充分満足させるし、またこの性格を逆用してこれを押しつめればどんな保温材よりも小さくなるというのも荷物を制限されるアウトドア・ライフでは大きな利点になる。ダウンというものは生物が外気温から身を守るために設計された造化

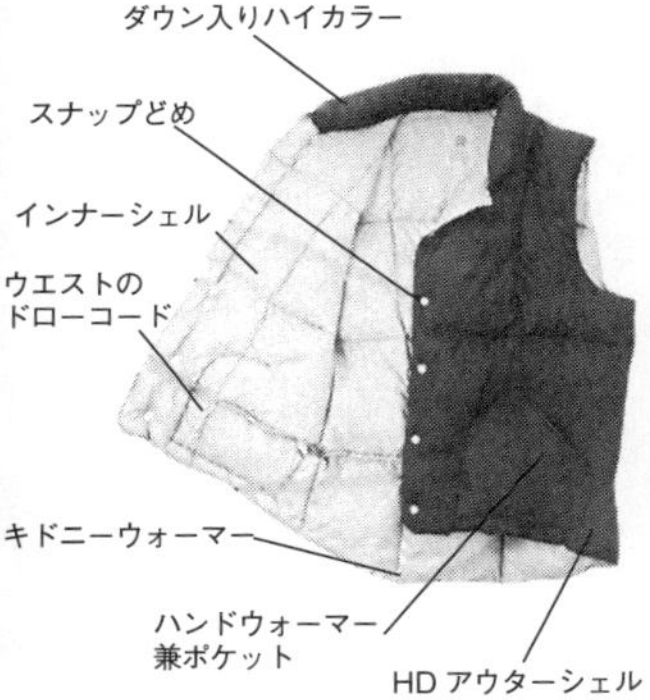

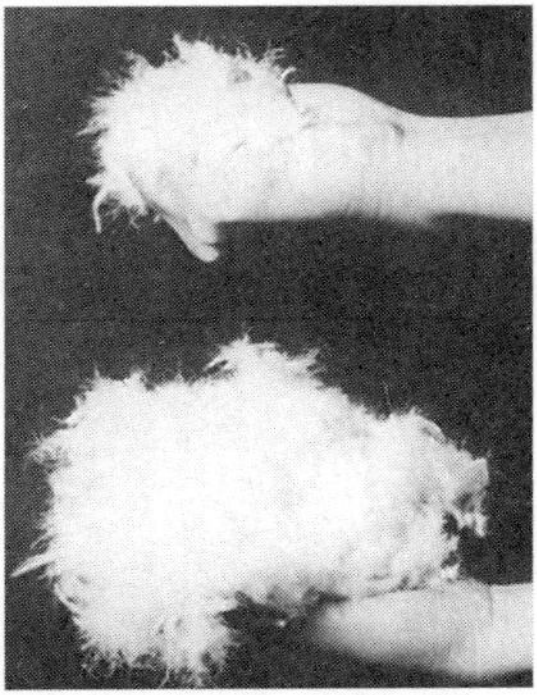
一握りのダウンも、手をひらくとこのとおり

の神の最も優れた傑作というしかない。

さてここでGDの対抗馬(鳥?)としてダック(DUCK)ダウンすなわちアヒルの綿毛が登場する。DDは他の水鳥のよりも断然GDに近いということでしばしばとりあげられ、米国のアウトドア用品産業の中でもDDを採用、その優秀性をキャンペーンしているところがいくつかある。ここでさらに最近のダウン需要の急増、ダウン価格の急騰という問題があってここにからんでくるから問題が複雑になるのだが、一般には保温材としての機能からみて、また耐久性という点からもGDが数段勝るとされている。しかしDDサイドのメーカーからはGD神話を打ちこわそうとする発言もあるので、たとえばスノーライオン社、EMS社などはDD擁護派で、もちろんDDを採用し「グースという名前のためだけに高い金をはらっているのは愚かだ」などといい、片やGDを使っているホルバー社やアルパイン・デザイン社ではGDがベストと言い切っているし、シエラ・デザイン社は「重量的にはGDは他にくらべ一〇~一二%効果的でコストの点では二二%高くつく」といい、さらにGD派のエディー・バウアー社は「当社のGDは他社のGD、あるいは他の保温材の二倍暖かい」と言い切っている。

こうなってくると調べようもない一般消費者はオロオロするばかりだが、それならダウンというものの品質構造及び品質保証について考えざるを得なくなる。

ノーザン（NORTHERN）グースダウンという表示を、優れたGDという表現に使っているのをみる。このノーザン（北方の）とは何をさすのか。もちろんDD派の悪口の如く「フロリダか台湾の北のこと」ではなく「寒冷な北の土地で自然な生育法で成熟したグース」ということになる。

そこでグースのことになるが、北方にせよ南方にせよ、このように需要が拡大した現在、充分な自然条件のもとで充分に成熟したグースからダウンをとるということはまことにむずかしいのだ。そもそもが鳥はそのほとんどが近代的なスピード飼育法で育てられていて、しかもダウンは副産物であり食肉が主目的なので、そのためにガチョウは人工飼料で人工的環境のなかで、合理的かつスピーディーに育てられ、成熟する前に殺されてしまう。だから理想的なダウンがとれる条件はまことにありにくいのだ。シベリアやポーランドではワイルド・グースがとれるというけれど、数量的にも限界があるだろう。

ノーザンGDの他にも「一〇〇％優良GD使用」とかいう表示がみられるけれど、これはキャッチフレーズでしかないようだ。米国の基準では「ダウンは八〇％が綿毛で残りの一六％が少なくとも水鳥の羽毛せんいであり、あと二％は水鳥でなくてもスズメだろうとニワトリだろうと鳥のハネならなんでもよく、さいごの二%はぜんぜん何でもよい」としているくらいだから。

次はダウンの選別と配合、そして品質測定のことになる。

品質判断のための基本知識

ふつう、メーカーが羽毛業者から買い入れるのはダウンとフェザーがあらまぜになったもので、もちろんここにはクズも多少混入している。加工業者がこれを洗い、乾燥させ、ダウンとフェザーとに分ける。ここで完全に分けられず多少のフェザーがダウンの方に入ったとしても（入るのがふつう）規格には合格する。

次にロフト測定、すなわち一定重量のダウンがどれだけのロフト（かさ）をもちうるかということで、米国では一オンスのダウンを試験管に入れて定量のおもしをのせたらどこまで沈むかで計る。それはそのままダウンの断熱度の尺度になる（空間イコール保温だから）とされている。

一般に天然の成熟グースのダウンならロフト七〇〇〜八〇〇立方インチが普通のところ、人工飼育の未成熟グースのダウンではロフト四〇〇〜五〇〇立方インチくらいである。そこで品質の高いのと低いのを混ぜてロフト五〇〇〜六〇〇立方インチくらいの中級ダウンを作ったりしている。

ホワイト（WHITE）グースダウンとグレー（GRAY）グースダウンということも表示にしばしばあらわれる。この色による品質の差は皆無である、というのがいまや定説になっている。で、結局ホワイトというのを良質におきかえて強調するのはみかけだけで、内容はともなわないと考えてよい。うす手でうす色のナイロン・シェルだとホワイトは中身がみえないけれど、グレーがシモフリの如くよくみえるのはご存知の通りだ。

悪い例としてはいろいろある。低品質のDDとフェザーを混ぜたもの。中古（我国でも一時出まわり、私なども使用した、あの放出品の重たいネブクロの中身などである）やクレーム品（クシェット）などを使ったり混合したりしたもの。ニワトリのフェザー（だからすごいね）の芯の部分を削ってカールさせ、ロフト加工（？）を施したもの（これはTAN-

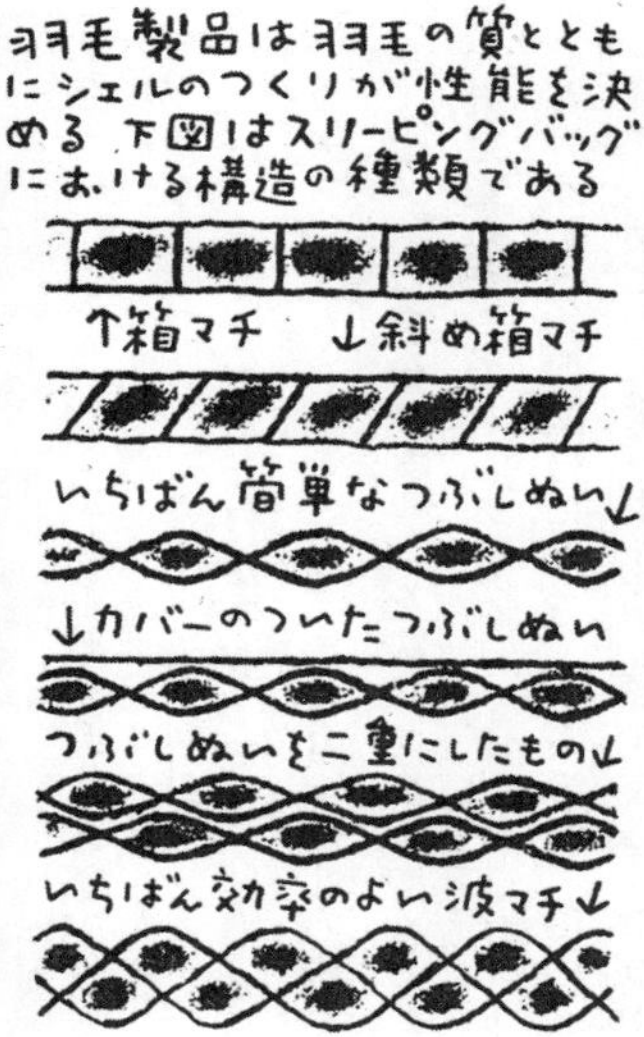

O-QUI-QMといって朝鮮戦争時に米軍が考案したが結局化学せんい綿に軍配があがった）など。

良い方ではこんなのがある。アイダー・ダック（EIDERDUCK）すなわち「毛綿ガモ」のダウンのことだ。このカモは北方の水鳥で絶滅に近いといわれるが、このカモのメスは自分のダウンを抜いて巣をつくる。ヒナがかえって飛びたったあと、その巣を集めたものを「スーパー・ダウン」といい、これは何といっても最高中の最高だという伝説的保温材になっているのだ。このダウンは粘着力があり、バッフルの中でバラバラにならず、すき間もできない。ふつう、どんな設計のダウン衣料でもどこかにすき間はできるものだから、これは貴重といわねばならない。が、もちろんこれは大変に高価なものになっている。

こうしてみるとグースダウンの優秀性はまちがいなく、またダックダウンもすてがたいようにも思えてくるが、品質保証の点になるといささか心配であり、買ってきた羽毛服をひきさいてダウンをつかみ出して実験する勇気のある消費者は少ないと思うし、また仮にやったとしてもテストはむずかしい。結局は実用してみた結果体験的に当り外れがわかるということで、我々消費者にできるのは自分が信用できるブランドのものを信用できる店で求めること、指定されたメインテナンスを実行することくらいになるであろう。なんだか、おつかれさまという感じがしなくもないが、厳冬期の山をやる人や極地旅行、海外遠征をやる人などにとっては笑いごとではない。

ダウンにとってかわるといわれるファイバーは保温材としてどうなのだろうか。この種のものではポリエステル・ファイバーをつめるのが一般に多くなっていて、米国ではポーラーガードという商品名のものがあり、これはマカロニのように芯に空洞のあるポリエステルせんいを綿状にしてあるのだが、我国でも似たようなものができている。長所としては羽毛が水や湿気に弱いのに対して、それに強いことで、このことは主に登山やスキーなどでは重要視できると思う。しかしそれ以外の軽さ、やわらかさ、ロフト性（保温性）、そしてコンパクト能力といろいろな点でまだダウンが一段優ると思われている。しかし合成せんいのことだから、いつダウンの性能を凌駕するかわからず、それは時間の問題といえなくもない。しかし本当の性能よりもダウンという天然の（いかに人工飼育とはいえ）素材に対する信仰のようなものもあるように思える。

ともあれ、いまのところはまだ当分、グースダウンというヘビーデューティーのスーパースター的素材は生きているのだ。

60／40

すぐれたコンビネーション地

60／40とは何か。それは60％のコットン、それに40％のナイロンという比率で撚り合わせた糸で織った布地のことである。

この布地の特徴は、コットンとナイロンがお互いの欠点をおぎない合い、すなわちお互いの優れた特徴を出し合って他にないヘビーデューティーな性能を作り上げたところにあるのだ。

コットンは人間の身体にソフトで自然な感じをあたえ心地よく身体を覆う。ナイロンは風を防ぐし軽くて丈夫だ。しかしコットンは水分を吸う性資があるが、水をはじくナイロンがそれをカバーする。またナイロンはフリクションや熱に弱いので困るけれどコットンがそれをおぎなってしまう。

こうしてできたマテリアルはとうぜんのことながらホンモノを望み、実質をとり、ウィルダネス・ライフに親しみ、アウトドア・スポーツを楽しむヘビアイ世代、ヘビーデューティー志向の人たちに歓迎されたので、いまもっとも注目されているマテ

アウターシェルに60／40クロスを用い、中にダウンをつめたアークティックパーカ

リアルになっているのだ。それはこの新しい素材の性能や感触が新しい世代のライフ・スタイルからの要請にぴったり合ったからなので、このことはとても大切なことだと思う。

もっとも、いくら優れたマテリアルでもそれ自体、単独では我々にとって何の興味も与えない。この素材の登場はマウンテンパーカという、これもヘビアイ世代がもっとも必要とした設計の服に採用されたためにいっそう見事であったのだ。60／40の特質はいろいろな服や道具にとり入れられて効果を発揮しているけれど、マウンテンパーカとのコンビネーションこそその代表作であり、ヘビアイ服の古典となるにちがいないのだ。

60／40の舞台はマウンテン

マウンテンパーカはその名の通り山登りのときにつごうがよいように防風性、防水性を兼ねそなえ、しかも丈夫で機能的で自然によく似合うデザインのパーカである。といえばすぐわかるように先の60／40クロスの性能こそぴったりの服なので、たちまち採用されたのもとうぜんだ。尾根筋での強風にもよく耐え、突然の雨もよくはじき、岩角のフリクションにも強く、降りしきる雪もはらいのける。

またマウンテンパーカの平均的なデザインとして、小さなデイパックなら顔まけするほどの荷物の収容力もある。

たいがい箱ひだつきの二個の胸ポケットと大きなマチ入りの脇ポケット二個、それにダブルビルトされたハンドウォーマー・ポケット、また背面にはジッパー開きの大きなものがセットインされている。前面のカーゴ・ポケットはベルクロどめのフラップつきで雨水をよく防ぐ。背面のポケットは大きなものや地図も入るが、一枚の紙を入れただけでも背中の保温効果がずっとよくなるといった効用を持つ。

また、たいがいのマウンテンパーカが二重構造でＨＤ。外側はもちろん60／40。フードと袖の上部の裏も60／40。そして軽量化と通気性のために身頃とそでの下半分はナイロン地になっているのが普通だ。そしてこれらの優れた設計は登山やキャンピングや釣りなどのアウトドア・スポーツやウィルダネス・ライフのみならず日常生活にも便利さと楽しさを提供するものだ。

60／40のマウンテンパーカで有名なのは何といっても「シエラ・デザイン」のもので、その名も「60／40パーカ」と名づけられ、いちばん早く（一九六八年）からオリジナルデザインで作られていて、60／40マウンテンパーカの常識はほとんどこのオリジナルで決定したといえる本命である。他ではウールリッチ、EMS、ジェリー、そしてREIなどが同じような60／40のパーカを作っている。なお65／35（ポリエステル／コットン）というのもあるがこれはまた別物である。

元祖シエラの60／40マウンパ

シエラのウールラインドパーカ

バリエーション続々登場

60／40の新製品ではマウンテンパーカの新型といえる「ウールラインド60／40パーカ」や「ポーラーガード®60／40」などがある。これはともに例の「シエラ・デザイン」の製品だ。

「ウールラインド60／40パーカ」の方は従来の60／40パーカのうらに80%ウール、20%ナイロンの布地を張ったもので、フードと身頃、肩から袖のすべてをウールでラインドし温度の調整と回復をはかる。「ポーラーガード®60／40」の方は通気性がよく丈夫で暖かい「ポーラーガード®」というインシュレーターをキルトしたもの。両者ともにセーターやダウン衣料とレイヤードしなくてもかなりの悪条件にまで耐えられるので、これは各種の保温衣料とのレイヤードを想定して作られた従来の60／40パーカとはまた別な用途をもつものとして支持者を得ている。

なお60／40パーカには目だたないがこんなくふうが随所にみられる。たとえば手袋をしていても結べるドローコードエンドのレザー。あごをジッパーから保護するスロートフラップ。ジッパーをとめるHDな2本のステッチ。ほどかずに着脱できる保温用のウエストシンチコード、といったようなものである。

アスレティック・シューズ

ドゥー・スポーツ時代のクツとして、我々の日常生活にアスレティック・シューズは欠かせない。そしてこの種のクツこそラグソールのレザーブーツやモカシンと並ぶ現代のヘビーデューティー・シューズといえるにちがいない。

かつてスニーカーといえばそのほとんどがバスケットシューズかテニスシューズ、そしてデッキシューズぐらいだったけれど、その後トレーニングシューズが加わってここにHDなアスレティック・シューズの体系ができ上った。

バスケットシューズはその中でもひとつのトラディショナルであり、ベーシックな型が完成されている。HD的には屋内フロアに性能を合わせてあるのでその限りでの能力を求めるのが正しい。

テニスシューズは種々のコート面に合わせた設計なのでその方から選ぶべきだ。アッパーがズックのものにはバスケットシューズとほとんど共通のものもある。

トレーニングシューズはあらゆるスポーツマンのトレーニングのためのクツでありアスレティック・シューズを日常のHDシューズと考えるなら、主流はこのトレーニングシューズにちがいない。アッパーはナイロンとレザーに大別でき、ソールの種類はまことに多い。ジョギングもトレーニングの一部だからジョギングシューズもまたこの中から目的に合わせて選ぶのがよい。

トレーニングシューズにはトラック向き、芝生やタータン向き、アスファルトなどの舗装路面向き、不整地向きなど各種の設計がある。ランニングといってもジョギング、ディスタンス、クロスカントリー、マラソンなど目的別に設計のちがいが大きく、雨のときはナイロンよりレザーアッパーがよいといった、条件による使い分けも必要となる。スパイクシューズは日常的でないのでこのHDシューズの範疇からはずした。

アスレティック・シューズ・メーカーとクツ

〈アディダス〉

西ドイツが本拠の世界一のアスレティックシューズ・メーカー。日常のHDシューズに占めるシェアも高い。SL-72～76（トレッドパターンが前半と後半で逆向き。ナイロンアッパー式トレーナーの傑作）、カントリー（多くの模造品を生んだガムラバーソールが前後ともアッパーに向ってまき上っているレザーアッパーのクロカン用）、ランナー（長距離用トレーナーでナイロンメッシュとベロアのコンビネーション）、スタン・スミス＝ハリエット（まっ白の美しいレザーテニスシューズ）などが有名だ。ラインはご存知の三本線である。

〈プーマ〉

同じく西ドイツ本拠のメーカーで兄貴会社のアディダスを追う。バナナ（黄色のナ

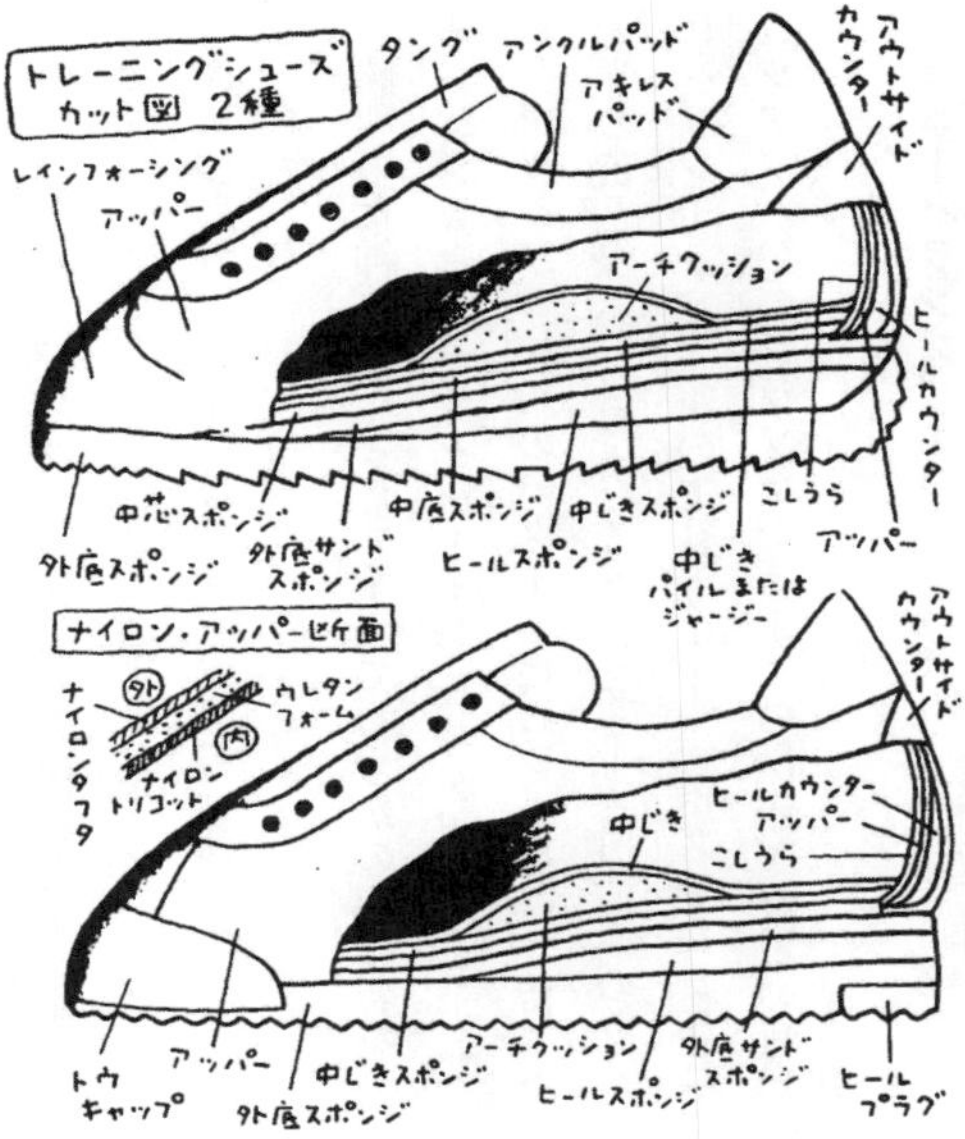

イロンアッパーでクッション設計の優れたトレーナー）、ビッグレッド（バナナと同種で赤）、マッチ（シュアグリップソール、レザーアッパーのテニスシューズ）などで人気がある。ラインはフォームストリップ。

〈**ナイキ**〉

勝利の女神のウイングラインでわずかの間に名をなした米国勢のトップメーカー。オレゴン大学トラックコーチ、ビル・ボアマンのアドバイスによる設計のオレゴンワッフル（ワッフルのパターンにヒントを得た特異なソールのクツで配色はオレゴン大学の黄と緑）、コルテッツ・レザー（白に赤のウイングが印象的なレザーアッパーにヘリンボンソールのトレーナー）、ボストン（ユニークなサクションソールにナイロンアッパーのマラソンシューズの傑作）などのＨＤシューズは我国にもファンが多い。

〈**ニューバランス**〉

西ドイツや日本に負けるなと巻き返しをはかる米国勢の代表メーカーで三二〇（ナイロンアッパーでヘリンボンソール、七六年ランナーズワールド誌ランク一位におどり出た新顔）はその代表作。

〈ブルックス〉

NBと同じく新しい米国勢の雄。ビラノバ（ナイロンアッパーにすそ広がりのサクションソール、ランナーズワールド誌二位に上った新進）で知られる。

〈コンバース〉

少し前までスニーカーならバッシュー、そしてコンバースというのは常識だった。トレーニングシューズ時代になってぐっと後退した感じだが、依然としてコンバースはコンバース。星印のオールスターシリーズは健在だ。

〈ケッズ〉

西海岸のコンバースに対する東部のケッズもかつての米国スニーカーの代表選手、サイドに光る赤と青のライン、プロケッズシリーズもまた健在。

〈タイガー〉

日本の代表的メーカー、オニツカが世界にのぞむブランドがタイガー。カゴ目のようなラインはアディダス、ナイキと並んで世界のスポーツマンに知られている。製品はビッカー、リンバーアップ、マラップなどをはじめアスレティック・シューズ全般にわたっている。

クツ

靴には機能と様式がある

帽子から服、そして靴に至るまでの現代人の身につけるすべての中で、靴ほど使用主の生活に密着しているものはない。これはモノを実生活のフィールド上で考えれば歴然であって、人体のシェルターを、粉飾しやすいモノと、実生活の基礎に立ったモノに分けるなら、靴は後者のトップということになる。

靴は、好みやファッション以前に、使用主の生活範囲によって決定されるのだ。そしてまず、平らで乾いた整地用と、不整地の全天候用とに大別して前者はアーバン・ライフ用だから実用性は一定だし（靴としては服寄りのものだ）粉飾しやすく、後者はもっぱらHDさが要求されるからそれですべてが決定する。

靴の形式は、足をどう包むか、ということできまる。甲の上から覆う、底から包み込む、足の下にパネルを張る、上下からはさむなどさまざまな形式が考えられ試された結果が靴の形式なのだ。それによってひもつき、スリッポン、プルオン、バックル止めといった方法やオックスフォード、アンクル、6インチ、8インチ、12インチといった深さや、一枚底、はりつけ、ぬいつけ、グッドイヤーなどの接合部が考えちれてきたのだ。

アーバン・ライフの靴は機能の負担が軽いので、言ってみればどうにでもなるから、様式できまる。つまりトシだのステータスだの、約束としてのＴＰＯだのがあって、さらに好みとファッションがあってその様式は決定する。だから急に気が変わってウイングチップスをプレイントウにはきかえても問題はないのである。たとえばヘビーデューティー側の靴群の中から思いきり特殊なやつを選んではいても、それはそれでひとつのストリートウェアとしての様式になるのであるが、その逆はありえない。アーバンライフ側からのみＯＫなのだ。この辺りが都市生活のいやなところであって、こうしたしくみがわかっていてやる分にはよいのだが無数のエピゴーネンが都市をむしばむ。ビブラム底のウォーキングブーツは渋谷のナントカロードを歩くようにはできていない、というのは大切なことなのだ。

ヘビーデューティー靴群

ヘビーデューティーな靴。靴の本質が生活範囲できまるところにあるなら、生活範囲をきめつけるヘビーデューティー靴こそ靴中の靴というべきであろう。この類の靴はそれぞれ、たったひとつの目的しかない。そのために生まれ、そして死ぬ靴なのだ。それが靴で、それが道具で、それがモノなのだ。

この類の靴は様式はない。ここでは自然と人間のかかわり方にしたがってそれぞれ設計された型があるだけだ。

ラグソールのウォーキング・モカシン

〈モカシン〉

いまいちばん必要なのはこの靴だ。デザイン上のモカシン・タイプというのとは別なのでまちがえないように。トラッパー。キャンプ。カヌー。ボート。ウォーキング。ウォーキングブーツ各種。

〈ウォーキング〉

ウォーキングブーツのオックスフォード、アンクル、6インチ、8インチなど、ソールのバリエーション。

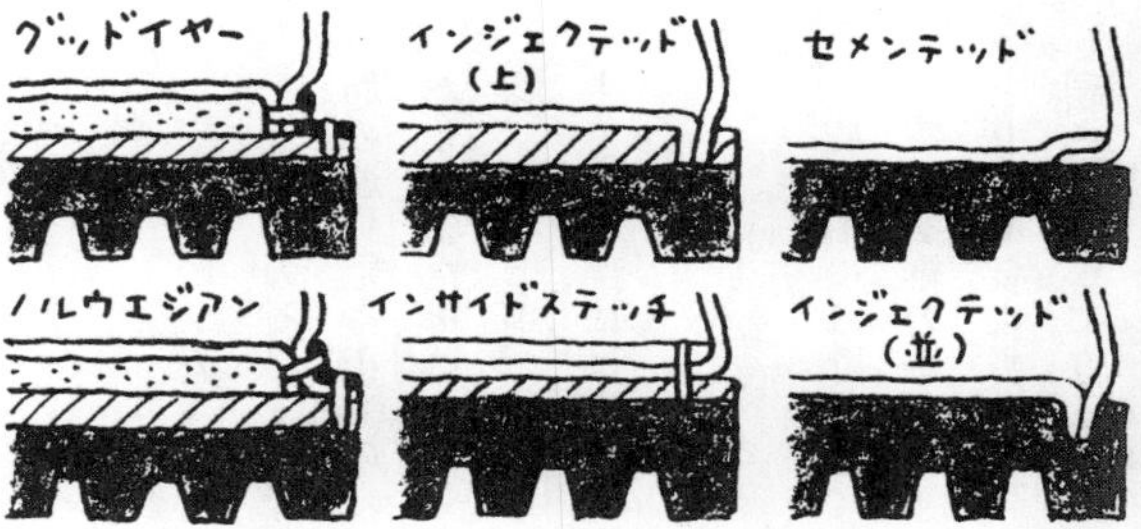

〈その他〉

登山靴。クレッター。ハンターブーツの6、8インチなど。同プルオンブーツ。ソールのバリエーション、ディテールの別。スノモブーツ。アスレティック・シューズ、スポーツ用ゴム長各種。乗馬靴。スキーなどのアフターブーツ。モーターサイクルブーツ各種。アークティックブーツ（レザーとゴムのコンビネーションにインナーブーツつき）。ペーパーブーツ（ゴム）。フェルトなどのワディング・ブーツ。

以上の中から使用主が自分の生活範囲に合わせて選択することによって靴は成り立つ。すなわち、6インチのビブラム底のウォーキングブーツとペコスブーツとトラッパーモカシンと9インチのアークティックブーツとアスレティック・シューズで暮す人が、或るところにいるのだ。なお、スキーやスケートの靴、その他の特殊な靴などは靴のようでもここでいう靴ではないので省いた。

革

革。

革はヘビーデューティーのシンボルのひとつのようだしヘビーデューティーを語るとき革をのぞいてはなりたたない。我々はクツをはじめバッグに服にベルトに、その他の道具類や小ものに、またそれらの部分品として革をＨＤのきめ手として使ってきたし、またそれを他のものに代えることはいまのところできない。革といっても牛、豚、山羊、馬、オストリッチその他あるが、ヘビーデューティーにおける革といえば牛で、一部には馬革、豚革も使われるが、ともかくＨＤは牛革だ。

革の加工について

皮はふつうなめして使用される。

皮は繊維のかたまりという。なめすというのは、この繊維をほぐして不要なものをとり、必要なものを再充てんするという操作をすることである。これは腐敗を防止し硬さの調整になるのだ。未開のところでは唾液や塩でなめしをすることがあるという。それでもなめしはできるわけだ。なめすことによって革は安定した均質を与えられるのである。

なめしには大きくはふたつの種類があり、ひとつは「クロームなめし」（クローム酸）であり、もうひとつは「タンニンなめし」（タンニン、シブ）である。天然のタンニンがすなわちシブであり、いまは木の皮からとる。量産のためには合成タンニンがある。

クロームなめしは一般的にはコスト的に安価で、性質はクロームだから鉱物的になる。見わけ方としては切り口が青みがかった色。

タンニンなめしはどちらかというとコスト高になる（クツの例では一足について原価で百円前後のちがいがクロームなめしとの間に出る）がタンニンの性質からして植

物的でナチュラルでわがヘビーデューティーの方はこちらが主体になる。見分け方としては切り口が茶色で全体に自然な感じだ。「チャリ革」といわれるのはこちらの方である。ふつうクロームの方がアッパー向き、タンニンの方は底革向きとされていたがいまはそうでもなくなってきている。

皮革製造技術の点からみるとヨーロッパが最高で、それから日本、米国という順になるという。米国の革は粗っぽくて雑で、そのかわりナチュラルでヘビーデューティー感があるというふうなのだ。そして比較的ヨーロッパ、日本より安いのでたっぷり使えるからなおさらHD的使用法にむいているといわれる。

革の表面はふつう「ギン面」といって、表面使いされる場合「ギンツキ」という。一枚の革を数層にはいで使うことがあり、この場合表面の一枚以外は両面がはいであってせんいがけば立っているが、これを「トコ革」という。トコ革は一枚から数枚とっているので価格も安いが強度やしなやかさ、肌ざわりの点ではおちる。

「うら出し」は一枚革のうらを表に出して使用することで、もちろんうら側にギン面がくる。うら出し面はトコ革のはいだ感じに似ているけれど一枚革だから強度その他はギンツキの一枚革と同じで、うら出しすることの利点はキズがつきにくいことだ。ことにヘビーデューティーなクツ、登山靴などではぶ厚い革をうら出しにするが。こ

かの有名なビーンのメイン・ハンティング・ブーツ。ここで問題なのはアッパーの革の品質。原材料は牛革。タンニンなめしの過程の有機処理で防水性がつき、丈夫でしなやかに仕上げられる。

れはギンツキだとギン面がキズになりやすく、そのキズから水が入ってくればあとはせんいの部分で水を通しやすいから中がぬれる。うら出し面はキズがつきにくいから同じ程度のダメージをうけても水が入ったりしにくいのだ。

革の加工の工程。まず皮がはがれる。次に塩づけ（保存またなめし効果のため）にされ、次に水洗い（汚れや塩分をおとす）。さらに毛抜きをされまた水洗い。そして脱脂が行なわれる（せんいだけになる）。そこでなめしの工程に入りクロームなりタンニンなりでなめされる。次が染色で色をつけられる。そして油脂入れやワックス加工されて仕上がる。

ヘビーデューティーの方ではよく使われるオイル・タンド・レザーというのはこの最後の油脂加工が充分にされたものでワックス加工をよくされたものはワックス・ハイドなどともいう。仕上がったも

のに手をふれると手についてくるくらい油脂やワックスが充分に入っている革は水をはじき、しなやかでヘビーデューティーであるが、ただクツの場合セメント加工ができない。このことと、さらにこの種の革の需要がほとんどないことから我国にはオイル・タンド・レザー（またはワックス・ハイド）という種類の革が素材としてはない。

油脂の品質としては酸化しにくいものがよく、昔は馬のものが使われた。いまは動物性、植物性、それに鉱物性のものまで各種あって用途に応じて使いわけられる。

革というものはギン面からうら面までの間（表革に対して芯《シン》という）はせんいの組織が細かいところから粗いところまでのグラデーションになっているので、トコ革のようにそれを何層にも分けた場合各層によって少しずつ質が異なる。また革は生物のものだから同じ種類の動物でも個体のちがいで変化があり、一枚の革でも部分により質が変わるし、厚さも異なる。それが革の自然なところでもあり加工する場合のむずかしさにもなる。

スウェードとかブラッシュドレザーというのは一枚革の表革（ギン面）をとり、そのとった面を加工したものだ。

トコ革は昔はほとんど見えるところには使えないクズ革だったけれど、いまはなめし技術の発達によって強度やしなやかさが与えられ、そして用途も開発されて立派な素材として生まれ変わっている。

革の良否のきめ手

良質の革というのはやはり自然で健康な牛からとれるので、本当によい革をとるなら牧草、土地、気象を選び、メインテナンスをよくし、動物も種を厳選して育てなければならない。いまは人件費の点でメインテナンスがよくできなくなっているし、環境問題からいっても良い革はとれにくい条件が多くなってきたという。

革の良否をきめるもうひとつはなめし工場の技術だ。革の強弱、しなやかさなどそこできまる。うすくてしかも弾性がある革を「味の良い革」などと専門家は表現するけれど表面と芯で性質が異なるものもある。

ヘビーデューティーな革は我国ではいままで粗悪品と混同されていたようなところがあるが、目的をみきわめて本当にＨＤな素材としての需要が多くなれば素材としても作られるようになるので、そうなって欲しいと思うのだ。

ナイフ

道具というのは人間の各部、たとえば指とか手とか足といった部分の機能を助け、さらに拡大し、ときには保護したりというふうに体の部分の延長であるものが多く、またそれがベーシックな道具になっていると思う。

その意味では、ナイフは手だ。そして最もエッセンシャルに手の機能の中のある部分をぎりぎりまで煮つめたものがナイフという型になっているのだと思う。我々が（男子ならだれでも）ナイフを使うこと、ナイフを使えること、美しいナイフを持つことなどに憧れるのはそれが極限まで洗われつくした機能の極致（ヘビーデューティー）であること、そしてその背景にあるスポーツライフやフィールドに対するロマンからにちがいない。

もしもロビンソン・クルーソーのようになってしまったとき、まず必要になるのは火と、そして一本のナイフではあるまいか。そしていま、自然人としての人の生き方を多くの人たちが考える時代になってナイフが再び関心を呼んでいるというのもそのような気持ちからではないだろうか。こんなことから、いま我々が興味をもつナイフは人同士の暴力や殺傷とはまるで別のところのものだということがわかるだろう。

ナイフの基本的条件

そこでヘビーデューティーとしてのナイフをみてみたい。

いま、我々が問題にするナイフはまずハンターのためのもの、それから魚釣りのためのもの、そして登山やキャンピングのためのものがほとんどで、あとは工作道具としてのナイフくらいだろう。

ナイフは用途で決まる。機能の極致ならばこそ、ある目的のために徹底しているので、何でも切れる、どのようにも使えるという万能性はありもしないし求めるべきでもない。ハンティングナイフならビッグゲームから鳥猟用まで用途別に分かれているし、魚釣りナイフでもそれぞれの機能別の形、大きさ、材質になっている。たとえばビッグゲームの場合では木の枝をはらったり、獲物を刺殺するための刃が厚めで少し重いナイフと、鋭い刃をもった小型のスキニングナイフが必要というし、鳥猟なら刃わたり十センチくらいの軽いものがよいとされている。

ナイフの生命である刃。刃は頑丈でよく切れるのがよいにきまっているけれど、硬度が高ければ反面もろいということにもなり、研ぎにくいという欠点にもなる。そこで適当に硬く強靭でねばりのある刃をつくるべくメーカーは苦心するのだ。刃の硬度

〈フォールディング・ナイフの部分の名称〉

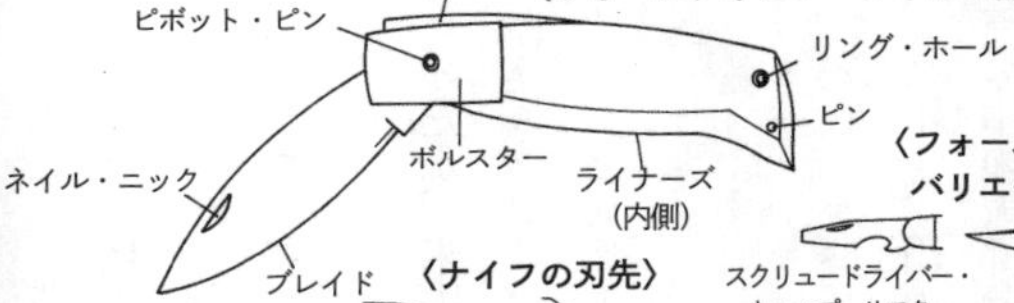

〈ナイフの刃先〉

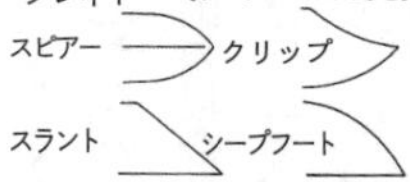

〈ナイフの刃の断面〉

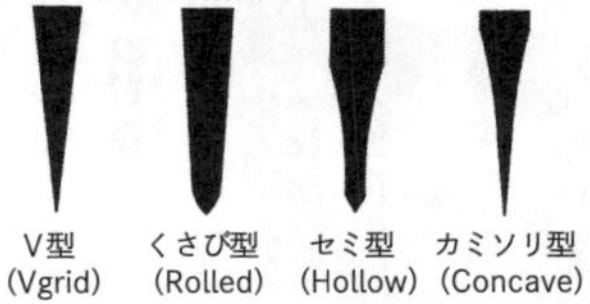

〈フォールディング・ナイフのバリエーション〉

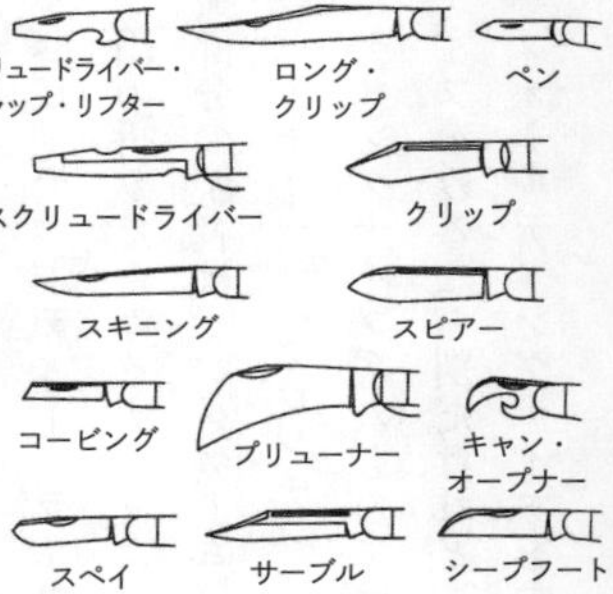

は一般にはRC（ロックウェルCスケール）で表わし、硬度の基準としてはRC五五度以上なら合格、五八度くらいなら充分とされる。

柄は、ナイフが手の延長ならばこそその手との接点になるところだから大切だ。手になじみがよく、あくまでもそのナイフの用途、その機能に合ったヘビーデューティーなものでなければならない。ハンティングナイフなら現在では鹿の角（主としてインド大鹿の角）が実用的、HDなところから多用され、他にローズウッド、黒たん、ウォールナットなどの硬さと重さのあるHDな木が使われる。またプラスチックスや、綿とか木片をプラスチックスで固めたものなどは温度の変化に強く変型変質しない点を買われている。ガーバーのハンティングシリーズ（シースナイフ）などはアルミダイキャストで刃を鋳込んであるのでＨＤだし、ランドール（カスタム・ナイフ）は革の柄が多くなっている。その他象牙（割れやすいという欠点がある）など種類が多く趣味の対象にもなっている。

ナイフにつきものの鞘。鞘はＨＤなナイフを収め保護するのに適したものならよいのだが、米国の場合はほとんどがぶ厚い皮革製でつくりもＨＤだ。これはピストルのホルスターと同じで、米国人独特の好みを反映していて、彼らのＨＤ感覚の典型のひとつと思える。

必需品フォールディングナイフ

我々がヘビーデューティー・ライフの心得のひとつとしてナイフを選ぶとなれば、スポーツ用の折りたたみ式ナイフ（フォールディングナイフ）ではないだろうか。この本の大部分の読者はビッグゲーム用の大型のシースナイフは必要ないだろうし、まして ボウイーナイフ （フロンティアナイフの後に登場して現在も作られている米国のファイティングナイフ系のもの）は無用と思う。もっともコレクターズ・アイタムとしてナイフをみるなら別だけれどこれはＨＤとは別のものだ。

そこでフォールディングナイフを中心に、求めやすい量産メーカーのものからみる。

〈バック・ナイフ〉

一九〇〇年代初頭にカンサス州レブンワースのH・H・バックがナイフを作りはじめたのがバックナイフの始まりという。初期には自分の小屋で趣味的に作っていたのが次第に人に知られるようになり、第二次世界大戦のころには近くの空軍基地の軍人がもつようになった。それで彼らの手で世界各地にバックのナイフが広まった。戦後になってカリフォルニア州サンディエゴに移って量産するようになり、通信販売を始めた。初代バックは一九四九年死去。現在は二代目が社長で世界のマスプロ・ナイフメーカーとして不動の地位を保っている。日本では銃砲店、狩猟用品店といったHDショップにたいがい置いてあり総代理店のファスナーズ・インターナショナルでも扱っている。

主な製品、フォールディング・ハンター＝バック社のベストセラー。動かし難い古典的デザインはHDそのものでHDナイフのシンボル的存在。本物中の本物といわれる。刃は四四〇－C鋼で丈夫さと鋭さが両立するものだ。HDな鞘がつく。ハンターの小型版レインジャー。さらに小さいのにエスクワイアがありスポーツ用ポケットナイフとしてはエスクワイアあたりがよいのではないだろうか。また各用途別のフォールディングナイフはカデット、ヨットマン、トラッパー、マスクラット、ストックマン、コンパニオン、ランサーなどあり、またシースナイフとしてはパスファインダー、パーソナル、スペシャル、ゼネラル、フロンティアーズ、フィッシャーマン、スキナー、ウッズマン、ケーパーなどがあってそれぞれの目的別に使われている。

〈ガーバー・ナイフ〉

高級ステーキナイフや包丁などのメーカーとして知られてきたのがガーバー社だった。先代ガーバー社長が個人的にハンティング、フィッシングマニアで、それがこうじて製品として作りはじめたのがハイスピード鋼製で硬質クロームメッキつきのガーバー・ハンティングナイフ・シリーズだったのだ。現在ガーバー・ナイフはプロハンターやガイドの間で人気がありアラスカの先住民たちにも生活用ナイフとして使われている。

刃はガーバーのハイスピード鋼が中心で重量の一八%はタングステン、モリブデン、バナジウム、クローム、カーボンで光沢と防錆のため厚い硬質クロームメッキがしてある。で、このガーバーの刃は普通の鉄を切ることができる硬度RC六〇～六二度をもっていてしかも実用ナイフがもつべき充分な弾力性もあるというヘビーデューティーなのだ。フォールディング式とプレ・シリーズと魚用ナイフは四四〇－C鋼で、この方は一七%のクロームのため錆びない。フォールディングはたたんだ状態が長く、

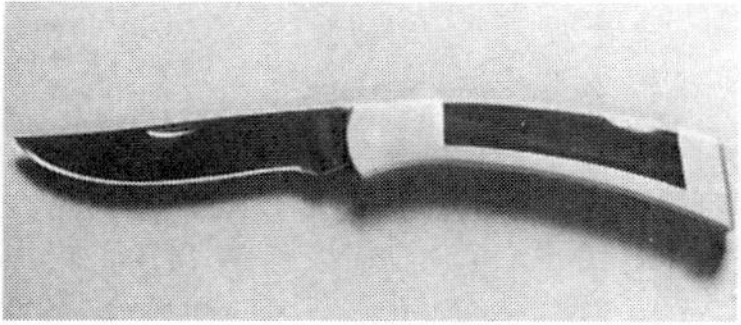

ガーバーのフォールディング・スポーツマン

その際どうしても湿気がたまりやすくなるので錆びやすいからこの鋼を使うのだ。RC五七〜五九度の刃は硬度、弾力とともによく、研ぎもしやすい。

マグナム・フォールディング・ハンター＝前記四四〇－C鋼を使った新しいガーバーの代表作。ドロップポイントが特徴的で波形のグリップも目立つ。ノンスリップのきざみつき。刃渡り三と四分の一インチ。フォールディング・スポーツマンIIとIId＝トレーリングポイントのIIとドロップポイントのIIdのスポーツマンは三と二分の一インチの刃渡りのオーソドックスなもの。フォールディング・スポーツマン＝トウトレーリングポイントで、これもガーバーの代表作になるべきベーシックな型だ。刃渡り四と二分の一インチと大型。ニュー・フォールディング・スポーツマン＝FSの弟分というところ。ピーツ・ナイフIIとIId＝FSの刃渡りを三インチにしたようなモデルでトレイリングとドロップの二種。ニュー・ガーバー〝クラシック〟＝ドロップポイントの美しい小型ナイフ。デリンジャー式で全部ウッドでおおわれた柄になっている。以上に特別用途のハンディーマンとスクーカムを加えて、すべてがガーバーのフォールディングナイフ。この中で一般向きに好ましいのはニュー・フォールディング・スポーツマンとガーバー〝クラシック〟ではあるまいか。ともにポケットナイフで、したがって皮ケースはつかない。FS、PKもよい。

他にガーバーではプレゼンテーション・シリーズ、アーモハイド・シリーズ、サバイバル・ナイフ、フィッシング・シリーズ、カスタム・エボニー・シリーズなどのシースナイフがあり、この方は前記ハイスピードツール鋼が主体になっていていずれもHDである。

カスタム・ナイフの魅力

量産ナイフとは別に、米国で愛好者が多いのがカスタム（手作り）・ナイフだ。最近はとくにマニアが多くなってきて工匠ともいうべきカスタム・ナイフ・メーカーもふえているという。実用でヘビーデューティーという意味からはこれらの多分にコレクターズ・アイテム的なナイフはこの本のテーマから少しそれるようだけれど、主なカスタム・メーカーの名前くらいあげてみる。

〈ランドール〉

米国のカスタム・メーカーの元祖的存在。ラブレスが、「我々がナイフ作りになったのはランドールのせいだ」というくらいに。最高品質のスウェーデン鋼を一本ずつ鍛えて製作しているのだからHDの極致にはちがいない。広大な農園を経営しながら、そのために余裕をもって好きなようにナイフを作っているランドールの自慢は宇宙飛行士用にNASAが採用したアストロナイフだという。作品にはハンター、キャンプ&トレイル、トラウト&バード、アラスカン・スキナーなどの型式がある。

〈クーパー〉

徹底した職人気質の男、それがナイフ作りのクーパー老人だという。クーパー・ナイフは頑丈さと鋭い刃という相反する二条件をともに高度に満足させた優れたナイフとされている。クーパーは自作のナイフで樫の木をやたらにたたいたあとでウブ毛を剃ってみせるのが得意だというし、またクーパーのスキナーはアフリカで大鹿七頭を一度も研がずにスキニングしたともいわれている。これはヘビーデューティーといわなければならない。作品にはモヒカン・スコオー、ミニ・ボウイー、カリフォルニア・ハンター、コマンチなどの型式があり、どれも柄には独特のラインが入っている。

〈ラブレス〉

ひたすらに実用、ヘビーデューティーなナイフを作り続けるカスタム・ナイフ界の名物男がラブレスだ。実力ナンバーワンとも言われている。またラブレスほど他のナイフ・メーカーに影響を与えている工匠もいないだろうという。彼のナイフは実用硬

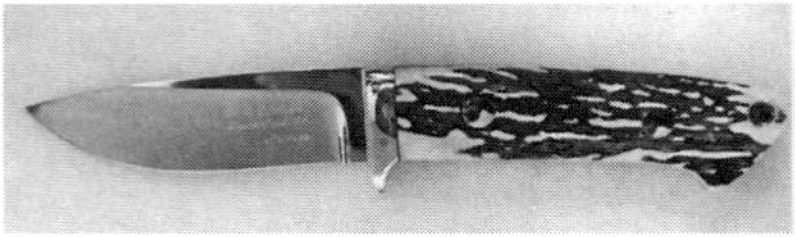

シュナイダーのカスタムナイフ

度の限界とされるRC六三、六四という硬さでかつ強靭さを失わないグレード一五四C鋼を使い刃もちは優れ錆びにも強いという。ラブレスは言う「私は妥協を許さず最高のものを求めるアウトドア・スポーツマンのためのナイフを作りたい。支払う金額にふさわしいナイフを要求するきびしい人たちのナイフを作りたい」と。ムダもあそびもまったくなく、ひたすらヘビーデューティーなラブレスのナイフはHDの美しさの頂点とも思える。作品にはケーパー／フィン、ユーティリティー・ハンター、ドロップ・ハンター、セミ・スキナーなどの型式がある。

〈その他のメーカー〉

フランク・セントファンテ（フロリダ）、モーゼス（アーカンソー）、クライド・フィッシャー（テキサス）、ウォルター・クヌーブラー（オハイオ）、ヤンシー（コロラド）、H・J・シュナイダー（カリフォルニア）、ジェス・ホーン（カリフォルニア）など数十人のカスタム・メーカーが米国全土に散在して刃をきそっている。

カスタム・ナイフは当然値段も高く（作家、作品によってかなり差がある）、注文しても待たされることが多い。例えばラブレスの納期はまったく不定で、一応一年から二年といわれている。

ログ・キャビン

アメリカ人の自然志向

このところ、米国という国がにわかに大自然好みになってしまって、とまどうのだ。少し前まで米国といえばそんなイメージはほとんどなくフリーウェイと大きなクルマ、フットボール、高層ビルなんていうのが米国で、大自然なら砂漠やグランド・キャニオンや西部劇で知っているような岩山か、せいぜいオレゴンの樵と森林程度のものだった。

だいたい米国人くらい山登りの似合わない奴らはいないと私などは思っていた。ずい分まえにタイトルは忘れたけれどグレン・フォードが岩壁を攀じ登る映画があって、何だかまるで板につかなくておかしかったのを覚えている。グレン・フォードが、ではなくて、ハリウッドがクライミング映画を作ることとか米国人が岩登りをするのが似合わなかったのだ。

ところが近頃では、何とこのありさま。エコロジー。バックパッキング。ウィルダネス・ライフ。ナチュラル・リビング。ジョン・ミュアーだ。コンプリート・ウォーカーだ。ヨセミテ派だ。クリーン・アッセントだ。イボン・ショイナードだ。フォレストだ。MSRだ。

もちろん、それだけではなくて米国の社会全体に意識変化が広く絡み通ってゆくのを我々は感じている。その間にはエネルギーのことやベトナム戦争敗北のこともあった。学園が静かになり、教室に学生たちがもどってきた。アーリーアメリカンのライフ・スタイルが見直され、身のまわりの生活用品の手づくりが盛んになり家まで手づくりする人が出てきた。アウトドア・スポーツやトレーニングが急激に普及した。

イラストレーション描きという仕事をしていると、そんな米国の動きにふれる機会が多くて、おやおやと思っているうちに米国人が山登り、登攀、スキーツアーなどを一所懸命にやりはじめたではないか。しかもシステム好きでコマーシャリズム国の米国だから、それ関係の服や道具が風俗の中に音をたててなだれこんできた。日本でもそうなりつつあるのだけれど、ニット帽子にネルシャツ、ダウンベストにトレイルパンツに赤ひもの登山靴、背中に小さなアタックをかついだ学生がキャンパスにあふれるという光景もここで現われたのだ。

私自身は、登山やハイキングというものはスポーツのうちでもとくに格好のわるいもの、ドジなものと思っていたので、そんな風俗が、しかもあろうことかいな山のヤ

の字もなかった米国に発生し、世界中にまんえんするとは夢にも思わなかったのである。

そんなところへ現われたのが映画“THE WILDERNESS FAMILY”だ。だから向うで大受けするのも当然なのでポリューションで有名なロサンゼルスのダウンタウンのビルの工事現場からロッキーのどまん中へカメラが移るという、米国としていちばんみごとな対比がここにある。

それで社会とのパイプはラジオと水上飛行機だけという山の中の湖のほとりにログ・キャビンを建てる。

山の動物たち。

湖とカヌー。

雨と風。

話は春から秋の間らしく、雪を迎える前に映画が終わってしまうのが惜しいところだけれど、日本でのタイトル「アドベンチャー・ファミリー」よりオリジナルの〝THE WILDERNESS FAMILY〟というのこそずばりの内容で、昨今の自然派はもちろん山好きの人間なら誰でも画面の隅っこの方まで楽しめる。ただし映画のつくりそのものもまた自然派という感じで、何のてらいもないかわりには才気もなくてまったく素直正直に描く。これもまた自然映画に合わせたやり方なのかと思う。

この映画のロビンソン一家の生活は米国人の中にあるいちばん基本的な暮しの図解であろうかと思う。この他にも小説や映画に出てくる樵、スカウト、パスファインダー、カウボーイ、農夫、猟師などの生活にもそれがあるし、米国人の自然生活というとどうしてもその辺りに原点を求めることになるらしい。

米国には〝山〟がなかったのにと思っていたが、そんなのなら開拓以来あったわけで、その辺がヨーロッパ型〝山〟とまるっきりちがうところなのだね。それに米国では山は動物がすんでいるところという感じで、ヨーロッパみたいに悪魔のすみかだったことはないのが米国らしい明るさで、そんなのは気分がよい点だ。ヨセミテなんかは本当に暑くて、あんなのでは神秘性がうすれるなあ。まったく。

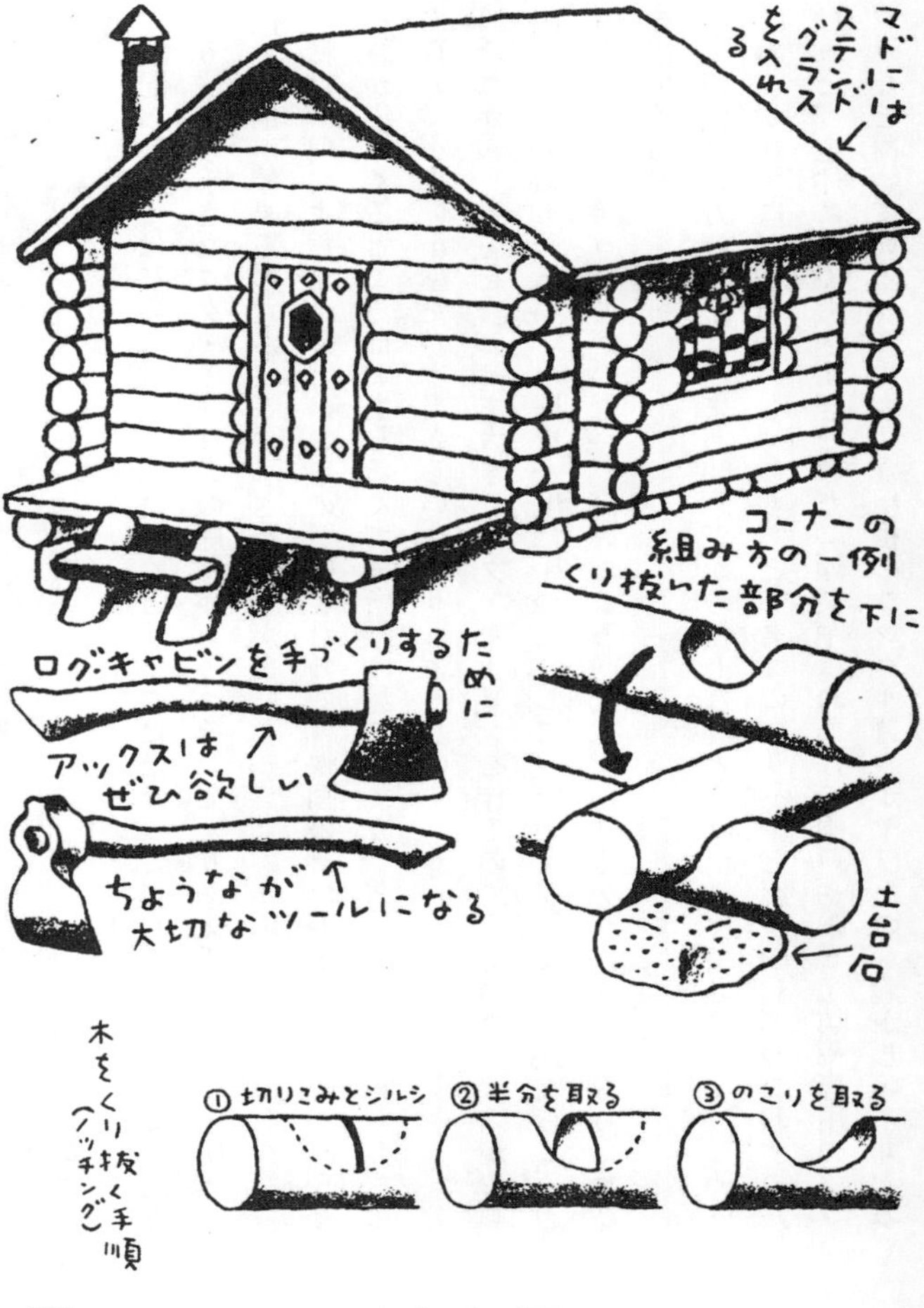
マドにはステンドグラスを入れる
コーナーの組み方の一例
くり抜いた部分を下に
ログキャビンを手づくりするために
アックスはぜひ欲しい
ちょうなが大切なツールになる
土台石
木をくり抜く手順（ノッチング）
① 切りこみとシルシ
② 半分を取る
③ のこりを取る

丸太小屋のロマン

前記の映画ではじめに四人が山に着くと、そこにはかつて変わり者が住んでいたという設定の小さなログ・キャビンの廃屋がある。それでとりあえずその小屋を使って山の生活が始まるのだが、この小さな小屋が良い。

私は、何によらず小屋というものが好きなので、映画のセットだろうと何だろうと小屋が出てくるところはおもしろくて一所懸命見てしまう。ストーブも煙突ももちろん良い。小さい小屋だが本当らしいつくりもよろしい。

それから一家力を合わせて大きなログ・キャビンを作るので、そのプロセスが少し出てきてもおもしろい。小屋を一度は手づくりしてみたいと思っている人ならこの辺りでニタッと笑うにちがいない。高いところへ丸太をのせるテクノロジーもちょっぴり出てくる。

この大きい方の小屋は、まあ映画だから仕方ないと思うが少々できすぎで、こっちはあまり好きになれない。もっともあとでクマのフリトーと風が少しぶっこわすのだけれど、全体によくできすぎなのだ。煙突やはねあげの雨戸やトビー坊や専用のブランコなど凝っているわりに大切な屋根のシングル葺きがヤワなのもおかしい。丸太の

一枚ガラスの窓が
印象的
アリエスカ村でみた
ログ・キャビン
3M×5Mくらい
の小さな小さな
ものだが
その小ささ
がよい
ログ・キャビンには
つきもののクロカンの板
かならずある
ヤスヒコ

メジにはスタッコのかわりに泥をそのまままつめていたけれど、あれで大丈夫かな、とも思う。

それにしてもこのログ・キャビンというのは米国人の夢の具体化のひとつで、いまのハンドメイドハウスの中にも丸太を使ったのが多い。

米国でみかけるハンドメイドハウスで、いちばん多いのは古材利用。これはハンドメイドキャンパー（クルマ）でも同じで、ピックアップトラックの荷台に作りつける。

次がログ・キャビンで、一

部古材、一部丸太使用というのもある。

それからドーム構造。これは一転して新しい考え方だけれど、内部のライフ・スタイルは同様である。もちろんバックミンスター・フラーの測地学的ドーム構造が先生だ。たまには一部がログ・キャビン式で、そこにドームハウスをつなげたようなユニークなハンドメイドハウスもある。

アラスカのスキー場、アリエスカ地区ではずい分たくさんの小屋、ログ・キャビン、ハンドメイドハウス、ドームハウスをみた。

お金持ちの別荘風の立派なキャビンもあるし、学生が自分たちで手づくりしたような小さなのもある。

おどろいたのは直径七〇～八〇センチくらいの大丸太で組みあげたでっかいログ・キャビンで、さすがに住んでいる奴も二メートルの大男で、大きなクマの毛皮を敷いて、ライフルとショットガンとピストル数挺、四輪駆動のトラックとスノーモービルとウィーゼルとマスタングとオートバイ、馬二頭にサモイ犬一二頭、そして小学校の先生をしている奥さんと赤ん坊という生き方なのだった。

小さなのでは三～四坪くらいの小屋もあって、それでも必ず入口の前にデッキがあって中には薪ストーブ、外にはクロカンの板が人数分だけきっとたてかけてあり、

これも一枚ガラスの窓です
トタン葺きの屋根
いかにも
ハンドメイドハウスというスタイルの
小さなキャビンだが
実に楽しげなつくりだ
ドアのデザインがよい
アラスカ州
アリエスカ村で

入口付近にはノコ、斧、ライフル、グラインダー、万力などのハードウェアが揃っているものなのだ。人間というのは、やはりこうした生活をするべく生まれてきているのではないでしょうか。

ドームハウスはアラスカではさすがに高床式になっていて、床下からハッチで出入りしていた。

構造は木骨にパネル張りで外側はウレタンを吹き付け、内側は断熱箔を張ってあり、ケロシンヒーターでマイナス二〇度という外気温がうそのように暖かかった。

こんな小屋たちはみな、松の純林の中に点在していて、この環境以外は考えられないのである。ログ・キャビンというのは他のハンドメイドハウスとちがって環境が絶対に定まっていて、それ以外のところではどうしても成り立たないのが特徴なのだ。

前記の映画のように湖を前にひかえているのももちろん望ましい条件のひとつだけれど、何といっても必要なのは森だ。森がなければログ・キャビンは作れない。松の純林。渓流。湖。そうしたものがそろって、ログ・キャビンはなり立つ。

HDカー

ヘビアイがファッションでなくライフ・スタイルであるように、ヘビーデューティー・カーというのも、ある特定のクルマを指すのではなく、クルマの乗り方や使い方、そしてそれを必要とする生活などのすべてをひっくるめたものと考えたい。

四輪駆動（4WD）はHDC《ヘビーデューティーカー》の代表格だけれど、これを本当にHDCたらしめるにはオーナーのHDライフの支えがなければならないし、それでこそ四輪駆動がヘビアイ・カーといえるのだ。

雪国で大活躍する4WDのピックアップトラックにはオーナーのHDライフがそのままクルマに反映していて実にHDCなのが多い。思いきり上がった車高。絶対必要なパワーの取り出し口のウインチもがっちりついている。

その他に強力なスポット、荷物とか人間をのせるのにHDな荷台のパイプフレームなどHDCの典型のような仕様は使う人のHDライフそのままだ。雪の多い地方では4WDのバンやキャンパーが生活の一部になっている。

キャンパーといえば、これもHDCが多い。中でもルーフにカヌー、前後にはバイクやモーターサイクルをくくりつけてスポーツフィッシングやハンティング、森や湖でのワイルドライフを目ざすようなキャンパーはそれに充分応えられるように設計されているＨＤＣだ。

　大型ワゴンはもともと乗用車にＨＤ的な考え方を加えたものだけれど、これをＨＤライフのために使うとまったくＨＤＣになる。荷台の床が割れて二人分の座席が作れるシステムなどはなかなかにＨＤなものだ。

　近頃人気のスポーツバンは、元来はコマーシャルだったものを新しい世代の人たちが自分たちの生活に合わせてすっかり考え方をあらためてＨＤＣ化せしめた典型的な例でサーファーに始まっていまや多くのキャンパー、ワンダラーたちに愛用されているＨＤＣ中の花形になっている。

キット

米国のキット熱

この数年、米国のアウトドア・スポーツ関係の雑誌の広告でよく見るのが、アウトドア用品、ヘビーデューティー・ウェアのキット販売、というのだ。

これはおなじみのダウンパーカやマウンテンパーカ、バックパックやスリーピングバッグ、小物はスパッツなどに至るまで、完全キットで売って消費者自身に作らせようというもので、実際に利用者が急増している。

このDO-IT-YOURSELFのアウトドア版ともいうべき事実の背景になっているのは、ひとつはもちろん米国の各種アウトドア・スポーツの急激な発展だということはみなさんすでにご存じのとおりだ。そして、それにともなう〝用品〟の発達普及もまたしかりで、米国人の道具好きや、道具によってさらにそのことを楽しくするという性格もまたお気づきのとおりだ。

それから米国人のシステム好みも背景のひとつだ。これはおもしろい、みんなでやるべし、となるときちっとシステムを作りあげ、レールを敷いて走らせる。スポーツ用品のキット販売化なんていうのは絶好のテーマではあるまいか。実際にキットの内容も、実にシステマティックでよくできているのだ。

そして米国の若者たちの間では、もはやライフ・スタイルそのものともいえるようになっている手作り志向。これが大きなファクターにちがいない。

キットのメーカーと種類

ではどんなキットが出ているか、というと。

メーカーとしては、

★FROSTLINE KITS

Dept. C, Frostline Circle, Denver, Colorado

（リテイル店はデンバーとボールダー）

★CARIKIT（HOLUBAR）

（有名なメーカーのホルバー・マウンテニアリング社のキット販売部門）

がよく知られていて、ともにコロラド州であるところがおもしろい。ほかに大手のアウトドア用品企業がそれぞれキット販売をする例は多くて、たとえば東部だと、

★E・M・S

日本でも人気抜群の60/40地
マウンテンパーカ
これはホルバー社・カリキット
のキットを完成した図
うらつきのフード
性能をおとさぬ
ようにして
シロウトにも作りやすく
考えた設計だ
マウンテンパーカの良さは
すべてそなえてゐる
うら地は
スーパーナイロン
ベルクロどめの
カフス
マチ入りポケット
ウエストの
ドローストリング
デルリンジッパー
ベルクロどめの
ジッパーカバー
ヤスヒコ

1041 Commonwealth Av. Boston, Mass.
（米国アウトドア四大産業のひとつ）

では EMS KIT というのを出しているし、西海岸だと、

★ ALTRA-KITS（KELTY）

1801 Victory Blvd., Glendale, Calf.
（バックパックで有名なケルティー社が販売している）というのがある。どれもリテイル店を持ってはいるが当然メール・オーダーが中心だ。

そこでどんなものがキットで売られ、作られるかというのを前記メーカーで調べてみると、

★ FROSTLINE KITS

このメーカーは総合アウトドア用品キット会社ともいうべく、実に多種多様で、アウトドア・スポーツのソフトウェアはすべてここのキットでまかなえる、というくらい幅広い。ダウン入りジャケット、パーカ、セーター、ベストの類。マウンテンパーカ、スキーパーカ。ダウン入りのパンツ、ブーツ、フードなど。ポンチョ、レインパーカ、レインスーツ、レインチャプス。ハンター用のリバーシブル・ジャケット。オーバー・ナイター、コンバーチブル・バッグ、トート・バッグ、ダッフル・バッグ

などのラゲージ類。自転車用ギア、すなわちパニアースやシート・バッグ、安全ベルトなど。フレームつきのベビー・トーター。ダウン入りの枕やコンフォーター（こうなるともう家庭用品だ）。フルフレームのバックパック（フレームは完成品を使う）、モノコック・ザック、デイパックなどのパック類。スリーピングバッグ（これが実に種類豊富）。テント（これまた目的、人数別に多種）。そして、さらにカスタム・メイドのキットも注文に応じているし、以上のものについてほとんどの子供バージョンが用意されている。また米国らしく“GET YOUR KIT TOGETHER”印のTシャツやポスター、バイク・フラッグまであるのだから感心の一語。

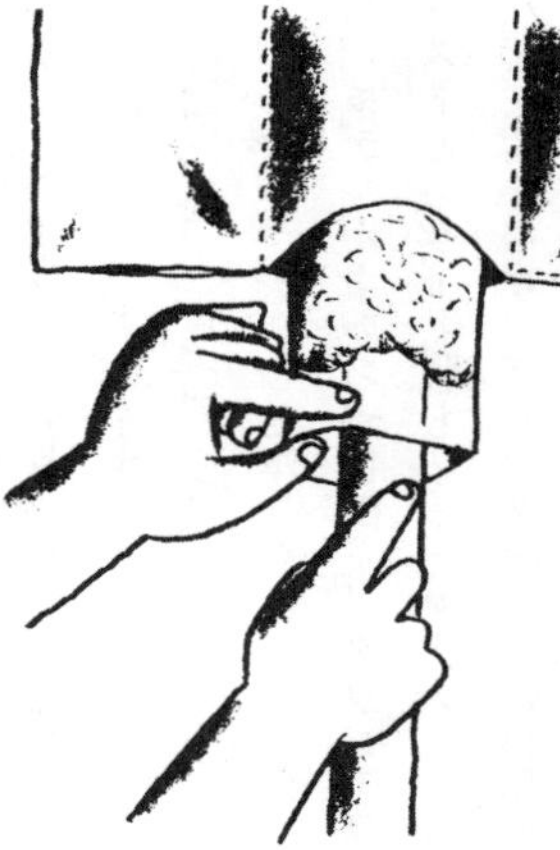
羽毛のつめ方の説明図

　キットの内容はよく考えてあって、本体（シェル）、裏地やライニング、ポケットなどのパッチ、ファスナー、ストリング、とめ金などの付属品、ダウンなどのつめもの（これはポリ袋に入っていて図のようなダウンの散らない入れ方の手引きもついている）、べルクロ・テープ、補強材、縫い糸というような親切なもので、ミシンとやる気さえあれば誰でも作れる完全キットだ。これはどこのメーカーでも共通している。

★CARIKIT（HOLUBAR）

ここはしっかりした作りや材料のよさで定評のあるホルバー社のキット版だけあって、モデルがよいのが特徴だ。ダウン製品が豊富でジャケット、パーカ、セーター、ベストとあり子供服もある。マウンテンパーカはもちろん、スパッツ、レイン・ギアなど。スリーピングバッグは得意の製品であるだけによくできていて、ホルバー社独特のチャンネル設計などがキットにも採用されている。各種バックパック、テント類もある。全体にホルバー社の完成品のよい点が、すべてキットにも取り入れられているのが好評のようである。

★EMS KITS

同じことがここでも言えて、種類こそ少ないけれど、特にハードなクライミング向きのソフトウェアによいオリジナル・デザインを持つ同社の製品がそのままキットになっているのがおもしろい。レイン・ギアやファイバーフィル（登山や山スキーでは、ある場合にはダウンに優る）のものがキットに組んであるのが特徴。

テント、スリーピングバッグ、バックパックのほかに、60／40のレインコートが珍しい。

★ ALTRA KITS

ダウンパーカ、ベスト、同子供用、マウンテンパーカ、デイパック、スリーピングバッグとひと通りのものがあるが、ダウン入りのコンフォーター（ベッドのかけもの）のような家庭用品があるのが新しいところだろう。

以上のどのメーカーでも使われているキャッチフレーズは〈SEW–IT–YOURSELF〉。米国の若者たちのセルフエイド志向や

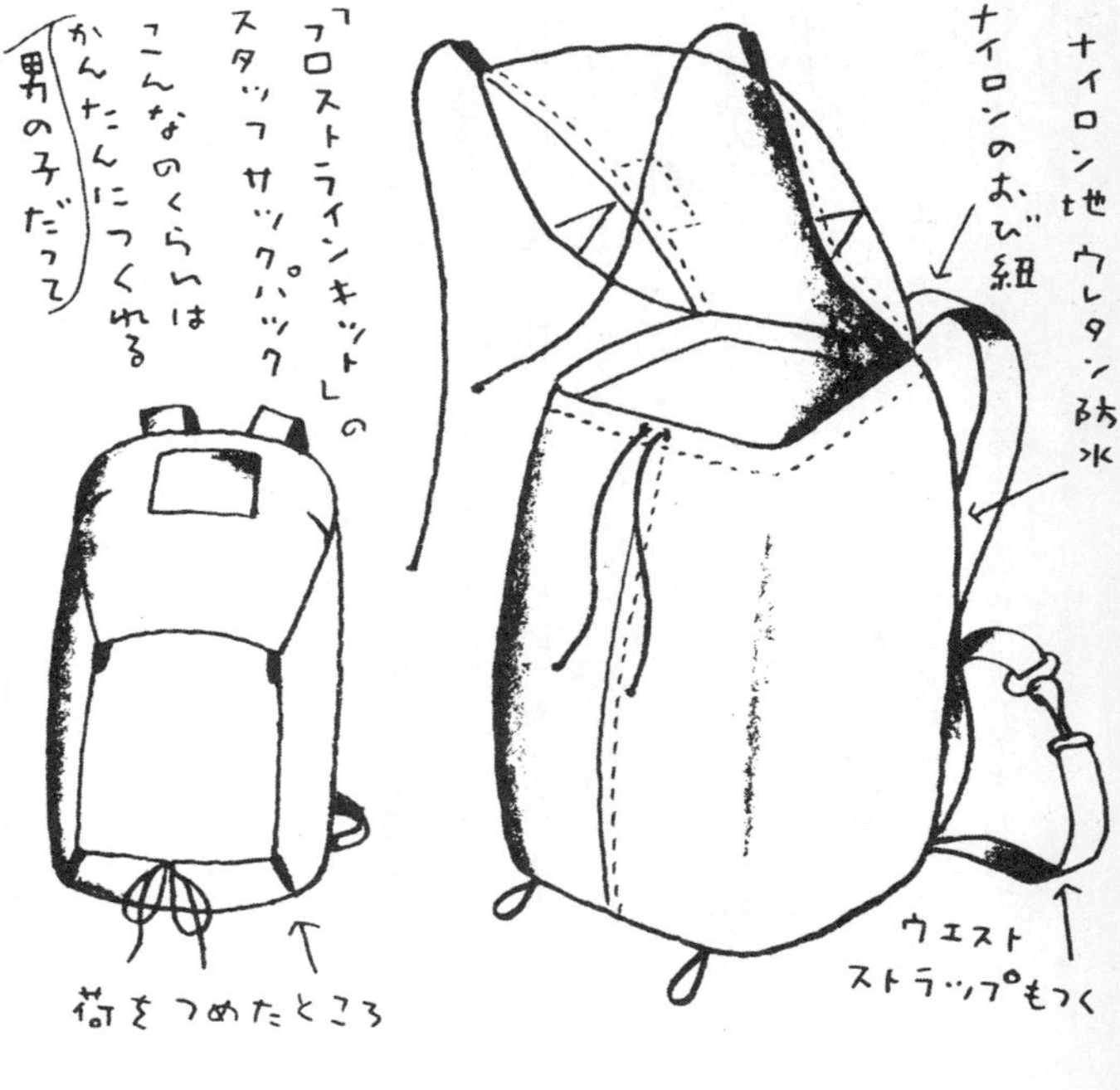

手作り志向に合わせた売り方だということがよく分かる。

キットで買って作るといかに安上がりか。

値段は、時々変わるし正確にはわからないけれど、完成品とくらべてみると、ムダ金を絶対使わない主義の米国人にキットがうけるわけがわかるのだ。

たとえばホルバー社のマウンテンパーカが約六〇ドル。同じようなパーカがカリキットだと約二七ドル（ただし、スナップは扱いにくいのでベルクロになっているが）。手作りすると約一万円倹約できるわけ。同様にレインポンチョの二二ドルのものが一二ドル。スリーピングバッグは同じような仕様のもので完成品が約一五〇ドル。キットで九〇ドル。おもしろいのはダウンを余計に入れたい人のために追加のダウンを別売りしている点で、これが二〇ドル前後。

EMSで調べてみると少し仕様は異なるけれど60／40のレインパーカが完成品で約三八ドル、キットで一六ドル半というところ。ケルティーのマウンテンパーカでみると約四三ドルのものがやはり二八ドルくらいで作れるようになっているのがわかる。これは米国の物価水準（住居費や食費は日本よりかなり安く、衣料品や道具類はやや高い。平均所得はいぜんとして日本より上）を考えてみると、彼らにとってきわめて大切なポイントであることに気づくのだ。

ここでおもしろいのは、ぶきような人、作ってくれるガールフルンドもいない人向きに縫い子さんを紹介してくれるシステムもあるという点だ。メーカーによっては縫い子さん（アルバイト風の人が多い）がひかえていて、希望すれば製作をたのめる。費用はキットの値段の約半額ぐらい。リテイル店などにいる縫い子さんは簡単なもの（デイパックなど）なら一〇分くらいで仕上げてしまう。それでも、完成品より二〜三割は安ければトクだという米国人気質がよくわかるシステムだ。

こうして米国のアウトドア・スポーツ用品のキットは、いろいろな面で米国の新しい世代の新しいライフ・スタイルの中にとり込まれてきているのだ。それは前述の経済的な理由がまずひとつ。自分で作るよろこびもまた大きい。それに少し手を加えるだけで世の中にたったひとつしかない自分だけのものを作ることができるということ。そしてサイズなんかもちろんぴったりにいくという利点。最後にそれを使う楽しみ、というわけでキット愛好者、キット利用の道具によるヘビーデューティー・ライフはますますさかんになろうとしている。日本のヘビアイ青年もぜひ試してみたらどうだろうか。（編注：二〇一三年現在、FROSTLINE KITS と HOLUBAR は存続せず、EMS と KELTY はキットを廃止している。）

カタログ

米国はカタログの国という。たしかにあの国土の広さと人口分布では物資や情報の流通をカタログにたよらざるをえない面が多いにちがいないと思う。

南部の方のいなかの、ある小学校でシアーズローバックのカタログを教科書がわりにして子供たちにモノを教えている、という話は米国のカタログ事情をよく伝えている。

そこで新しい世代による文明の再検討をカタログの型式ですることもありえたわけで、その『ホール・アース・カタログ』は米国の新世代のみならず日本の同じような人たちにも大きく影響するにいたったのだ。

だからアウティングの時代、ヘビーデューティー志向の時代のいま、その関係のビジネスから無数のカタログが発行されるのも当然であって、ごらんのようにそれぞれくふうをこらしたカタログが我々の目にふれている。少なくともこうした物品に関す

『ホール・アース・カタログ』
1968年秋発行の第1号

る情報はありすぎるほどだ。我々は次には選ぶ目と使う手を確実に持たなければならないだろう。

なお、これらのカタログは、この本のブランドリストにある各社宛に請求すれば送ってもらえる。

ヘビーデューティー・マテリアル

使用目的にかなったHDマテリアルの個性的特徴の認識もヘビアイの基本だ

ゴアテックス

ナイロン・トリコットにポリウレタン・フルオロエチレンをラミネートした防水・通気の新素材。軽くて強くてやわらかいのが特徴。

バクフレックス

ナイロン・トリコットとポリウレタン・フォームをラミネートし、防水性と通気性を兼備した理想の防水素材。開発社はP・ストーム。

オイルスキン

コットン、麻などの薄織り地にワセリンと獣油か鉱油をしみこませた防水生地。英国のフィッシング・ウェアが代表的。60／40の原型。

コットンダック

太目コットンのあや織り。ハンター用ジャケット、軍隊用その他作業服、バッグ類に多く使われる。防水加工をすることもよくある。

ナイロンダック

太目ナイロンのあや織り。デイパック、パックバッグなどにしばしばウレタン防水などを施して使用される布地。強くて多用途な素材。

リップストップ・ナイロン

目のつんだあや織りのナイロン地で、とくに羽毛を外に出さないので羽毛服、羽毛ベストのマテリアルとして欠かせないものだ。

コーデュロイ

ケバ木綿のうねパターン地。コットン地としては肌ざわりがよく、あたたかいのでアウトドア・ウェアに最適のヘビアイ青年向き素材。

ベルクロ

脱着テープ。米ベルコ社が開発したクロス。だからベルクロ。つまり商品名。日本ではなぜかマジック・テープなどといったりする。

デニム

太織り木綿地。インディゴ・ブルーで染めたブルー・ジーンズはいわずと知れたジーパン地。13〜14オンスのものが通常パンツ用の素材。

ダンガリー

太織り木綿地で6～8オンスのものを指す。作業用シャツ、カウボーイシャツ、セーラー・作業用パンツなどに用いる生地がこれである。

コットン・フランネル

コットンを素材にしてウールのフランネルと同じタッチを出した生地。肌ざわりがよくてあたたかいのでシャツとか裏地にしばしば使用する。

ラガークロス

素地がコットンの丈夫なジャージー織り地。この生地に部分的な補強を加えて縫製したのがラガーシャツである。ラガー専用のＨＤニット地

85／15

ウール85％、ナイロン15％の混紡地で保温性にすぐれ、水にぬれても温度を失わない。ヘビーデューティーなアウター・シャツに使う素材。

チノ・クロス

あや織り木綿地。比較的軽量で肌ざわりがよいので、ジャケット、パーカ、パンツなど多用途。色は普通ベージュでトレイル・パンツが代表的。

シモフリ

メリヤス地のなかでも白とグレーの混ぜ編みのものをシモフリといい、ヘビアイ地のなかでもトレーニング派に人気が高いので特に紹介する。

未脱脂ウール

本来は羊毛を脱脂せずに紡いだものだったが、現在は一度脱脂したのちあらためて羊の油脂で加工したものが多い。撥水効果がHDたるゆえん。

60／40

コットン60％、ナイロン40％の混紡地。コットンは熱に強く肌ざわりがよく、ナイロンは水に強く、ひっぱりに耐える。話題のHDマテリアル。

65／35

ポリエステル65％、コットン35％の混紡地。木綿の良さを失わずにポリエステルがコットンを補強しているHDな生地。パーカにも使われる。

ダイアゴナル

右上から左下に45度のななめ縞織りウール地。アラスカン・シャツ、スタッグ・ジャケットなどヘビーデューティー・シャツの素材に多用する。

ヘビアイタウンUSA

個性あふれるアメリカの典型的なヘビアイタウンを歴訪しよう

ハノーバー

アイビーリーグ中でも特にヘビーデューティーのハートを強く感じさせる（これ正にヘビアイ）のがダートマス大学で、そのダートマスのキャンパスタウンでありダートマスそのものであるのがハノーバーの町だ。

ボストンから北西に約二時間弱で行けるハノーバーはニューハンプシャー州にあり、コネチカット河をへだててバーモント州に隣接する州境に位置する小さな町だ。

ダートマスはヘビアイ的にはかのアウティング・クラブで知られている。一九〇九年に始まるこの伝統的なアウトドアライフ全般にわたる学生活動はキャビン・アンド・トレイル（クライミング、トレイルウォーキング、スキーツーリングなど）、ウインター・スポーツ（アルペンとノルディック）、環境研究（エコロジー、省資源からバードワッチング、バイシクリング

など）の三種からなり東部のアウトドア志向のシムボルのようになっているが、そんなダートマスのカラーはハノーバーの町をもきめている。たとえばこの町の印象はダートマス・コープやジェームス・キャンピオンといったアウトドア用品店、またその傾向の本が多いコープのブックストアによって代表されるので、

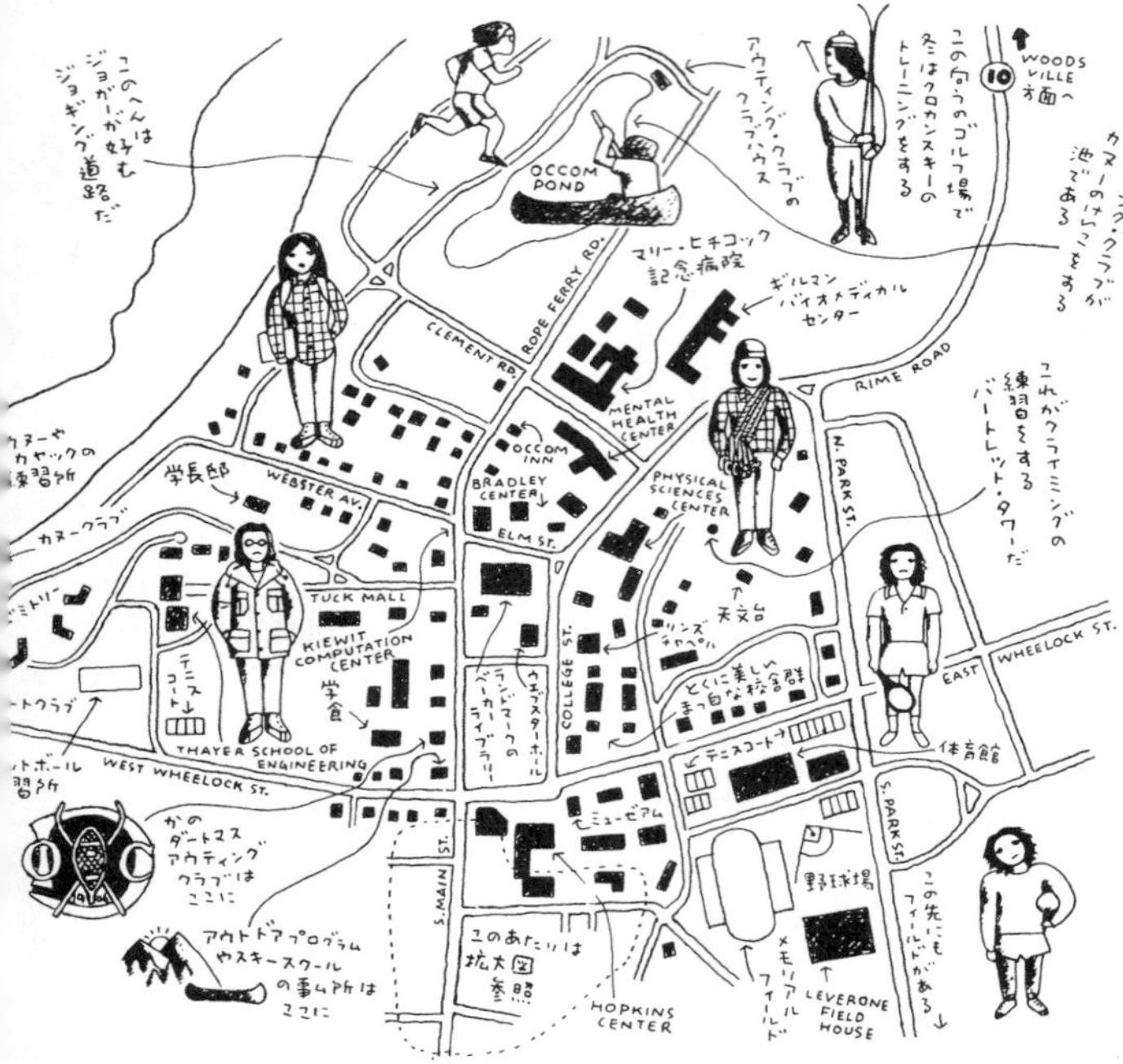

町（すなわちキャンパス）で出会うHDな学生たち、スポーツ人間、ジョガーなどとともにここが東部へビアイの砦であることを証明している。

ボールダー

米国中西部コロラド州ボールダーは州都デンバーから約一時間程度、人口五万足らずの小都市なのにここを有名にしているのはもちろんエコロジー関係の研究で有名なコロラド州立大学がある

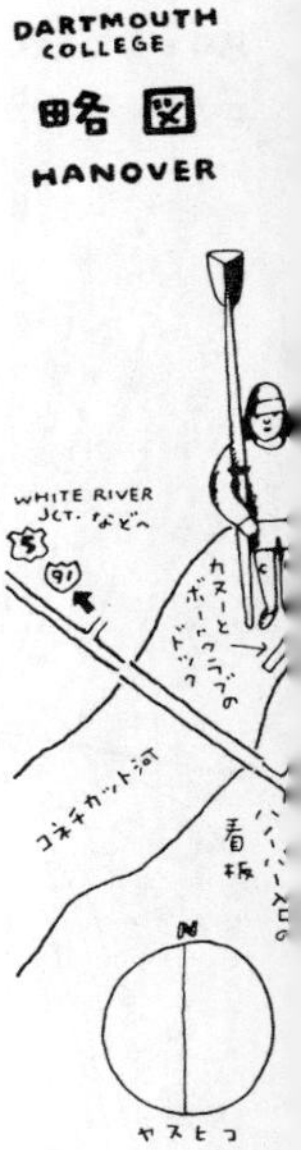

からだ。そしてコロ大はバックに大ロッキー山脈をひかえてスキーや山登りが盛んである。ボールダーが全米的に知られているのはアウトドア・スポーツ用品メーカーが集中しているためでもある。

標高千六百メートルの高原にあるボールダーはちょうどわが軽井沢にキャンパスと学園都市を置いたようなもので、ダウンジャケットにデイパックを背負って登山ぐつというでたち、あるいはダウンベストにバイクバッグをかついでロードレーサー型の自転車にのった学生たちがまず目につくところである。

デンバーで行なわれようとした前回の冬期オリンピックをエコロジー的な立場から反対して返上させたのもこの大学であり、また登山学校や岩登り教室やロッキー山岳救助隊の本部があるのもボールダーの町なのである。

ここを本拠とするアウトドア用品産業はまずホルバー、アルパインデザイン、キャンプセブン、それからスキーのヘッドなどの各社。また名店としてはボールダー・マウンテニア、自転車のザ・スポーク、フィッシングのハンク・ロバーツ、そしてジェリーの発祥地であるマウンテン・スポーツなど枚挙にいとまがない。

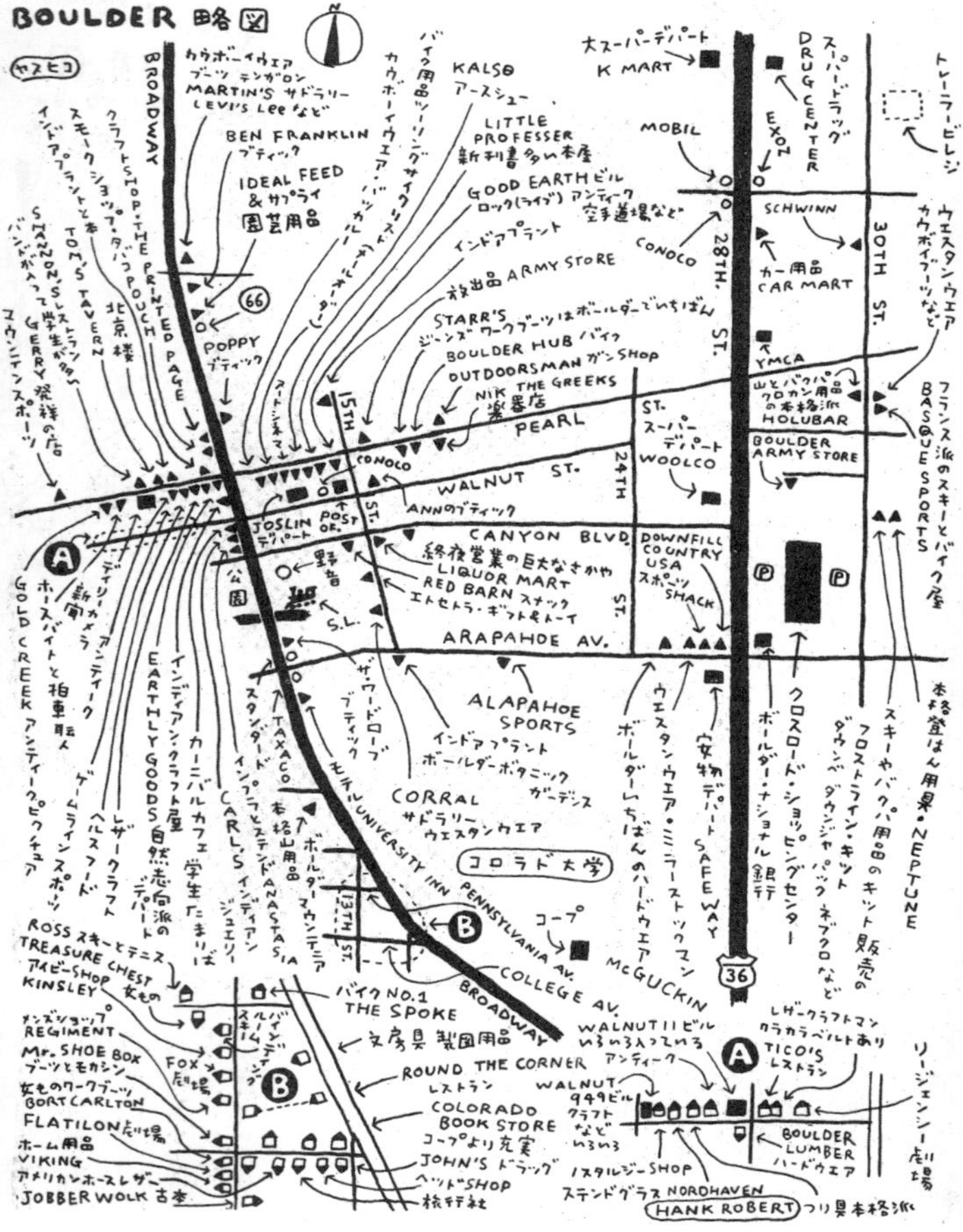

BOULDER 略図
ヤスヒコ
N
BROADWAY
カウボーイウエア ブーツ テンガロン MARTIN'S サドラリー LEVI'S Lee など
BEN FRANKLIN ブティック
IDEAL FEED & サプライ 園芸用品
66
POPPY ブティック
KALSO アースシュー
LITTLE PROFESSER 新刊書多い本屋
GOOD EARTHビル ロック(ライブ) アンティーク 空手道場など
インドアプラント
放出品 ARMY STORE
STARR'S ジーンズ ワークブーツはボールダーでいちばん
BOULDER HUB バイク
OUTDOORSMAN ガンSHOP
NIK THE GREEKS 楽器店
PEARL
WALNUT ST.
CANYON BLVD.
ARAPAHOE AV.
15TH ST.
13TH ST.
24TH ST.
28TH. ST.
30TH ST.
大スーパーデパート K MART
スーパードラッグ DRUG CENTER
EXON
MOBIL
トレーラービレジ
SCHWINN
CONOCO
カー用品 CAR MART
ウエスタンウエア カウボイブーツなど
YMCA
山とバックパッ クロカン用品の本格派 HOLUBAR
BOULDER ARMY STORE
フランス派のスキーとバイク屋 BASQUE SPORTS
ST. スーパーデパート WOOLCO
DOWNFILL COUNTRY USA スポーツ SHACK
P
CONOCO
ANNのブティック
JOSLIN デパート
POST OF.
終夜営業の巨大なさかや LIQUOR MART
RED BARN スナック
エトセトラ・ギフト&ノート
野音
公園
S.L.
A
GOLD CREEK アンティークピクチュア
ホースバイトと柏車転人
新宿カメラ
デイリーアンティーク
ゲームラインスポーツ
ヘルスフード
レザークラフト
EARTHLY GOODS 自然志向派のデパート
インディアン・クラフト屋
カーニバルカフェ 学生たまりば
CARL'S インディアンジュエリー
スタンダード インプラとステンドANASTASIA
TAXACO 本格山用品
ボールダーマウンテニア
ザ・ワードローブ ブティック
インドアプラント
ボールダーボタニックガーデンズ
ALAPAHOE SPORTS
CORRAL サドラリー ウエスタンウエア
モテルUNIVERSITY INN
コロラド大学
PENNSYLVANIA AV.
COLLEGE AV.
B
コープ
McGUCKIN
ボールダーいちばんのハードウエア
ウエスタンウエア・ミラーストックマン
安物デパート SAFE WAY
ボールダー・ナショナル銀行
クロスロード・ショッピングセンター
ダウンベ ダウンジャケット ネブクロなど
フロストライン・キット
スキーやバックパ用品のキット販売
本格登はん用具・NEPTUNE
36
SHANNON'S レストラン バンドが入って学生が多い
TOM'S TAVERN
北京楼
スモークショップ・タバコPOUCH インドアプラントと本
クラフトSHOP・THE PRINTED PAGE
GERRY発祥の店 マウンテンスポーツ
ROSS スキーとテニス
TREASURE CHEST 女もの
アイビーSHOP KINSLEY
メンズショップ REGIMENT
Mr. SHOE BOX ブーツとモカシン
女ものワークブーツ BORT CARLTON
FLATILON劇場
ホーム用品 VIKING
アメリカンホースレザー
JOBBER WOLK 古本
FOX劇場
スルメイムバイデブ
バイクNO.1 THE SPOKE
文房具 製図用品
ROUND THE CORNER レストラン
COLORADO BOOK STORE コープより充実
JOHN'S ドラッグ
ヘッドSHOP
校行社
WALNUT 11ビル いろいろ入っている アンティーク
レザークラフトマン カラカラベルトあり
TICO'S レストラン
WALNUT 949ビル クラフトなど いろいろ
BOULDER LUMBER ハードウエア
リージェンシー劇場
ノスタルジーSHOP
ステンドグラス NORDHAVEN
HANK ROBERT つり具本格派

バークレー

カリフォルニア州バークレーは言うまでもなくカリフォルニア州立大学バークレー校（本校）のある土地だ。あの激動の時代にフリースピーチムーブメントや反戦平和アピールやピープルズパーク事件などで全米的に学生運動の砦として知られ、また大学と一体のようなバークレーの町そのものが米国の若者たちのひとつの憧れの地になってもいる。そして町自体にもそれを受け入れる自由な雰囲気、若々しいコミュニティー的な性格がある。地元紙バークレー・バーブはそのひとつの証拠だろう。

バークレー校を有名にしている要素のひとつに〈環境デザイン学部〉がある。建築、造景、都市計画、デザインの四科をもつこのユニークなカレッジは一九五九年に「人間の環境全体の計画を地域や社会経済や伝統や時代といったスケールの中で考えるため」作られたもので超一流の教授陣、ウルスター、デニーズ、エシェリック、オルセン、ムーア、リンドン、ターンブル、ウィテカーなどの顔ぶれだけでも驚異的だし、あのハルプリンも造景科にいたのだ。

バークレーをヘビアイ的にみれば、アウトドア産業が集中していることが注目され

る。ザ・ノース・フェイス、シエラデザイン、トレイルワイズ、スノーライオン、クラス5などがここに本拠をおいており、リテイラーとしてもスキーハット、グラナイト、REIコープ、ウィルダネスコープ（市民生協のアウトドア部門だから立派）、そしてネイチャーカンパニーやホールアース・アクセスストアのようなユニークな店が忘れられないのだ。市民生協はリサイクル運動や住民運動などとともにこの町のコミュニティーとしてのまとまりのあ

BERKELEY
略図

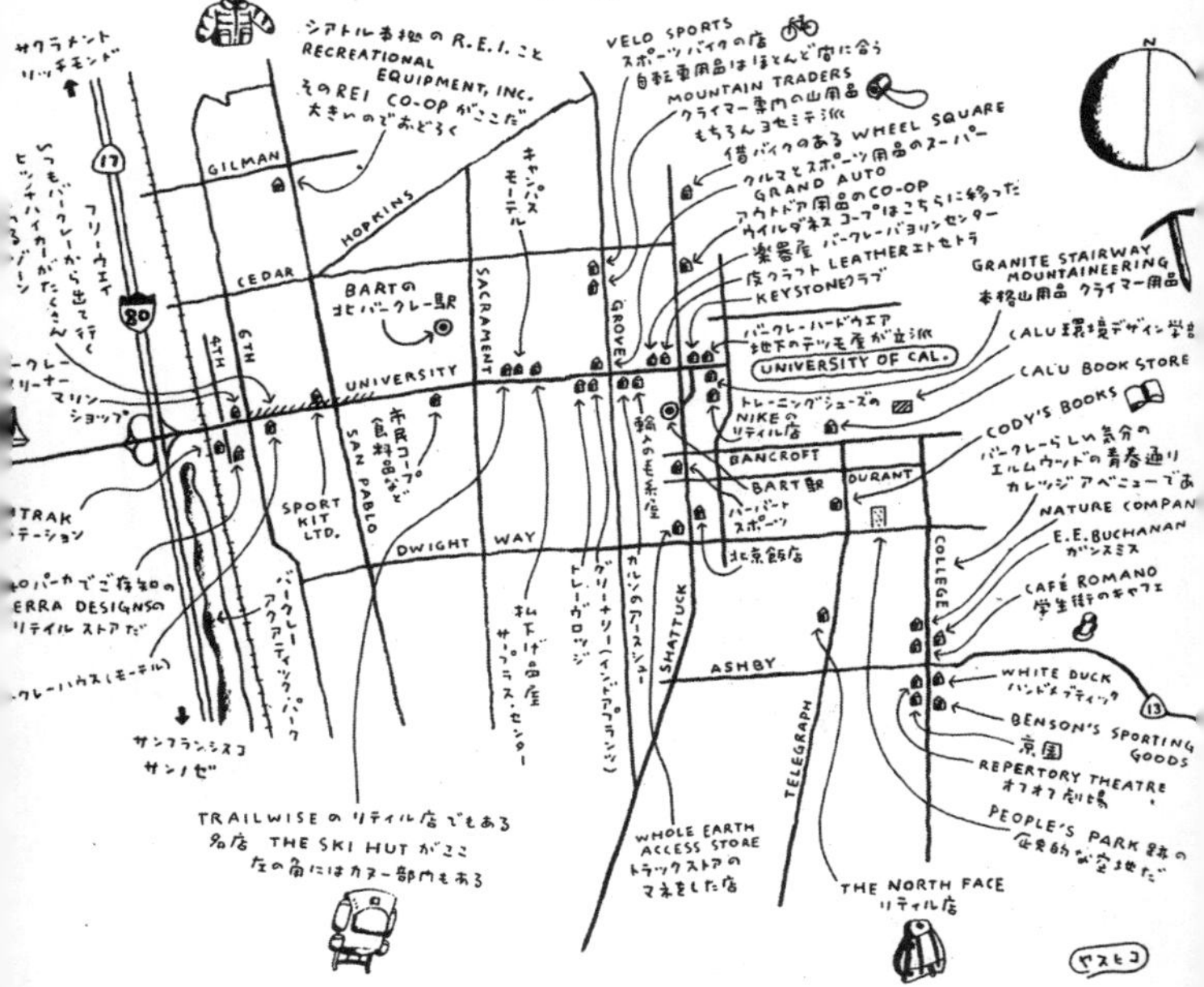

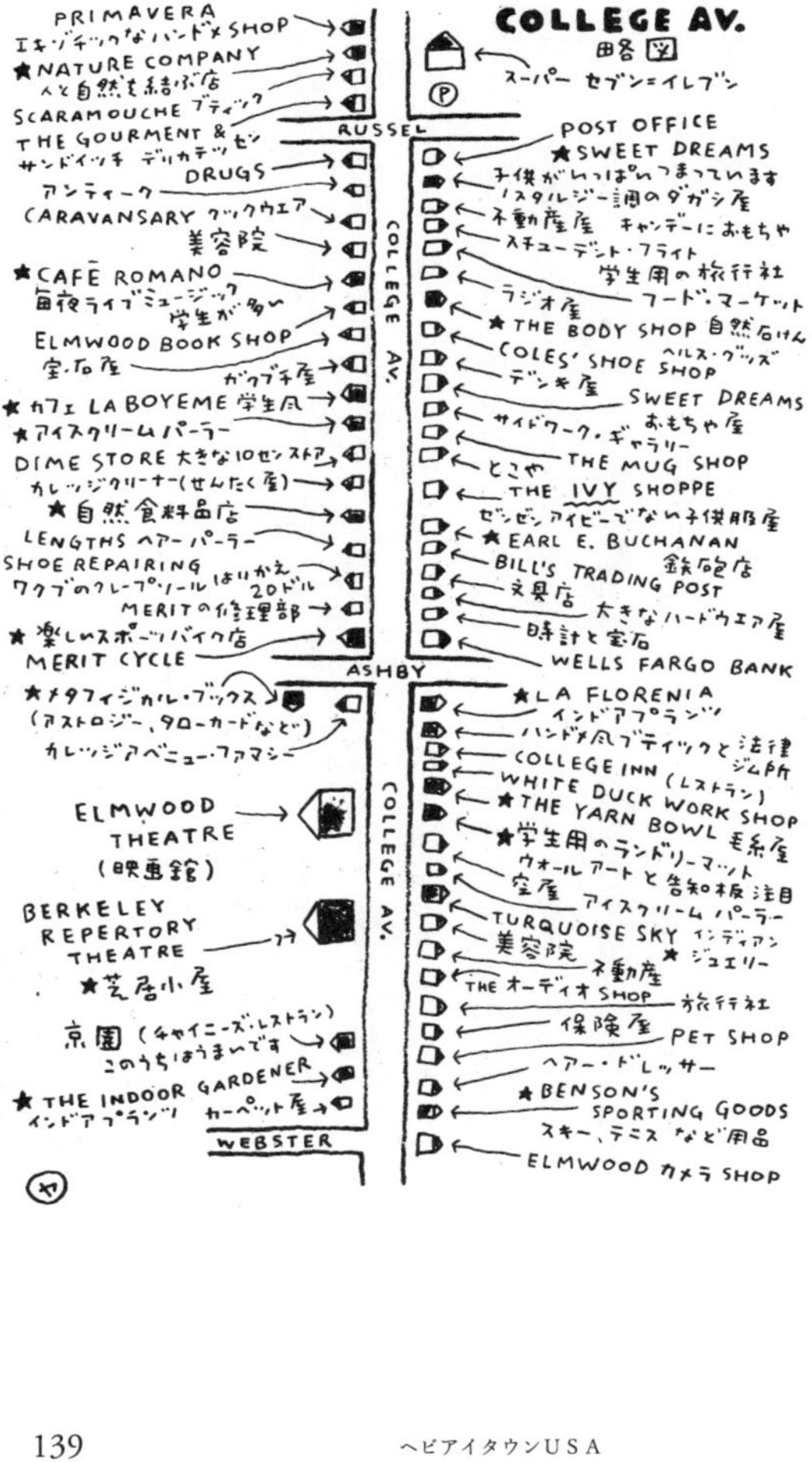
COLLEGE AV.
略図
スーパー セブン=イレブン
PRIMAVERA
エキゾチックなハンドメSHOP
★NATURE COMPANY
人と自然を結ぶ店
SCARAMOUCHE ブティック
THE GOURMENT &
サンドイッチ デリカテッセン
DRUGS
アンティーク
CARAVANSARY ワークウエア
美容院
★CAFÉ ROMANO
毎夜ライブミュージック
学生が多い
ELMWOOD BOOK SHOP
宝石屋
ガラクタ屋
★カフェ LA BOYEME 学生風
★アイスクリームパーラー
DIME STORE 大きな10センストア
カレッジクリーナー(せんたく屋)
★自然食料品店
LENGTHS ヘアーパーラー
SHOE REPAIRING
ワクブのクレープソール はりかえ 20ドル
MERITの修理部
★楽しいスポーツバイク店
MERIT CYCLE
RUSSEL
POST OFFICE
★SWEET DREAMS
子供がいっぱいつまっています
ノスタルジー調のダガシ屋
不動産屋
キャンデーにおもちゃ
スチューデント・フライト
学生用の旅行社
ラジオ屋
フード・マーケット
★THE BODY SHOP 自然石けん
COLES' SHOE SHOP ヘルス・グッズ
デンキ屋
SWEET DREAMS
サイドワーク・ギャラリー
おもちゃ屋
とこや
THE MUG SHOP
THE IVY SHOPPE
ゼンゼンアイビーでない子供服屋
★EARL E. BUCHANAN
鉄砲店
BILL'S TRADING POST
文具店
大きなハードウエア屋
時計と宝石
WELLS FARGO BANK
COLLEGE AV.
ASHBY
★メタフィジカル・ブックス
(アストロジー、タロ-カードなど)
カレッジアベニュー・ファマシー
ELMWOOD THEATRE
(映画館)
BERKELEY REPERTORY THEATRE
★芝居小屋
京園(チャイニーズ・レストラン)
このうちはうまいです
★THE INDOOR GARDENER
インドアプランツ
カーペット屋
WEBSTER
★LA FLORENIA
インドアプランツ
ハンドメ風ブティックと法律
COLLEGE INN (レストラン)
ジム所
WHITE DUCK WORK SHOP
★THE YARN BOWL 毛糸屋
★学生用のランドリーマット
ウォールアートと告知板注目
空屋
アイスクリームパーラー
TURQUOISE SKY インディアン
美容院
★ジュエリー
不動産
THE オーディオ SHOP
旅行社
保険屋
PET SHOP
ヘアー・ドレッサー
★BENSON'S
SPORTING GOODS
スキー、テニス など用品
ELMWOOD カメラ SHOP
ヤ

らわれだ。音楽好きの人ならかつてのグレートフルデッドやジェファースンエアプレーンを連想されるだろうが、いま目立つのは町を出てゆくために通りに並んでいる一群のヒッチハイカーたちであろう。

アンカレッジ

北のウィルダネス、アウトドア・スポーツマン憧れの地アラスカの中心がこのアンカレッジだ。

ここがヘビアイタウンに入ったのは、巨大なウィルダネスを背景にひかえてその根拠地であり補給基地でもある土地柄のためなのだ。そして現在はもちろん、将来に向ってますます我々をとらえてはなさないであろう極北のスポーツランド、スキー、クライミング、フィッシング、ハンティング、カヌーイングその他アウトドアスポーツのさまざまな夢をかなえてくれる土地としてのアラスカの、その玄関口であることがヘビアイタウンアンカレッジの魅力だろう。「地球科学研究」で有名なアラスカ州立大学のキャンパスもここにあり、毛足の長い「じゃこう牛」の飼育でよく知られている。

シアトル

米国のヘビーデューティーの系譜のひとつがこのシアトルを中心としたノースウェストにある。ノースウェストではオレゴン州ユージーンなどもヘビアイタウンにちが

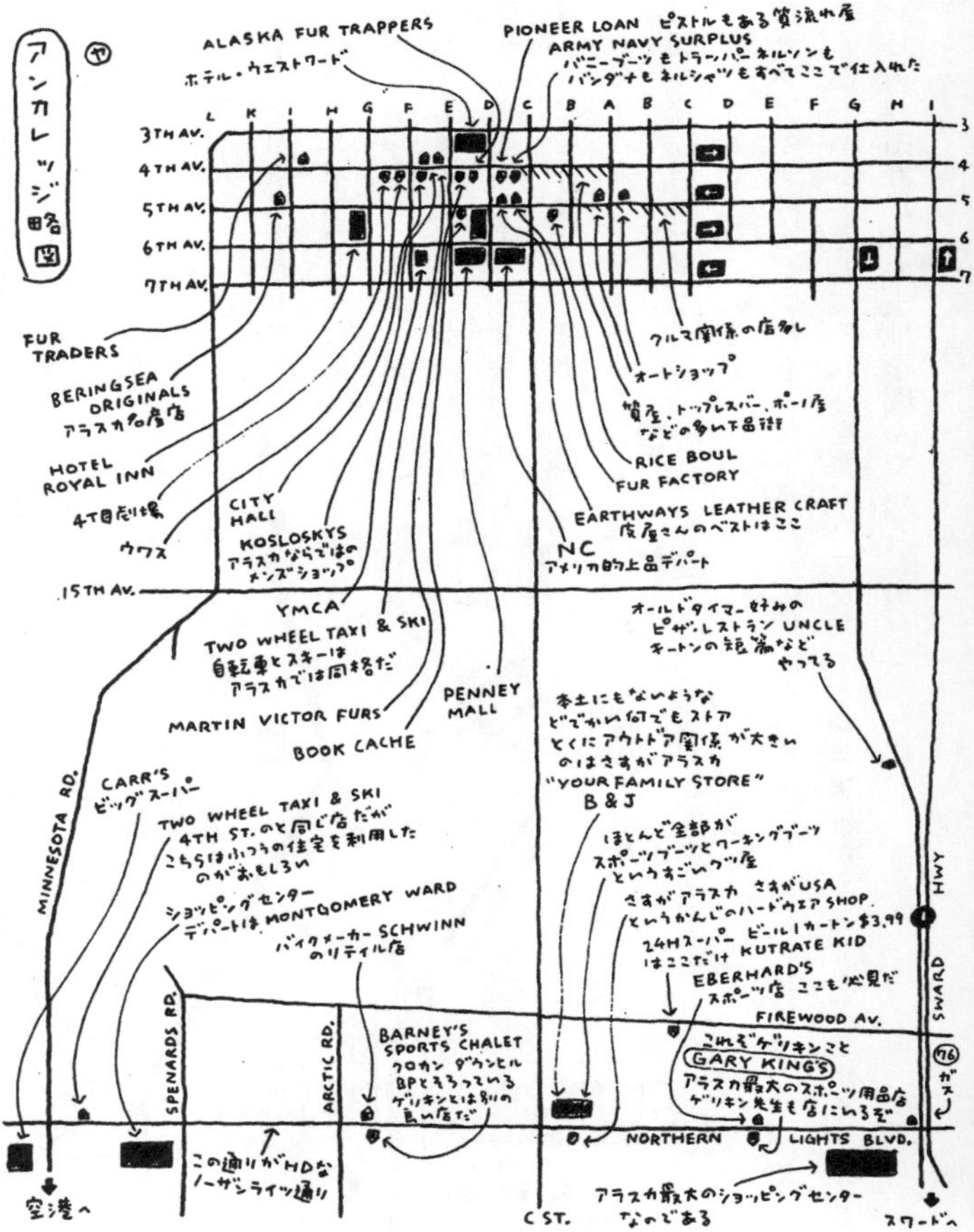

アンカレッジ略図
ヤ
ALASKA FUR TRAPPERS
ホテル・ウエストワード
PIONEER LOAN ピストルもある質流れ屋
ARMY NAVY SURPLUS
バニーブーツもトラッパーネルソンも
バンダナもネルシャツもすべてここで仕入れた
L K I H G F E D C B A B C D E F G H I
3TH AV.
4TH AV.
5TH AV.
6TH AV.
7TH AV.
FUR TRADERS
BERINGSEA ORIGINALS
アラスカ名産店
HOTEL ROYAL INN
4丁目劇場
ウワス
CITY HALL
KOSLOSKYS
アラスカならではのメンズショップ
YMCA
TWO WHEEL TAXI & SKI
自転車とスキーはアラスカでは同格だ
MARTIN VICTOR FURS
BOOK CACHE
PENNEY MALL
クルマ関係の店多し
オートショップ
質屋、トップレスバー、ポーノ屋などの多い下品街
RICE BOUL
FUR FACTORY
EARTHWAYS LEATHER CRAFT
皮屋さんのベストはここ
NC
アメリカ的上品デパート
15TH AV.
オールドタイマー好みのピザ・レストラン UNCLE
チートンの短篇などやってる
本土にもないようなどでかい何でもストア
とくにアウトドア関係が大きいのはさすがアラスカ
"YOUR FAMILY STORE"
B & J
CARR'S
ビッグスーパー
TWO WHEEL TAXI & SKI
4TH ST.のと同じ店だがこちらはふつうの住宅を利用したのがおもしろい
ショッピングセンター
デパートはMONTGOMERY WARD
バイクメーカーSCHWINNのリテイル店
MINNESOTA RD.
SPENARDS RD.
ARCTIC RD.
BARNEY'S SPORTS CHALET
クロカン ダウンヒル BPとそろっている
ゲリキンとは別の良い店だ
ほとんど全部がスポーツブーツとワーキングブーツというすごいクツ屋
さすがアラスカ さすがUSA
というかんじのハードウエアSHOP
24Hスーパー ビール1カートン$3.99
はここだけ KUTRATE KID
EBERHARD'S
スポーツ店 ここも必見だ
FIREWOOD AV.
これぞゲリキンこと
GARY KING'S
アラスカ最大のスポーツ用品店
ゲリキン先生も店にいるぞ
SWARD HWY
76
ガス
NORTHERN LIGHTS BLVD.
この通りがHDなノーザンライツ通り
アラスカ最大のショッピングセンターなのである
空港へ
C ST.
スワードへ

いないが、その代表はやはりワシントン州シアトルだろう。

ヘビアイ大学の一たるワシントン州立大学のシアトル校キャンパスがここにあり、またアウトドア・スポーツ産業としては、かのエディー・バウアーとREIがここを本拠とし、それぞれリテイルストアもかまえている。またマキノークルーザーなどで知られるHDウェアのフィルソン社もシアトルだし、程遠からぬところにジャンスポーツ、K2の本拠もある。そしてそれらを育てたマウント・レニアほかカスケードの山々、オリンピアの山群がこの土地を囲んでいる。

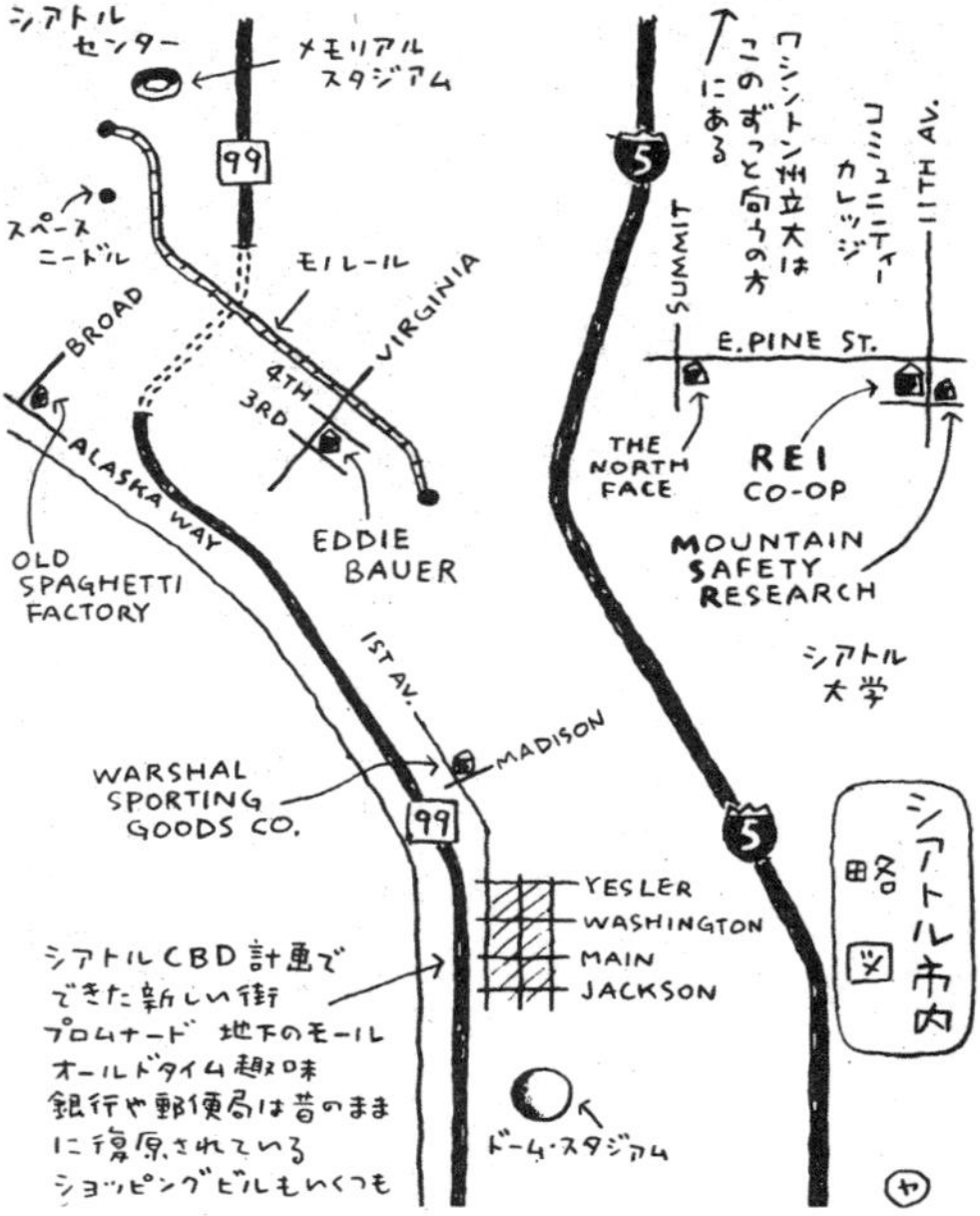

HD名店研究

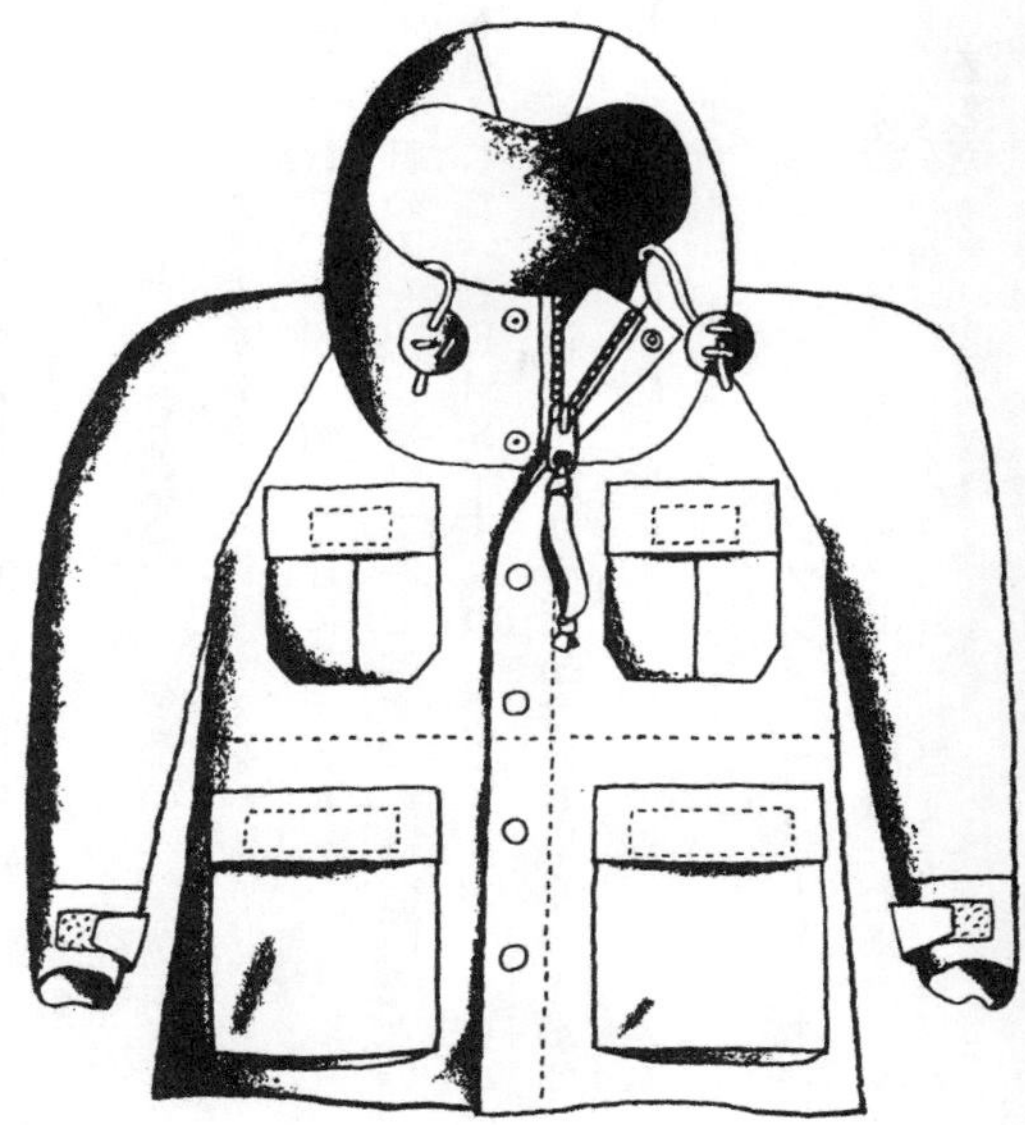

ヘビーデューティーの各ジャンル別にそれぞれのストーリーをまとめてみたこれはささやかなヘビーデューティーの入門篇

E・M・S

東部のふたつのアウトドアーズ用品の名店はまったく対照的だ。

L・L・ビーンは老舗であり、東部のヘビーデューティーのトラディショナルをベースにしており、頑固一徹、本社にリテイル・ストア一軒のみを出すだけであとはすべて通信販売というのにくらべ、このボストンを本拠にしているEMS、すなわちイースタン・マウンテン・スポーツはまだ創業十年程の新進ながら新しい傾向や商品をいち早くつかんで商業ベースにのせることに成功し、ボストンの本店の他にもケンブリッジ、ウェルズリー、アムハスト（以上マサチューセッツ）、アーズレイ、バッファロー（ニューヨーク）、ノース・コンウェイ、インターバル（ニュー・ハンプシャー）、バーリントン、バーモント、サン・ポール（ミネソタ）、デンバー（コロラド）と広域にわたってリテイル・ストアをもつに至っているのだ。

コモンウェルスアベニューに面したメインストア

このメーカー＝リテイルの会社はふたりの男が始めている。現在の社主のアル・マクダナウと社長ロジャー・ファーストだ。

マクダナウはデンバー（コロラド）のホテルで支配人をしているときに登山用品店に一部を貸したことがあって、その際にそうした仕事の将来性を感じたという。

ファーストの方は同じくデンバーの弁護士で、ビジネスの場でマクダナウと知りあったというけれど、ふたりともマス釣りやスキーを以前からやっていて、釣り仲間でもあったということで、湖や渓流へ釣りに行ったとき、ロッジやホテルへ泊まっていたら行動は制限されるけれど、バックパッキングを知り、そのシステムと用具を採用すれば良い釣場でそのまま夜を過せるからいちいち宿や里へもどることもない、これはすばらしいというふうにしてバックパッカーになったという。

登山用具は充実。とくにロッククライミング用品とアイスクライミング用品は豊富

　このことはバックパッキングの技術、そしてヘビーデューティーの本質をずばり伝えるものだ。BPではもちろんセルフエイドがその根本で、それはもちろんよりよいウィルダネス・ウォーキングのた

めのものだけれど、これを釣りやハンティングやアニマル・ワッチングや写真撮影やスケッチ旅行などいろいろと目的のある旅に応用すれば、通常不可能と思われた行動が可能になり、より高いレベルでの目的が達せられるわけで、このように釣りにしてみてもいちいち宿に帰る手間がなくなり、それだけ好ましい環境の中に自由にいられるのはもちろん、普通、一日の行程では入れない不便な、しかし良い釣り場があった場合、BPの方法なら楽に入れるということ、そしてより広い行動とウィルダネスにおける自由が得られるので、これこそヘビーデューティ・ライフのもつよろこびだと思うのだ。

そうしてアウトドア産業を志したふたりはすでに開拓されているコロラド、あるいは西海岸などはやめ、バケーションランドをひかえているわりにはマーケット・シェアを獲得できそうなボストンへ移ったのだという。

このふたりの読みはみごと当って、いまやEMSは米国アウトドア四大ビジネスのひとつになり、年商一四万ドル、バックパッカーやクライマーへのシェアはREIにつぎ、二百ページの立派なカタログ出版（原価二ドルのものを一ドルで販売してその売上げが年商の一八パーセントとか）もするほどになったのだ（以上一九七三年の数字）。

ＥＭＳのマーチャンダイジングをみると、これは西で似たような立場にいるＲＥＩのものによく似ていることにまず気がつく。商品デザインやシステム、素材といったもの。そしてリクレーションに対する考え方や方針のようなものまで似ている。それはＲＥＩのまねというよりも米国で新しいアウトドア・スポーツ産業として発展するためにはこうならざるをえないというような気がするし、商品的には米国人の好みがどうしてもひとつの型になってくるという特徴のせいかもしれない。ともかくＲＥＩとならぶ広範囲、大量、そして広いリテイル・ストアを持っていながら企業や商品のイメージは、無難だが個性はない、というものだ。

他のアウトドア用品ビジネスと同じで、ＥＭＳのカタログに載っているものは全部がＥＭＳ製品ではなく、四〇パーセントがオリジナル、六〇パーセントが他社のものになっている。ボストンの自社工場製品はパーカやテント、他のオリジナルは製造のみを下請工場で行っている。

売っているテントはすべてこうして立ててあるから品物選びはかんたんだ

商品的に強いのはクライミング用品、一般登山用品、クロスカントリー・スキー用品で、最近は一般の関心度に比例してリバー・ツーリング用のカヌーに力を入れているようだ。ボストン店は地下にバーゲン（型の古くなったものなどを安価に売る）部分があって人気を呼んでいる。

L・L・BEAN

米国東海岸最北の州・メインは豊かな森林と湖、川、そして大西洋という自然環境にめぐまれ、州全体が狩猟や釣り、キャンピングといったアウトドア・スポーツの天国といえるほどだ。事実、この州のキャッチフレーズにも「バケイション・ランド」という言葉が使われている。Ｌ・Ｌ・ビーンは、そんなメインの風土の上に育ったアウトドア用品のデパートなのだ。

直販店（フリーポートの一店のみ）の営業上の特色の第一はまちがいない品物が（百パーセント保証付き）決して高くない値段で買えることだ。そして第二には年間三六五日営業、すなわち年中無休で、しかも二四時間営業であることだ。これは休日ほど品物も必要になるレジャー、スポーツの客、夜中や夜明けに買い物の必要にせまられることの多い狩猟や釣りの客にとっては便利この上ないものだし、これこそビーンの誇る最大のサービスとも言えるだろう。

　また第三の特色は完璧なメールオーダー・システムを採用していることで、世界のどこから注文しても正確に望みの品物が発送されるという。現に売り上げの八〇パーセントはメールオーダーであり、オフ・シーズンでも毎日二〇〇〇点以上の商品が発送され、シーズンにはその量は三倍半になり店には特設の郵便局が作られているほどだ。

　レオン・L・ビーンは一八七二年にメイン州の農家に生まれた。父は彼に幼児のと

フリーポートの道路沿いにあるビーンの看板

ビーンのデイパックのコーナー

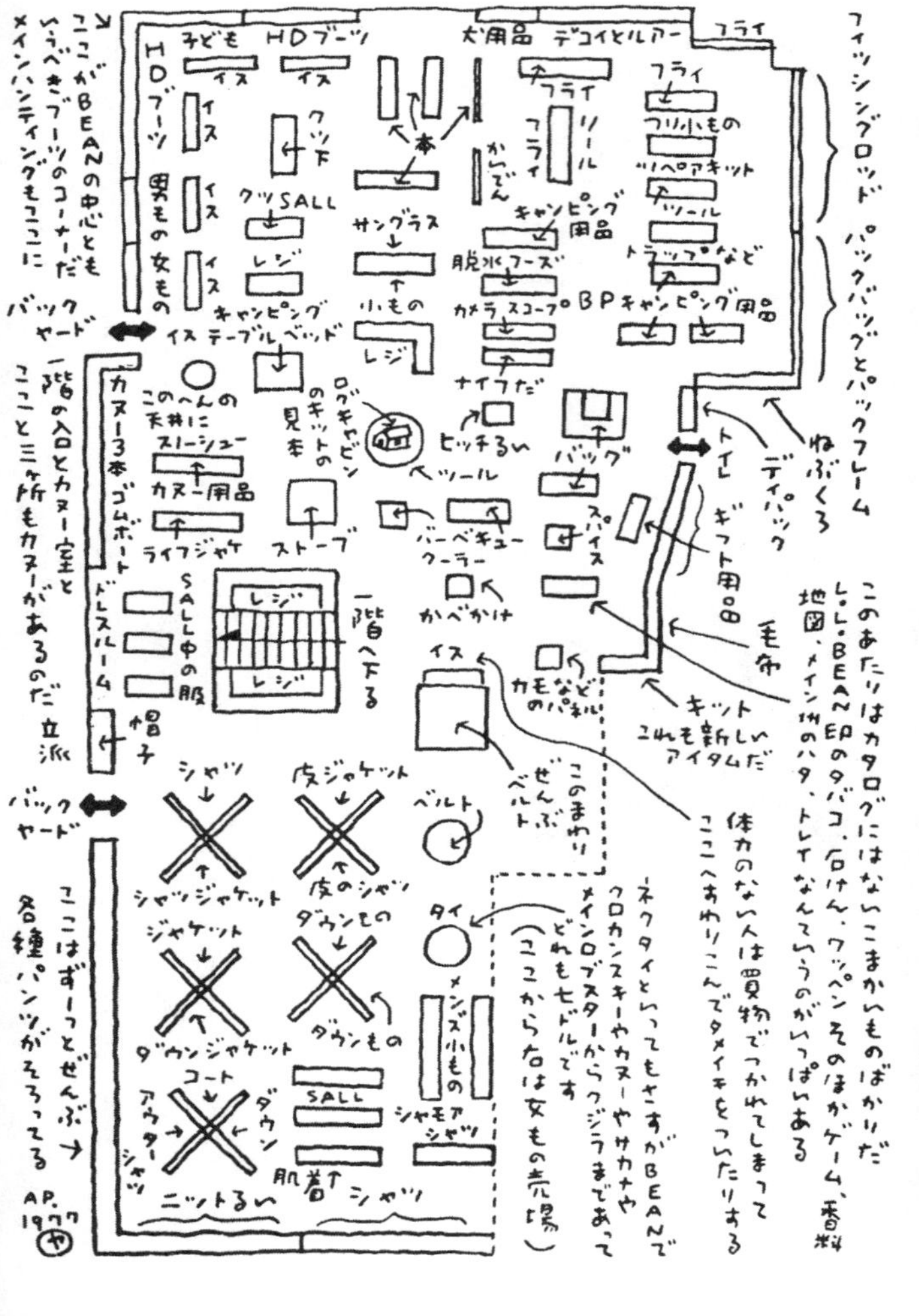

ここがBEANの中心ともいうべきブーツのコーナーだ
メインハンティングもここに
子ども
HDブーツ
犬用品
デコイとルアー
フライ
HDブーツ
イス
クツ下
本
からでん
フライ
リール
フライ
つり小もの
つりへアキット
ツール
男もの 女もの
クツSALL
サングラス
キャンピング用品
トラップなど
レジ
小もの
脱水フーズ
カメラ スコープ
BPキャンピング用品
レジ
ナイフだ
バックヤード
キャンピング イス テーブル ベッド
フィッシングロッド
パックバッグとパックフレーム
一階の入口とカヌー室とここと三ヶ所もカヌーがあるのだ 立派
カヌー3本 ゴムボート
このへんの天井に
スノーシュー
カヌー用品
ライフジャケ
ログキャビンのキットの見本
ストーブ
ヒッチるい
ツール
バーベキュー
クーラー
かべかけ
バッグ
スパイス
トイレ
デイパック
ねぶくろ
ギフト用品
毛布
キット これも新しいアイタムだ
ドレスルーム
SALL中の服
レジ
レジ
一階へ下る
イス
カモなどのパネル
帽子
このあたりはカタログにはならこまかいものばかりだ L.L.BEAN印のタバコ、石けん、ワッペンそのほかゲーム、香料、地図、メイン州のハタ、トレイなんていうのがいっぱいある
バックヤード
シャツ
皮ジャケット
ベルト
このまわりぜんぶベルト
シャツジャケット
皮のシャツ
体力のない人は買物でつかれてしまってここへあわりこんでタメイキをついたりする
ジャケット
ダウンもの
タイ
ダウンジャケット
ダウンもの
メンズ小もの
ネクタイといってもさすがBEANでクロカンスキーやカヌーやサカナやメインロブスターからクジラまであって どれも七ドルです
(ここから右は女もの売場)
ここはずーっとぜんぶ各種パンツがそろってる→
コート
アウター
ダウン
SALL
シャモアシャツ
シャツ
肌着
ニットるい
シャツ
AP. 1977 や

きから冒険とサバイバルの技術を教えたので一六歳のときには自分でしとめた鹿を不猟だったハンターに一二ドルで売りつけるほどになっていた。

成長した彼はいろいろな仕事についたけれど、一九一〇年に兄弟で衣料品業をはじめ、後には株を買い占めてひとりで経営者となった。ビジネスはしだいに拡大していったが、ある日狩猟に出て足を痛めたのがきっかけでハンティング・ブーツをいろいろと研究しはじめ、後に有名になったメイン・ハンティング・シューズを作り出したのだ。

右が12インチメイン・ハンティング・シューズ

それまでにも彼は当時誰もが使っていた樵用のごつい靴が固くてはきにくく、一日歩けば足が痛くなるのに不満であった。そしてなんとかもう少し軽く、防水性も充分あって、しかも丈夫でスリップしない靴はできぬものかと考えていた。そしていくつも試作研究とテストの末、上部を軽量のレザー作りにして下部にゴムを採用するというコンビネーション式なら、それまでのブーツの欠点をすべて克服できる事に気づいた。そして彼はそのブーツに〝メイン・

ハンティング・シューズ〟と名づけたのだった。

この靴の特色はまず軽いことと、足にぴったりすること。そしてクッションつきのインナーソールとノンスリップのチェーン・トレッドをもつアウターソールのために底面がしっかりと地面をとらえることだ。さらに雨や雪には耐水完璧のラバーソールが理想的だし、靴ずれを防止するスプリット・バックステーも大きな特徴だろう。そこで一日中はいて山野を歩きまわっても不愉快さはまるでなく、楽しいアウトドア・ライフがすごせるようになっている。これこそがヘビーデューティーということの本質であろう。

現在、上部の革には最上級の牛皮が使われる。革はなめしのときに、なめし効果が靴の寿命いっぱいもつように、そしてなおかつ耐水性が失われないようになめされる。だからぬれても乾いてもこの皮革部分は固くならないのだ。仕上げはなめし色のまま使われる。底はとくに耐久性のあるオゾンに強い合成ゴムが使われる。インナーソールはクッションがついたものが採用されており、外底は耐久度がいちばん強いクレープ・ゴム製で、甲皮に永久的に密着するように特殊加熱処理によって接合されている。そして接地面のパターンこそはビーンの誇る有名なノンスリップのチェーンパターンのトレッドなのである。

この靴が主体になった狩猟と釣り用品の本格的ビジネスの開始が、今日のL・L・ビーンのスタートとなっている。

彼は狩猟のライセンスをデザインした旗を店にかかげ、例のハンティング・シューズに「一八年間メイン州の森を歩きまわったハンターがデザインした靴」というキャッチフレーズを冠して売り込んだ。はじめは一〇〇足のうち九〇足のゴム底がはがれて返品されたが、彼は完全に修理して送り返した。この初心はいまでも生きていて、いま送り返されてくるのはすり減った底の貼り替え依頼のものだけだという。それほど丈夫な靴なのである。米国人の質素精神とまじめなサービス精神の結びつきをここにみるのだ。

現在、ビーンの顧客リストには次のような名がみえる。ジョン・ウェイン、ロバート・スタック、リー・マービン、チェット・アト

L.L. ビーンは 23 年前から 24 時間営業、年中無休を続けている。釣り人やハンターにはたいへん便利だ

キンス、マスキー、フルブライト、ゴールドウォーターなどの上院議員たち、スイスにいるチャップリン夫人、ジェームス・スチュアート、サム・スニードなどなどかぞえあげたらきりがない。

L・L・ビーンは一九六七年に九四歳で死に、カール・ビーンを経ていまは孫のレオン・ゴーマンが社長だが、メイン・ハンティング・ブーツの靴底の秘密、スプリット・バックステーの効果も少しも変わらず、ゴムの耐久性は一段と増し、糸はナイロンになり強度倍増、今までに二〇〇万足も売れている。

店の一角で独自に編集しているカタログは一二八ページ綴りで年四回発行、アメリカ全州、七〇国に年間一〇〇万部以上を送っている。

EDDIE・BAUER

エディー・バウアーは東のL・L・ビーンとも比肩すべき西の大アウトドアーズ用品ビジネスであり、米国北西部の中心、ワシントン州シアトルが本拠である。

ビーンと比べられるのは、ビーンが大ビジネスであると同時に東部のトラディショナルなヘビーデューティーの中心なのに次いで、EBはその反対側北西部のヘビーデューティーのトラッドを受けつぐビジネスであるからだ。

EBといえばフィッシング、ハンティング、そして用品でいえばグースダウンというイメージである。カタログでみても店頭へ立っても、マスやサケ、野鳥や大角鹿などが必ずデザインしてあって雰囲気をきめているし、製品、商品の中心は何といってもグースダウン・フィルのものである。

一九二〇年に、ハンターでありまたフィッシャーマンでもあったエディー・バウアーが会社を興したとき、まずやったことが、このグースダウンをつめた服や寝袋などの羽毛製品だったというから、これはこの社の創業以来の特色にちがいない。EBスカイライナーというのが最初に作ったグースダウン・ジャケットの名で、それでパテントを獲得した。その頃にEBのダウン・ウェアを着た人たちには当時の探検家ヒューバート・ウィルキンス、有名パイロットのジョー・クロッソン、アラスカの氷上神父で知られたハーバード神父などがあるという。

渡り鳥のイラストが美しいエディーバウアーのシアトル店入り口

いまの社長ウィリアム・F・ニエミ・ジュニアは登山家、バックパッカーであり、二代目社長W・F・ニエミの息子だけれど、彼の経営方針で、いまのEBのグースダウン製品はファッショナブルになってきている。パイピングの入ったGD入りのカーディガンやベルトつきのカジュアル・ジャケット、プルオーバーのおしゃれ着、ダイアゴナル・キルトのシャツ、タウン調のコート、下着、ローブなど多くの女性向き衣料も含めて他ではみられないファッショナブルなものがたくさんあり、そしてほとんどが中年向きになっている。

このことはもうひとつのEBの特徴で、ビジネスの対象が中年にあることだ。もっともハンティングといい、フィッシングといえば、いかに米国といえども中年以上のスポーツだったのだからそれはあたりまえだ。そういえばダウンのキルティングというようなものも本来は中年以上のイメージのものかもしれない。それがこのヘビーデューティーの時代になって、にわかに脚光をあびてきた。といって突然ナウなヤング向き、などにならないのがトラッドショップたるところで依然として中年イメージだけれど、ここ数年拡大しているのがバックパッキング部門だ。その点EBは案外積極的であって一九七三年のダウラギリ隊の装備を担当しているし、高所テントの開発もたのまれているくらいなので、本店はじめリテイル店のどこもBPに力を入れ、そこばかりは若い客もくるが、店員だけは中年以上が多く（この点はビーンも同じだが）バックパッカーにしきりにアドバイスしている。これは余談だけれど、こんなおじいちゃんの店員がBPするはずもないしなどと思っていたら、店の奥の壁面に残雪の山を登っていく当人の写真、それに名前、担当売場、アウトドアーズマンとしてのキャリアがびっしり書いてあったのにはおどろいた。そしてその人だけではなく、他の売場についてもハンティング、フィッシングというふうに、それぞれを充分に経験している人がアドバイザーになっているのには感心してしまったのだ。

アウトドア・ブーツと登山靴の売り場

とはいえEBのファッショナブル化はたしかで、ダウン製品以外にもそんな傾向が多くて、われらヘビアイ党としては少々淋しいのだ。カタログをみればわかるようにラバー・モカシンあり、カモフラージュ・ディーク・トッターあり、フィルソンのダブル・マキノーあり、ラッセルのスネークブーツありというこの名店にへんになよなよした流行品はいらないと思うのだが。

一九七一年にＥＢ社は資本金一兆ドルの食料品会社、ゼネラル・ミルズに吸収された。しかしそのためにＥＢのヘビーデューティー精神は決して後退せず、前記の如きファッションが加わりはしたが、本もの、ＨＤ志向の線は保ってきている。

ここにＥＢの横顔を知るひとつの話がある。二〇年程前ＥＢは企業の社会的責任という意味から毎年北西先住民の手づくりのニット（セーター、ソックスなど）を買いあげて援助しながらそれを販売してきた。またアザラシやビーバーやカンガルーなど滅びゆく種の動物たちの皮はカタログから除いてしまっている。ニットを買い上げることがどれほどの助けになるのかわからないし、動物を保護しながらハンティング用品を売るのはおかしいようにも思うが取り次いでみた。

ＥＢ社は売上げの七五パーセントがメールオーダー。年四回発行の美しいカタログは米国内だけでも百万人以上のカストマーのもとに送られる。

REI・CO-OP

ＲＥＩもエディー・バウアーと同様シアトルが本拠のアウトドア用品全般のメーカーでありリテイラーでもある。

アウトドア用品四大ビジネス中、西の二社がともにシアトルというのは興味深いことで、この北西部が米国有数のバケーションランド、マウンテンスポーツの中心地、リクレーションエリアということの証拠だし、その中心のシアトルはそのかなめの位置にあることになる。他にもアウトドア関係のビジネス、防水防寒ヘビーデューティーのフィルソン、日本でも知られるジャンスポーツとスキーのK2その他がこの地方に集中しているのもうなずける。そして東のEMSがREIのスタイルを学んでいるようにトラッドなものから新しいものまで、そしてリクレーション、スポーツ関係ならほとんどといえるくらい幅広いビジネスを展開しているしアイタム数の多さも四社中抜群なのにおどろくのだ。リテイルでいうと、たとえばハンググライダー売場、テニス用品売場（ラケットなど豊富）などまであり、それぞれ専門店以上に立派なのに感心する。

REIは一九三八年、シアトルのクライマーたちがヨーロッパから輸入した山用品をプールしておくためにつくったグループ「コープ」に始まる。場所はシアトル。ダウンタウンの会計事務所の小部屋。これはまことに米国らしい話だし、また米国のアウトドア・ビジネスらしいことだ。つまり、釣りやハンティングは別として、登山、クライミングの世界ではまったく後進国もいいところでついこの数年間になり上ったものだし、バックパッキングなどというブームがそれを大きくしているので米国人らしい意識が底流にあるとはいえ、まだ一九三〇年代だったらまったくそうでもしたくなるほどの登山用品事情であったにちがいない。そして米国全体には山のヤの字もないこの頃でも、このカスケード山脈、マウント・レニアという名山をひかえたシアトルの地だけには少なくともこうした山ヤがいたという、この話はその証拠のようなものではあるまいか。

ともあれ「コープ」といういまもREIに残る名称はここでつけられた。もちろん会員によって成り立つシステムはここで生れたわけだ。このユニークで米国らしいシステムがしかもアウトドア・ビジネスの世界に生れ育ったということがまたおもしろく、注目すべきことである。メールオーダーも当初から行っている。そして一九五五年にここに加わった登山家のジェームス・W・ウィテカー（米国エベレスト隊員で登頂をはたした人）が一九七〇年以来会長をつとめている。つまり、はじめから今日まで、REIは「山」を中心に発展してきたのだ。そして立派なテニス部門まであるいまも依然、山とクライミングに強いREIなのがうれしい。六三年にはエベレスト登頂隊の装備もうけおっている。一九七三年に売上げは一五〇〇万ドル、コープ会員は三八万人になっている。

カタログは年二回、三月にはダイレクトメールで出され、九月には冬ものとクリスマスギフトものが出版される。そのページは断然、山とクライミングが優遇されていて、ダウンフィルやファイバーフィルのパーカ、ウールのアウターシャツ、60／40のパーカやヤッケなどのヘビーデューティー服もたっぷり載っている。ＲＥＩのカストマーにはキャンパーやトレーラーのオーナーが多いのにその用品は四ページしかないが、登山家やクライマーのためを考えているＲＥＩはこれでよい、とウィテカーは言っているそうだ。そしてもちろんＲＥＩのスタッフはほとんど山やクロカンスキーの専門家で、ということは社員自身が商品テストをたえずやっているということだ。

上）バークレー店も体育館なみの広さ。フルフレームパックも充実。　下）うしろの棚にはメール・オーダー発送待ちのパッケージ

コープシステムでは客は会員であり株主ということで、ＲＥＩのユニークさはそこにある。だからカタログにも近くのトレイルやキャンピングエリア

のクリーニング・エクスペディションのことや品質管理のリポートや商品テストの結果や環境教育におけるREIの立場に関する論文も載っている。そしてマウンテンクライミング・スクールを毎年、地元の山、マウント・レニアで開講している。

シアトルのREIコープは実に広大なディスプレイ面積をもっていて、本質的にはウェアハウス（倉庫）セールといっていいくらいのものであろう。行けども行けども店内、というような感じでカヌー、自転車、クツ、本から旅行代理店まできりがないのだ。

コープ会員は誰でもなれる。会員番号で買物をすると年末調整で代金の一部が返ってくる。筆者の会員番号は六二〇三九〇となっている。

その他の名店

〈アバークロンビー&フィッチ〉

ニューヨークの店が有名だが、他にもシカゴ、サンフランシスコなど全米に九店ある高級スポーツ用品のデパートといったところ。ニューヨーク、マジソン街の店のガン売場はヘミングウェイもカストマーだったというくらいだが先年倒産という話もきいた。いまも店はあるけれど新しいビジネスにおされて昔日の面影はうすい老舗である。

〈ムーア&マウンテン〉

こんな片田舎にこんな名店がと思うような店。リテイル店だが名前はむしろメーカーとして知られている。東部のトラッド店らしく、スノーシュー、カヌー、パックバスケットはじめヘビーデューティーのトラディショナルがいっぱい。古めかしいコンコードの街によく似合う店だ。

〈ガート・ブラザース〉

コロラド州デンバー市内に八店をもつスポーツ用品デパートのチェーン。名店というより量販店に近いけれどブロードウェイにあるメインストアは必見。売場が広いので電気自動車がスロープを利用して一階から六階までの店内を客をのせて走りまわる。ゴルフ売場をすぎるとヘビーデューティー品が続々とあらわれる。

〈ホルバー〉

ボールダーのまじめなHDメーカー、ホルバー社の直営リテイルだから文句のない名店。ダウンの服がよいし、キット（自分でぬって作るHDウェア）もある。バックの山は大ロッキーマウンテンだ。

〈マウンテン・スポーツ〉

コロラド派のメジャーであるジェリー社発祥の店がここだからジェリー製品の多い

コロラドらしい山とクロカンとＢＰの店になっている。ボールダーにある。

〈ボールダー・マウンテニアー〉

ボールダーらしくロッククライミングを中心とする山の専門店。クライマーのボブ・カルプがオーナーでクライミングパーカなどオリジナルもあり、コロ大の山好きの学生もみなここの世話になる。岩登り教室もやる。

〈ザ・スキー・ハット〉

山とスキーを中心に良質のアウトドア用品を幅広く扱う店として内外に知られているバークレーの名店。そしてまたへビーデューティー・メーカーの雄たるトレイル・ワイズ社の専門リテイラーでもある。カヌーなどウォータースポーツ関係にも強い。

〈シエラ・デザイン〉

60／40パーカでご存じのＨＤメーカーの直営リテイル店である。フリーウェイからバークレーに入ってすぐ右手にみえる白い倉庫風の建物。もちろんオリジナルがほと

ボールダーにあるマウンテン・スポーツ

んど。

〈ザ・ノース・フェイス〉

これも同名のメーカーの直営リテイル店。だからとうぜんオリジナル品中心。HDなパーカや羽毛服、パックなど揃っている。バークレー。

〈ケルティー〉

言うまでもなくフルフレームパックの元祖ケルティーの直営する名店。もちろん同社の全パック、およびウェア、小物までのオリジナルのすべてがあり、他にもレンタル部門があったりリテイラーとしても立派。暑いロスのバーバンク（ロッキード工場の近く）にある白いウチ。

〈グレート・パシフィック・アイアンワークス〉

クライマーとしても実業家としても有名なイボン・ショイナードの同名メーカーの直営リテイルという名店で、ロスの中心から少し遠いベンチュラにあるが必見の店だ。もちろんクライミング、山用品が中心になるがショイナードの作品はまことにヘビーデューティーであると、あらためて感心する。

〈ゲーリー・キング〉

ヘビアイタウンの項でも紹介したアラスカ、アンカレッジの総合スポーツ用品の名

スキー・ハット

ホルバー社の直営店

バークレーにあるザ・ノース・フェイス

店。もちろんＨＤいっぱいだ。土地柄、雪に関するヘビーデューティーに強い。

各店住所（次項「ＨＤブランドリストに掲載していないもの／二〇一三年現在）

Boulder Mountaineer：1335 Broadway St, Boulder, Co.

Gart Bros.：1000 Broadway, Denver. Co.

Gary King：W. Northernlights St. 308 Anchorage, Alaska（倒産）

Nike：One Bowerman Drive Beaverton, Oregon

R. E. I. Co-op：1338　San Pablo Avet, Berkeley, Calif.

The Spoke：1201 Broadway, Boulder, Co.（不明）

HDブランドリスト

MOOR & MOUNTAIN

RED WING SHOES

Granite Stairway Mountaineering

Pivetta

★ CONVERSE

Holubar

nike

THE NORTH FACE

Eddie Bauer

Santa Rosa Brand
1906 1975
OUR 69TH YEAR

Keep Dry in a Storm
Peter Storm
Makes Great Looking Hikers

Camp Trails

MOUNTAIN SAFETY RESEARCH
622 South 96th
Seattle 98108
MSR

REI CO·OP

JANSPORT

KELTY

L.L.Bean

Snow Lion

THE STANDARD OF THE WORLD
CLASS-5

SIERRA DESIGNS
Berkeley, California

Keds

GERRY
An Outdoor Sports Company

"original"
Chippewa
BOOTS AND SHOES

Alpine Designs

Woolrich

frostline kits

BRAND	製品および特徴	WEB サイト／現状（2013 年 7 月現在）
Adventure16	ヒップハガーのフルフレームパックで有名になった良心的な BP ギア・メーカー。	http://www.adventure16.com/
Alpenlite	バックパックやデイパックの中級パックメーカー。	（廃業）
Alpine Designs	優秀な BP ギアのメーカーとして知られているコロラド派。BP や寝袋、テント、ダウンベスト、パーカ類、トレイル・ショーツ、そしてダウン・ブーツまで扱っている。	（ブランド売却） 旧所在地： Boulder, Colorado
Browning Arms Co.	有名な銃メーカーだが、ヘビアイ派にはナイフが魅力。各種ハンティング・ブーツ、キャンプ・シューズ、フィッシングギア、それにテント、スリーピング・バッグ、ウェアなどなんでもある。	http://www.browning.com/
Buck Knives Inc.	日本でも割合手に入りやすい量産ナイフのトップ・ブランド。フォールディングハンターがいちばん知られているが、・ボウイー・ナイフのバック・ジェネラルやバック・スペシャルも人気がある。	http://www.buckknives.com/
Camp 7	ダウン製品に自信を持つコロラド派のメーカー。ダウンベスト、ダウンパーカ、寝袋で一躍名を成した。カタログのイラストを眺めているだけでも楽しい。	（ブランド売却） 旧所在地： Longman, Colorado
Camp Trail	バックパックやパックフレームを量産しているメジャー。一般向きのフルフレームパックが多いが、良心的な品質を誇っている。	http://www.camptrails.eu/
Canondale Corp.	イースト派の中級のバックパック・メーカー。バックパックやデイパックは、しっかりした製品を作っている。	（不明） 旧所在地： Stamford, Connecticut
Chippewa	1901 年からしっかりした靴を作っているシカゴの中級ワークブーツ・メーカー。ワークブーツばかりでなく、良心的なスポーツブーツも作っている。	http://www.chippewaboots.com/

Class5	バックパックやテント、ダウン製品はダウンベストやダウンパーカ、チャイルドパーカまで作っている。バークレーの中級のバックパック・ギア・メーカー。	（廃業）
The Coleman Co.	アメリカのキャンピング・ギア・メーカーのメジャーのひとつ。テントや寝袋から、小さなギアまで作っている。コールマンのキャンピング・ストーブの愛用者は、世界中にたくさんいる。	http://www.coleman.com/
Converse Rubber Co.	コンバースといえば、ウェスト派の最大級のゴムぐつのメーカー。種々のスニーカーは日本でも有名だが、靴の他にも、各種のアウトドア・ギアも売っている。	https://www.converse.com/
Denver Tent Co.	コロラド派のテント専門メーカー。	http://www.denvertent.com/
Dunham	専門的なハンティング・ブーツ・メーカー。ベルクロ式タングや全面シャンクなど工夫された靴が多い。Dリングがダブルリベットの“チャレンジャー”、またBP用シューズもある。	（ブランド売却）http://www.newbalance.com/men/shoes/Dunham/
Eddie Bauer	アウトドア4大産業のひとつ、ノースウェスト派のメジャー。ハンティング、フィッシングを中心とするトラッドショップ。アウトドア・ギアならば、何でも揃っている。靴はラッセル製品を扱う。	http://www.eddiebauer.com/
E. M. S.（Eastern Mountain Sports）	文字どおりイースト派マウンテニアリングの雄。登山専門から始まって、いまはアウトドアの全領域にわたって成長。1ドルのカタログは他に類のない充実したもの。オリジナルもかなり豊富だ。	http://www.ems.com/

Eureka Tent & Awning Co. Inc.	人数や用途に合わせて、14種類ものテントがある、ビッグなイースト派テント専門メーカー。ユリイカ・マウント・カターディンやスーパーライト・マークⅡが有名で、小売りも卸しもする。	http://www.eurekatent.com/
Filson	ノース・ウェスト派のヘビトラ・メーカー。オイル・スキンなどＨＤマテリアルの製品ばかりで、フィルソンといえば、マキノー・クルーザー、というぐらい有名。	http://www.filson.com/
Frostline Kits	ダウン製品のキット販売で広く知られるコロラド派。Sew - it - yourself！を合言葉に、ファミリー・アウティングをリードする。テントやパック・フレームのキットも揃っている。	（廃業）
The Garcia Corp.	アウトドア・ギアやウェアにとどまらず、スポーツ用品ならすべてそろっている大総合スポーツ・メーカー。ほとんどがオリジナルで、フィッシングやハンティング、BPの入門書も出版している。	（分割後、輸入業はAbu Garciaが吸収）
Georgia Shoe Manufacturing	ジョージア・ブランドのワークブーツとファルコン・ブランドのスポーツブーツを扱う靴屋。安くて階層をえらばぬデザインで商売している、大衆的なメーカー。	（不明） 旧所在地： Flowery Branch, Connecticut
Gerber Legendary Blades	カリフォルニアのバックナイフとならぶオレゴンにある米国量産ナイフのメジャー。フォールデイング・スポーツマンやヘビーデューティ 525S あたりが実用的で、プロ好みも高い。	http://www.gerbergear.com/
Gerry	コロラド派のアウトドア・スポーツ服とギアのメジャー・メーカー。テントからミニスコープまで取り揃えているが、ブルーと白のコンビをテーマカラーとするスポーツウェアが目玉。	（ブランド売却） http://gerryoutdoors.com/

Granite Stairway Mountaineering	バックパックとリベンデールのジェンセンパック、ショイナードのアルティマ・スールなど一流品を揃えているリテイルストア。本格的クライミング・ギアが豊富だし、オリジナルも始めた。	（不明） 旧所在地： Berkeley, California
The Great Pacific Iron Works (Chouinard)	登山用品ならなんでもある総合メーカー。登山家イボン・ショイナードを中心にしてできたメーカーで、日本でも親しまれている。ハガー・タイプのソフトパックはクロカン向きで、評価すべし。	パタゴニア：http://www.patagonia.com/ ブラックダイヤモンド：blackdiamondequipment.com/
Hardy : Hardy Bros. Ltd.	イギリスの釣り道具専門トラッド・メーカーで、日本でいちばん有名なのは皮製のフィッシング・バッグだ。ロンドンのリテイル店は老舗のひとつ。（社名変更）	http://www.hardyfishing.com/
Herman Shoes & Boots	ブランド名でもわかるように、ハンティングブーツで有名な、スポーツブーツ・メーカー。1879年に創業というから、もうすぐ開業100年を迎える。	（ブランド売却） http://www.walmart.com/
Herter's	ミネソタが本拠のビッグなアウトドア・ギアの総合メーカー。日本に馴染みがないがメール・オーダーで買える要注意メーカー。	（廃業）
Himalayan	珍らしく南部にあるアウトドア・メーカー。ダウン製品、バックパック、テント、パーカ、サイクル・バッグなど地味だがうまくまとまったメーカー。3年間アフター・セール・サービスがある。	（不明） 旧所在地： Pine Bluff, Arkansas
Holubar	ダウンパーカやダウンセーター、マウンテンパーカやダウンパンツなどのメーカーである。バックパックや登山靴、釣具などの、アウトドア・ギアも扱う。コロラド派。	（売却） http://www.holubar.it/
Jansport	フレクシブル・フレームとヒップ・サスペンション・システムで日本でも有名なバックパックを作っている新進のBPギアメーカー。ドームテントやアウトドア衣料もあるノースウェスト派。	http://www.jansport.com/

J. Barbour and Sons Ltd.	英国のトラッドな雨具、釣り具、スポーツ・ウェア・メーカー。エジプト綿のオイル・スキンだけをマテリアルとする。このガンコさから生れたフライウェイトジャケットのファンは日本にも多い。	http://www.barbour.com/
J. C. Penny	アメリカの大デパートチェーンだが、HDギアが充実しているので、ちょっと気にしておきたい。	http://www.jcpenney.net/
Ked's (Uniroyal)	日本でもおなじみのくつやさん。コンバースに対抗するゴムぐつのイースト派。もちろん、スニーカーがうりもの。	http://www.keds.com/
Kelty	日本でも広く親しまれ使われているフルフレームパックの元祖。現在は、HD用品ならなんでも揃う総合的なメーカーでクロスカントリースキー用品も扱っている。	http://www.kelty.com/
H. D. Lee Co. inc. (LEE)	オーバー・オールをはじめとしたワーククロージシグとオーセンティックなウェスターン・ジーンズの分野では定評あるメーカー。ジーンズのフロントをジッパー止めにしたのはこの会社が最初だった。	http://www.lee.com/
Levistrauss Jeans Division (Levi's)	ご存じ、有名すぎるほど有名で世界のジーンズ市場のトップに君臨『幻の501』など、ヘビアイ派ならひとつはもっておきたいブランド。アメリカでも安定した支持層をもつ。	http://www.levistrauss.com/
L. L. Bean Inc.	ご存じ、アウトドア4大産業の中でも、最もトラッドな本格的HDギアのメーカー。フリーポートの小売店は年中無休、24時間営業だし、メイルオーダーでも、なんでも揃えられる総合的なイースト派。	http://www.llbean.com/
Lowe Alpine Systems	コロラド派、アウトドア・ギアー&ウェアのマイナー・メーカー。用品全般を扱っている。	(ブランド売却) http://www.lowealpine.com/

Makit(Mountain Adventure Kit)	学校の教材にもなっているパーカやダウンベストなどのアウトドア・ウェアのキット製作・販売専門。フレーム・パックやスリーピング・バッグまである。	(不明) 旧所在地：Whitter, California
Milo Hiking Boots	イースト派の軽登山靴ブランド。デクスター・シューズ会社のハイキング・ブーツ部門がこのミロ・ハイキング・ブーツである。	(不明) 旧所在地：Boston, Massachusetts
Moore & Mountain	トラッドな登山用品メーカー。とくにインシュレーション技術に秀れ、クライミング・シューズはヨーロッパ製にヒケをとらない。もちろんバックパック、ダウン製品も立派なものばかりである。	(不明) 旧所在地：Concord, Massachusetts
Mountain Product Corp.	本格的な北欧のダースダウンを使っているダウン・ウェアがある中級品ギアメーカー。	(売却) 旧所在地：Wenatchee, Washington
M. S. R.(Mountain Safety Research)	本格的なクライミング用品の製造がメインであるが、アウトドアライフ・ギアにもシビアーな姿勢をみせる。新製品開発に熱心で良いものが多い。マジメで立派なメーカー。シアトル派の雄。	(吸収合併) http://cascadedesigns.com/msr
NIKE (Blue Ribbon Sports)	W・パワマン考案のワッフル・ソールでアメリカを席捲したトレーニング・シューズ・メーカー。ヘビアイ派にはクレープ・ソールのレザー・コルテッツが最適。日本でも安く買えるようになった。	http://www.nike.com/
The North Face	日本でも、近ごろよく見かけるが、登山用品やバックパック・ギア、とくにダウン製品とパック類、寝袋、テントに力を注いでいるバークレー派。新開発のバックマジック付フレームが話題。	http://www.thenorthface.com/
Olsen Knife Co.	南部の量産ナイフ・メーカー。ハンド・メードが売りもので、最近ではリル・ブラッスィというフォールディング・ハンティング・ナイフを売り出している。各種コンパスもある。	(廃業)

The Orvis Co.	フライ・フィッシング・ギアを含む、すべての釣具のトラッドなメーカー。釣具の他に、アウターシャツやフィッシングベストなども作るが、日本で有名なのはバッグである。	http://www.orvis.com/
Palco	イースト派のキャンピング・ギア・メーカー。折りたたみ反射式オーブン、トースター、ポータブル濾過装置など楽しい道具を作っている。アックスやフォールディング・ソーも多い。	（不明） 旧所在地： Oshkosh, Wisconsin
Pendleton Woolen Mills	ヘビーデューティー・ウェアのアメリカでもトラッドなメーカー。ペンドルトン・クラシックと聞けば、あの格子縞が思い出されるほど、日本でのポピュラリティは高い。	http://www.pendleton-usa.com/
Peter Storm Waterproofs Ltd.	防水セーターやレインギアを開発するイングランドの専門メーカー。新しい防水素材"バクフレックス"を使ったレインスーツは、通風可能なものとして、注目されている。	（ブランド売却） www.blacks.co.uk www.millets.co.uk
Pivetta	イタリアの技術で人気がある。クライミングブーツはいうまでもないが、軽量のハイキングブーツ"ピベッタ5"はシームレス、パッド入りタングでデザインも美しく、トレイル・ウォーキングによし。	（不明） 旧所在地： Berkeley, California
Quabaug Rubber Co.	アメリカにおけるビブラムソール製造のライセンスを保有しているのはこのゴム会社。アメリカ製登山靴、バックパック用ブーツなどのビブラムソールはすべてこの会社の製品なのだ。	http://www.quabaug.com/
Red Wing	アメリカのヘビーデューティー・ブーツを代表するトップブランド。ワークブーツはレッドウイング、スポーツブーツはアイリッシュセッターがブランド、登山靴はバスク印だ。	http://www.redwingshoes.com/
R. E. I. (Recreational Equipment Inc.)	日本でもR. E. I. CO-OPでおなじみのアウトドア4大産業のひとつ。アウトドアギアならばなんでもこいの感じ。ナイキ、ケルティー、ハーマン、ウールリッチのものも取り次ぐ。S. F.、L. A.にもある。	http://www.rei.com/

Rivendell Mountain Works	ユニークでかつ優秀な設計のBP用品を開発する会社だ。ドン・ジェンセン考案のジェンセンパックや2人用テント"ボンブ・シェルター"など傑作が多い。	http://www.rivendellmountainworks.com/
Santa Rosa	レッド・ウィングにつぐウェストのワークブーツ、スポーツブーツのメーカー。スポーツブーツやハイキングブーツの他絶縁ブーツやロガーブーツ（木こり靴）まである1906年創業の老舗。	（Hermanが吸収）
Sierra Designs	アメリカや日本だけでなく、広く世界中に、あの60／40マウンテンパーカで名を成した、バックパック・ギアとアウトドア・ウェアの総合メーカー。バークレー派。	http://www.sierradesigns.com/
Silva	トレール・ウォーキングやサバイバルのギアとして欠かせない本格的高級コムパスのメーカー。世界的にあまりにも有名。本社はスウェーデンにある。	http://silva.se/
Ski Hut	トレイルワイズの商品を扱っている全米唯一のリテイル店。アウトドア・ギアやダウン製品の他に、カヌー、カヤック製造、販売、教室開催などバークレーで孤独のツッパリ・ヘビアイ・ショップ。	（廃業）
Snowlion	20種類にもおよぶ用途別寝袋をはじめ、本格的登山家の経験から、性能本位の登山、BP、クロスカントリースキーなどのギアをつくるバークレー派の新進のメーカー。	（廃業）
Stag	ノースウェスト派アウトドア・ウェアとバックパッキング用品のメーカー。もっとも売り物にしているのは、ダクロンのファイバー・フィル製品である。トレイル・ウォーキングに力を入れている。	（不明） 旧所在地： Portlnd, Oregon
Sunbird	ローディングしたまま地図がとり出せたり、どこからでも開閉できるジッパーなど、工夫を加えたユニークなバックパックを売るウェスト派のメーカー。	（廃業、創業者がその後グレゴリーを設立） http://www.gregorypacks.com/

Thermos (Division of King-Seeley Thermos Co.)	マホービンといえばターモスというぐらいアメリカでは有名の断熱器具メーカー。	http://www.thermos.com/
The Touring Cyclist Shop	バイクパッキング用品のメーカー。ここの目玉商品はオリジナルのTCパニアース。パニアースがそのままフルフレームのバックパックになるアイディア商品。	（不明） 旧所在地： Boulder, Colorado
Trailwise	独自のポリシーを持って登山、クロスカントリー、バックパック・ギアを設計しているバークレー派のメーカー。スキーハットと同系でリテイルは同店のみ。	（廃業）
Universal Field Equipment Co.	"ユニバーサル・ロードマスター"の名で知られるバックパックをはじめ、バックパックやキャンピング・ギアのウェスト派の中級メーカー。	（不明） 旧所在地：Mira Loma, California
Wilderness Experience	普通は2重縫製どまりなのに、大切な部分の縫製は6重というていねいなつくり方をしているバックパックの専門メーカー。ウェスト派で、がっちりした製品をつくっている。	（ブランド売却） http://www.sanshin-seishoku.co.jp/
Wilderness Camping Outfitters	ウェストのユニークなメーカー。A16マークのナイロンシェルと最高級H. G. A. グースダウンが売物。ヒップハガー・バック、ハーフ・ドームのテント、水筒と枕をかねたウォーター・ピローも面白い。	（不明） 旧所在地：El Cajon, California
Woolrich	衣料品メーカーだが、アウトドアのフィールドに強く、ヘビーデューティー・ウェアではアメリカでも有数。ウールシャツやネルシャツ、キャップ類、トレイルパンツなと、種類も多い。	http://www.woolrich.com/

*原著のリストに掲載された住所は変化が激しく、現在ではwebカタログが主流となっているため、2013年現在存続しwebページを持つブランドについてはアドレスを掲載しました。また、廃業、ブランド売却など、その後の経過がわかるものはその旨記載しました。（編集部）

ヘビアイ大図鑑

無数にあるヘビアイ道具・ウェアを厳密にセレクトし、その特徴と魅力をここに紹介

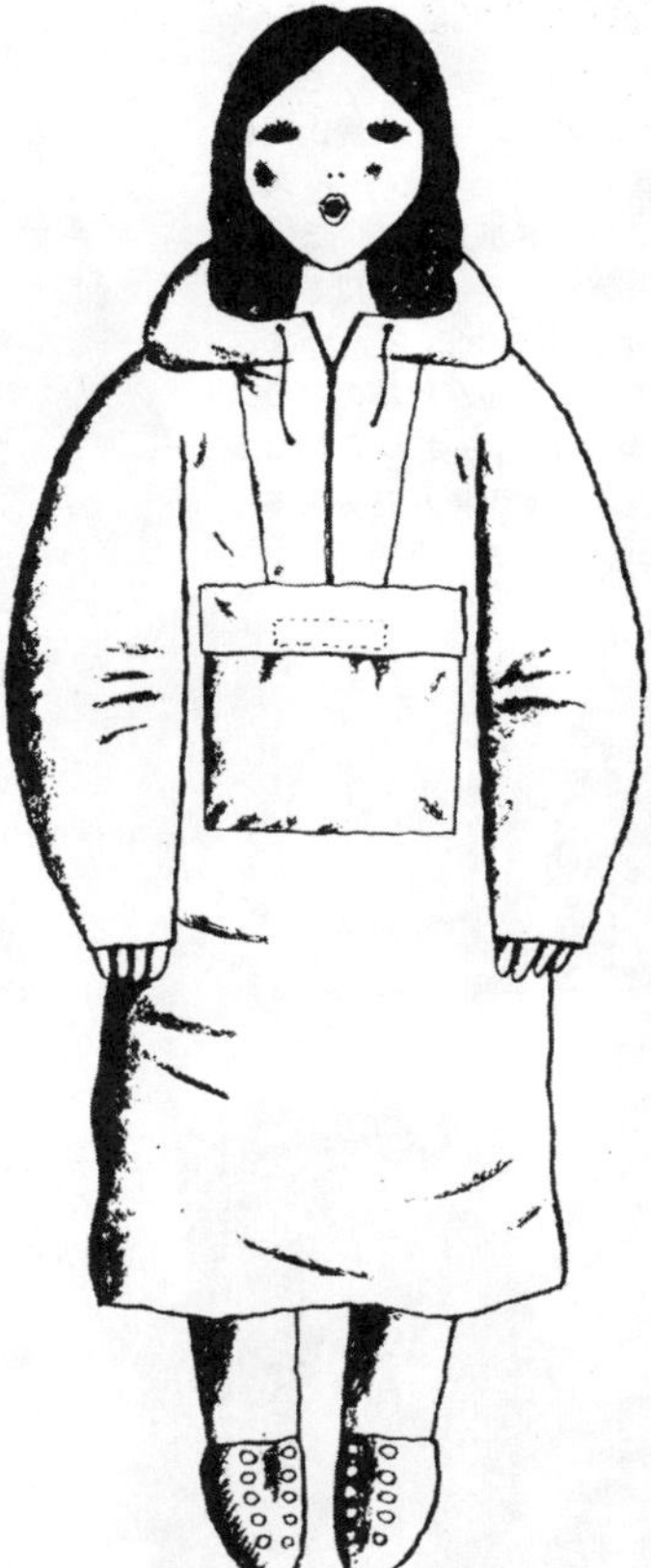

●デイパック
ジェリーの“クライミング・パック”。デイパックのなかでいちばん大きいのが特徴。スキー、登山用に最適。2室式でショルダー・ストラップにはパッドが入っている。底にはヘビーデューティーな皮を使用。重量は1ポンド8オンス。ウエストバンドのバックルが独特のプラスチックス製さし込み式。下のコンパートは羽毛服や雨具が充分入るくらい大きい。ヘビアイ小道具のマストである。

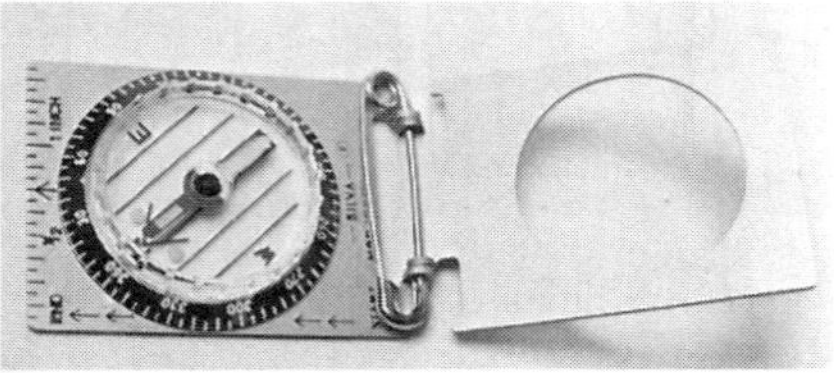

●コンパス
スウェーデンの世界的コンパス・メーカー、シルバ社の“ハンツマン” フォールディング・プレートの部分に安全ピンがついていてジャケットにセットできるようにした点が合理的である。プレートには日時計とスケールもついている。

●クライミング・シューズ
“ガリビエール・スーパー・ガイド” どちらかというと歩きには向かずロックまたはアイス・クライミング用。アッパーは一枚皮。

●バファロープレイド
ウール85%、ナイロン15%の中量級アウター・シャツ。ロングテイル、BD式フラップつき胸ポケットで、赤と黒のこれがアメリカでは伝統的。

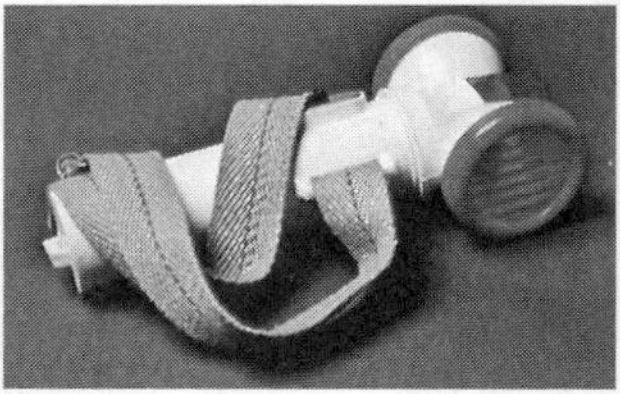

●サイクリングランプ
自転車アクセサリーとして必携。レッグ・ライトとも呼ぶが、二の腕につけても足首につけてもよい。両面平行光レンズ式で一方は赤色。把手の部分に単二電池が２個入る。夜間走行の安全用。

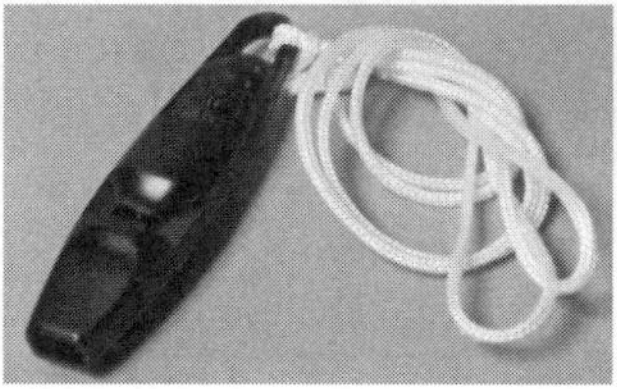

●ホイッスル
マウンテニアリングにおけるサバイバルギアのマスト。非常の際に助けを呼ぶ“呼び子”で曲吹きすれば鳥寄せにも使える。街でこれを首からぶらさげるとヘビアイ・アクセサリーに早変わり。

●サイクル・バッグ
教科書などを入れて通学するための自転車用背負い袋。ロード・レーサー・タイプが普及したために最近では背負いヒモが長くなっている。アメリカでは本屋とか自転車屋の名前入りのものが多くて、この“コディーズ”はバークレーの本屋さんのもの。自転車ヘビアイマン必需品。

●ラガーシャツ
（ニュージーランド）

ニュージーランド・タイプの特徴は衿あきが1枚のコットン・テープでゴムのボタン1コで止める式。カラーは1枚仕立で台えりがついていない。

●ラガーシャツ（イングランド）
比翼前でボタンが3コ、衿元いっぱいまで閉まるつくり。他にニュージーランド・タイプとの違いは台えりがついていることである。

●ジムショーツ
トレーニング・ジェネレーションのシンボル。ナイロン製とコットン製があって、一般トレーニングにはコットン、各種スポーツのプラクティスにはナイロン製が便利だ。

●ブルックス・ビラノバ400
アメリカのトレーニング雑誌"ランナーズ・ワールド"の76年度のランクで第2位になったブランド。底はサクション・タイプだからアスファルト、コンクリート向き。改良を加えた401番も大人気。アディダスをまき返す期待のアメリカ製トレーニング・シューズ。

●ニューバランス 320
“ランナーズ・ワールド”76年度ランクのナンバー・ワン。その秘密は甲の部分だけに絞ったハトメ４つのデザインにある。これだと足幅を圧迫しないのではきやすく、ワン・タイプで細型にも幅広型にもフィットする。ソールは波型だから土の上を走るのに向く。カカトの部分はカットしてある。

●トート・バッグ
トート、すなわち持ち運び用のバッグで、もともとボートマンの使っていた物運び用のバッグ。今は一般に、船からキャビン、車からテントへ、といった簡単な移動運搬に用いる。

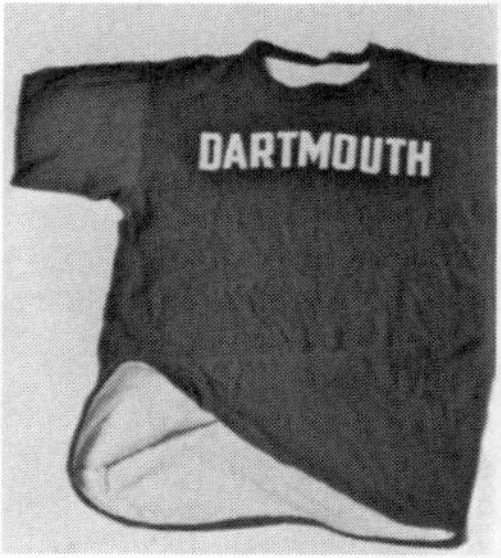

●リバーシブルＴ
表も裏もコットンのメリヤスで色がわり。アメリカのどこの大学のコープでもみかけるスクール・ネーム入りアイタムの代表格。片面にあきたら片面を出すというだけでなくダブルであるための保温性やＨＤさが大切なところである。

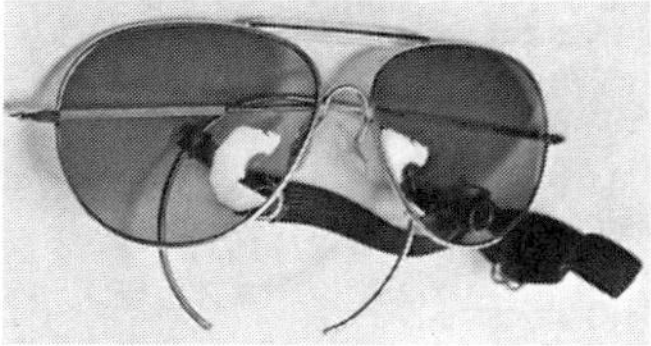

●スポーツマン・グラス
ヘビーデューティーなフレーム付きでナス型のアウトドア・スポーツ用メガネ。アセ止めがついている。ゴムのストラップはオプショナルである。

●シエラカップ
アウトドアズマンのシンボルのようなキャンピング・カップ。鋼鉄製。かのジョン・ミュアーが創設したシエラ・クラブ（アメリカの登山団体で最近は環境保護団体のようになっている）の制式カップとされているのがコレ。直接火にかけることもでき、熱いものを入れても、縁につけられた把手と一体式のワイヤーに放熱効果があるので唇を火傷しにくくなっている。上部口径４½インチ、底部直径３½インチ、深さ１¾インチで積み重ね式。重量３オンス。

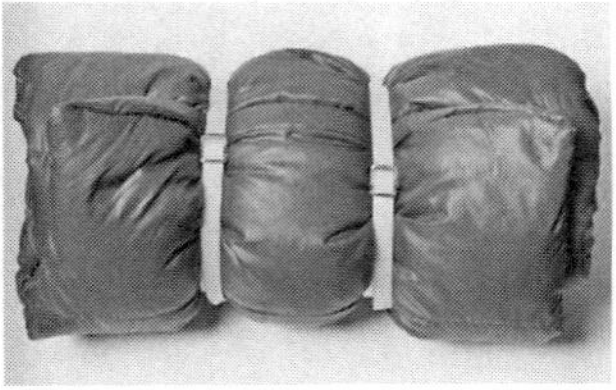

●スリーピングバッグ
ヘビアイ青年の旅には不可欠なもの。羽毛入りと合繊綿入りがあるが、これは羽毛入り。形式は人形型（マミー）と封筒型（レクタングラー）に大別され、山には前者、旅には後者が向いている。

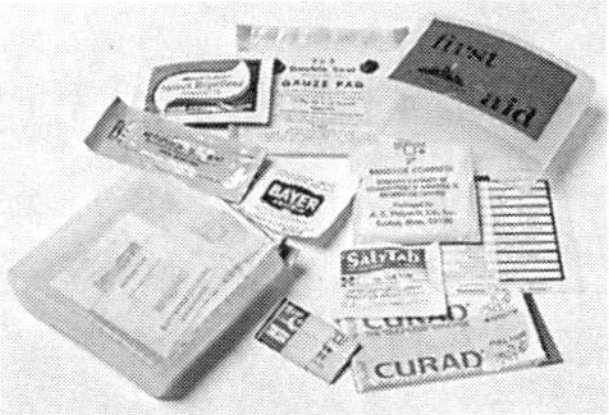

●ファーストエイド・キット
旅行中のトラブルに救急対処できる必需品がコンパクトにおさまっているのが立派。アスピリン、絆創膏、ガーゼはもちろん化膿止め、虫よけ、応急処置の一覧表、水のこし方の説明書まである。

●デイパック
やや大型のデイパック。下のコンパートは、夏用の寝袋がうまくおさまる。ボトムについたダブルのヒモ通しで、かさばるもの、長いもの、釣りのロッドや三脚などもつけられる。日本にもいいデイパックが出現した。

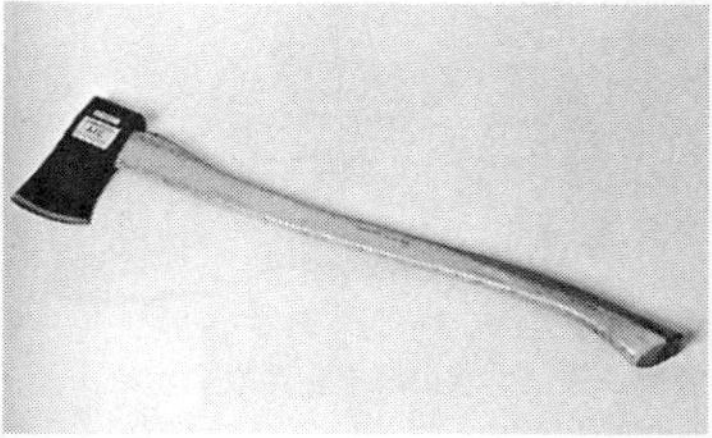

●アッキス
アッキスには片手と両手斧とがあり、これは両手斧。柄はヒッコリー製。使用しない時は木などに打ち込んでおき、人に手渡すときは刃を手前に。

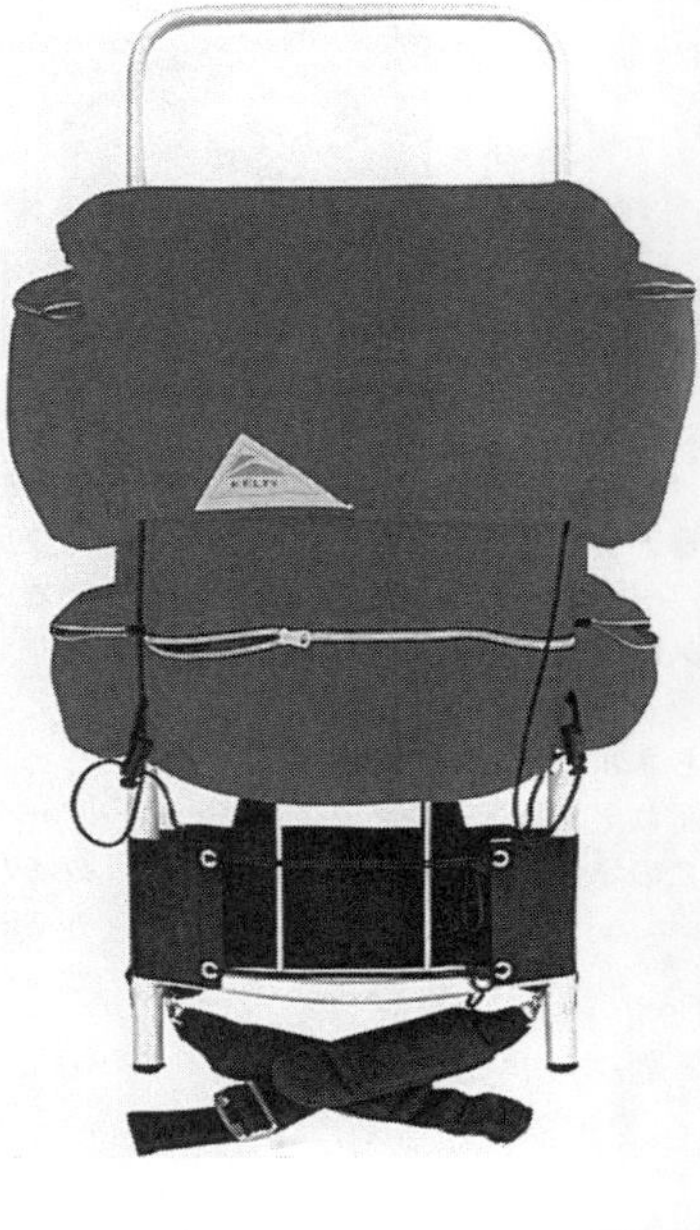

●フルフレームパック
フルフレームパックといえばやはりケルティーが本命。これはなかでもベーシックなモデルD4。上下２コンパートで４ポケット。パッキング・システムの知識がないと、宝のもちぐされになる。

●水筒（ウェスターン・スタイル）
内側に錆びず水の味を変えないポリエチレンの“マルレックス”がコーティングしてある。外側に張った北米先住民風の毛布はぬらすことで冷却効果を出すためのもの。ヘビアイ徒歩旅行必需品。

●フィールドキャップ
アメリカ人が伝統的に好む典型的なアウトドア・スポーツ用のキャップである。軽量のフラノ製でベンチレーターのハトメがついて、後頭部にはゴムをつけてアジャスタブル式。色を楽しむもの。

●アクリルうらボア・ジャンパー
スポーツマン必携のウインドブレーカーにはひとえと、うらネル、うらボアとあって、それぞれ状況に合わせて着る。この場合はアクリルうらボア。

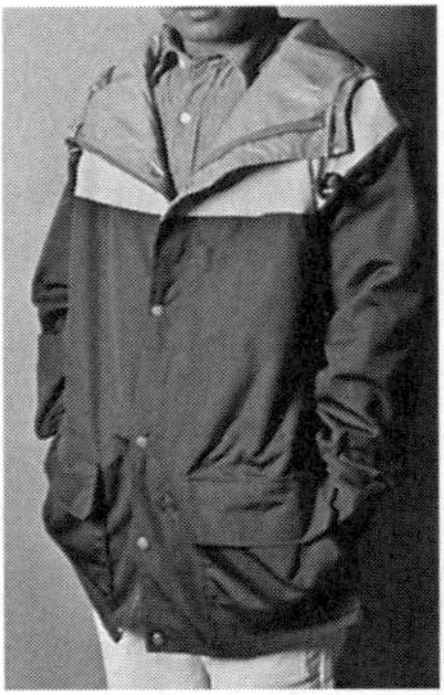

●65／35軽量マウンテンパーカ
マウンテンパーカといえばＨＤウェアの代表作で今やヘビアイ青年のマストだがこの場合はフードから上半身にかけてがナイロンツイルの防水地でその他がポリエステル65％コットン35％のＨＤ地というツートン仕様の軽量パーカである。

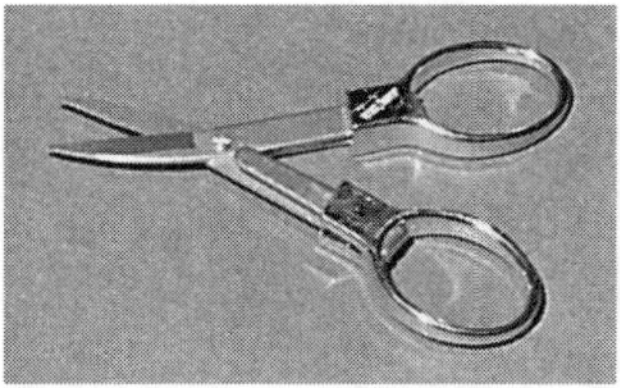

●フォールディング・シザース
主にフィッシング用の小型折りたたみ式ハサミ。この形式のハサミは安物でたくさんあるが、これは良質スチールを素材にしたホンモノ。日常用としてポケットに入れておいても利用価値は高い。

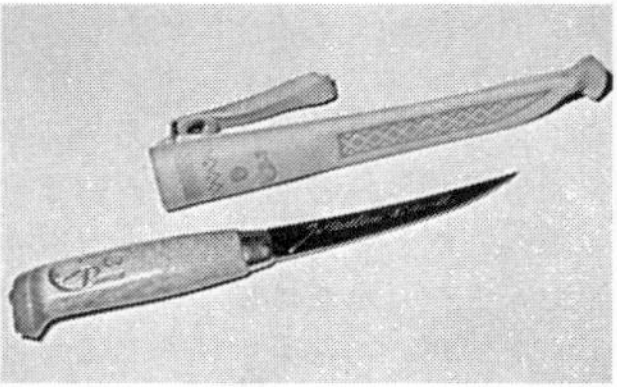

●フィッシング・ナイフ
フィンランド製のラパラ・ナイフ。魚の身をひらくためのものだが、刃が薄いので骨など切ろうとすると簡単に刃こぼれする。スウェーデン鋼使用の刃の曲線デザインは台所用としても機能的だ。

●フィッシング・シャツ
オール木綿ポプリン地で暖かく湿った天候でも心地よい。エポーレット付き、大型フラップ・ポケットで、スクエアーのロング・テイルでゆったりしているから活動的だ。

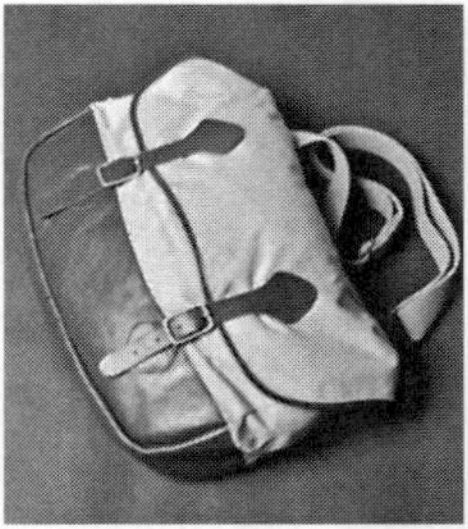

●ハバーサック
HDな防水ショルダーバッグ。3本よりコットン・ツイル地を使用し、中はゴム張り。スナップ止め式バックポケットとカバー・フラップに地図入れがある。

●フィッシャーマン・セーター

オリジナルはアイルランド。脱脂した羊毛を紡ぎ、それにあらためて羊またはアザラシの油脂をしみ込ませて編んだヘビーデューティーな厚手のセーター。水をはじくのはいうまでもないが、たとえ水びたしになっても体温を外に逃さないというウールの特性、断熱効果をもっている。もとはイギリス北部の漁民の仕事着だったものだが、編みのパターンがファッショナブルでアウトドア全般に向いているため変らぬ人気を保っているヘビーデューティー・トラディショナルの必須アイタム。色はキナリだけ。同じ素材で、同じ編みパターンのキャップもヘビアイ的。

●スノモブーツ

ソレルブーツ、いわゆるアークティック・ブーツをスノー・モービル運転用にアッパーをナイロンに変え、ヒモ式をジッパー式に変えた二重断熱の防寒靴。インナーはフェルトでインシュレーションは完ぺき。底は波型のパターン。靴を二足はいたようなものだが足の動きにフィットして比較的フレキシブルな靴。

●パーカ（ナイロン・シェル）

いちばんスタンダードなダウン入りパーカがこれだ。アウターシェルはリップストップナイロン。ハンドウォーマー併設の大型のカーゴポケットが二個。前はジッパーとスナップのダブル。この形式は米国好みのダウンパーカの典型的なものである。内側にもポケットがあり、ダウン入りのフードが丸めて入っているのが普通。

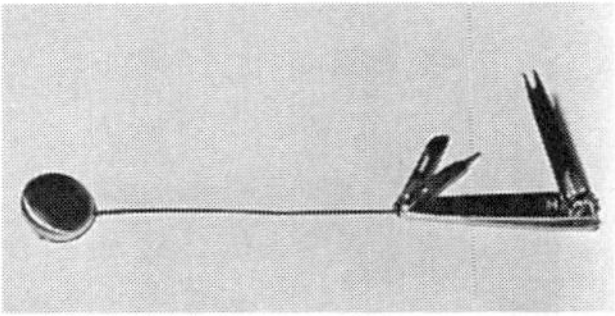

●リトリーグとパルクリップ

必要な長さだけひっぱり出してパルクリップで糸を切ったり、もつれをほぐしたりして、用が済んだらそのまま離すと元に戻るのがリトリーグ。

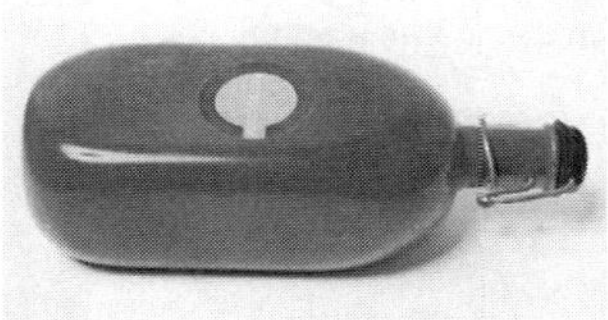

●水筒

グランテトラ社の水筒。中の水がぜったいこぼれないパテント保持。内側はセトビキだから、おいしい水を入れておいても味がかわらないし、においがつかない。アウトドア・ライフには最適。

●ミノックスC

重量99g、レンズ15mm、F3.5、フィルム8×11、フィルム感度範囲ASA6－400、シャッター1/1000～7秒などと立派な性能を備えた超精巧カメラ。最新型35ELも超軽量で万能のニクいカメラだ。

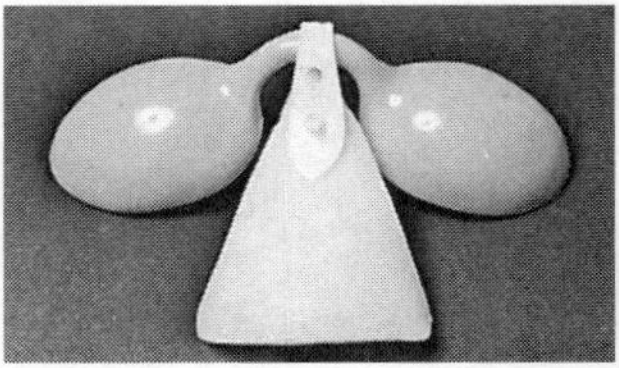

●アイマスク

目の日焼けよけと鼻の日焼けどめをくっつけたもの。海でねころぶときにマブタが日焼けしないようにのせたり、登山やスキーをするのにハナが灼けないために。べつべつに使ってもいいのだ。

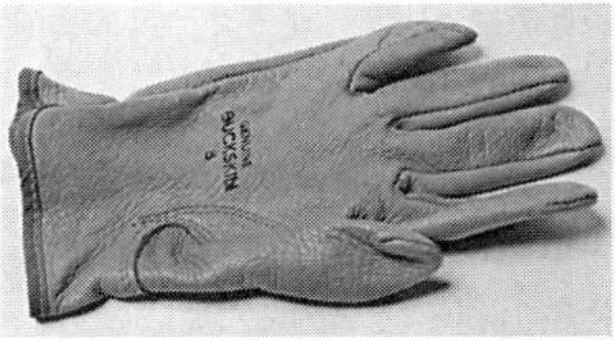

●バックスキン・グラブ

カウボーイが使うグラブと同じものだ。指先のカンカクがとてもデリケートなのに、マテリアルとつくりはヘビーデューティーの一語につきる。

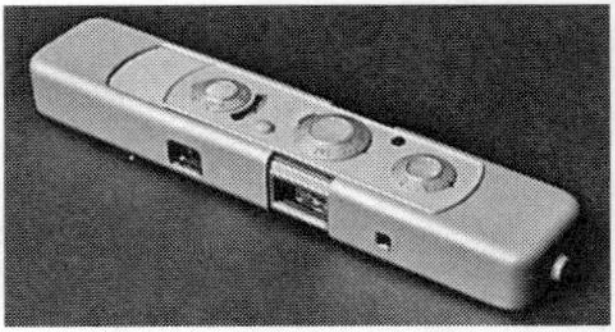

●バブアジャケット
英国アウトドア・メーカーの大老舗、王室御用達の頑固派ヘビトラ、バブアのオイルスキン製フィッシング又はレイン用のジャケット。素材は貴重なエジプト綿の織り地で、それにワセリンと獣脂でガッチリ防水加工を施してある。バクフレックスの開発のヒントであり、マウンテンパーカのデザインの原型になったヘビトラの源流である。

●耐水・耐風・安全マッチ
有名なオーストラリアの防風・防水マッチのメーカー、“ブライアント＆メイズ”の製品。使い方は普通のマッチと変わらないからメタル・マッチよりも手軽で簡単。サバイバル・ギアとして不可欠である。

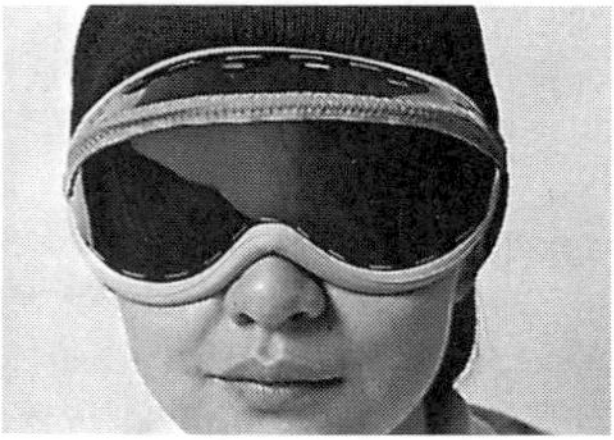

●アウティング・メガネ
アウトドア・スポーツならなんでも使えるメガネ。折りたたみできるし、すこしぐらい無理してもこわれず、ポケットやバッグにも簡単に入る。

●ダッフルバッグ
HDキャンバス地で、2WAY ジッパーにストームフラップがスナップダウンでついている。フットボールの道具一人分入る　国際線の制限一杯の Size。

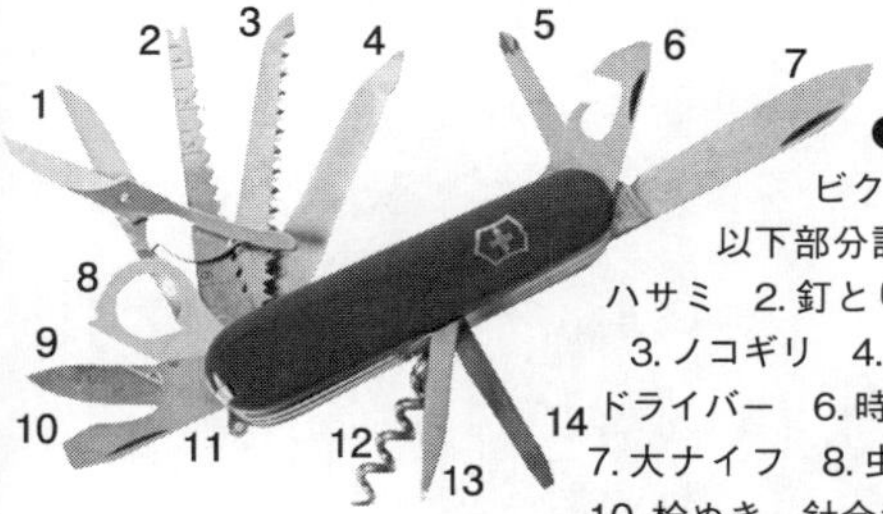

●スイスアーミーナイフ

ビクトリノックス社の本命版。以下部分説明に入る。1.よく切れるハサミ　2.釘とり、うろことり、ものさし　3.ノコギリ　4.爪そうじ器、ヤスリ　5.＋ドライバー　6.時計ドライバー、カン切り　7.大ナイフ　8.虫メガネ　9.ペンナイフ　10.栓ぬき、針金サビおとし、－ドライバー　11.つまようじ　12.コルク栓ぬき　13.薄型ドライバー　14.錐　この他にうらにかくれてみえないがピンセットがはめ込み式になっている。ノコギリは本当によく切れるものだし、ナイフの切れ味のよさはいうまでもない。原型はスイス・アーミーの兵隊が常備していた４種、６種程度のポケット・ナイフであったが、いまではこの“チャンピオン”のようにアウトドア万能の多目的ナイフに発展して人気を呼んでいる。すべてを使いこなすにはナイフ自体をよく知り、またアウトドアの経験も豊かでなければならない。そうすれば23通りにも使えるというダイゴ味がわかるはずである。

●ボート・モカシン

伝統的なモカシン構造にすべり止めのヘリンボーン・カットのソールを採用したヨットマン用。ヒモ式とタッセル式がありアルミのハトメ付が機能的。

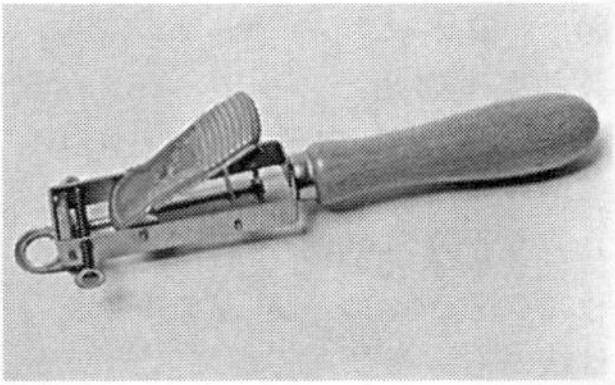

●火つけ器

金属を使った火打ち石式ライター。キャンピングストーブの点火にはこのリモコン安全ライターが最適。水にぬれても発火するのがＨＤたるゆえん。

●スリングショット
つまりパチンコだが、命中率は抜群。食糧を失ったときのサバイバル・ギアとして使うものとされているが、自然保護のヘビアイ青年は動物を撃とうなどと思ってはいけない。標的を撃とう。

●シャモア・クロス・シャツ
高地に棲息するセームというかも鹿の皮のようなしなやかな風合のコットン地を使ったアウター・シャツ。ヘビアイのマストのひとつである。

●ノーフォークジャケット
英国東岸の州、ノーフォークが発祥地のコーデュロイ地カントリー・ジャケット。4個の前ボタンは皮。パッチポケットはフラップ付きでウエスト・ベルトを通すループは後から肩を通って前にステッチされたバーチカル・パネルと兼用になっているのがオーセンティック。レーヨン・ラインドもうらボア式もある。ニッカーズと合わせるのが英国式だが、単独でのタウン着も充分ヘビトラだ。

●クロカンスキーブーツ
クロカン・ツーリング用のブーツ。深めで防水加工がしてあり、前はダブル締めになっている。インナーはボア張りで長時間のツアーでも平気だ。

●サバイバル・キット
山で遭難したときに必要なものがコンパクトに納まっている。ローソク、マッチ、砂糖、塩、紅茶、笛、ワイヤー、ビニールテント、ブイヨン。そしてフタの裏がシグナルミラーになっている。

●ニッカ・ボッカー
超ヘビーのツイード地のトラッドなスポーツ・パンツ。15％ほどナイロン混紡だとさらにＨＤだ。尻の部分は二重で酷使に耐える。膝のクロージャーはボタン式とベルクロ式とバックル式がある。

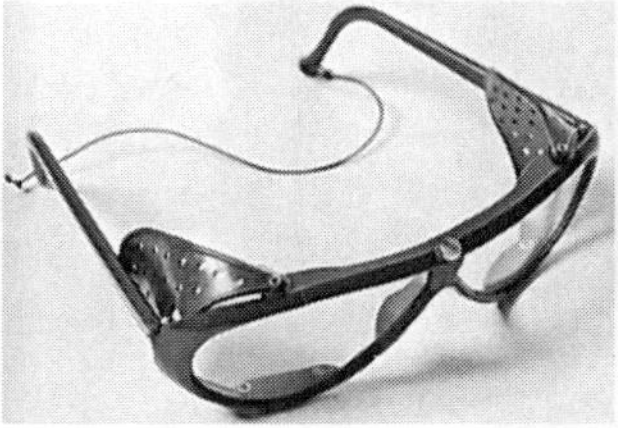

●クロカンスキーメガネ（ガード付）
フレームの部分はねじれに強いポリエチレン製。左右のガードは風防で、中央のビスでレンズの交換ができる。ゴムひも付きだからはずれないのだ。

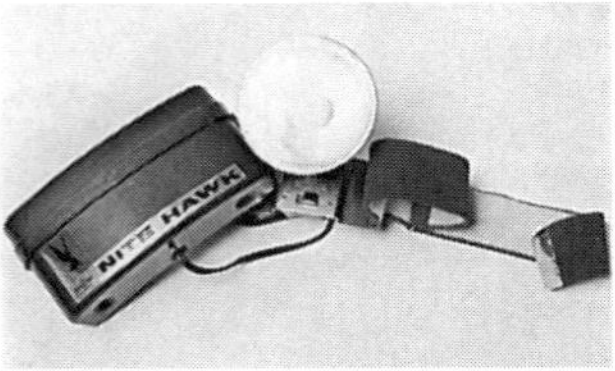

●ヘッドライト
ヘルメットの上からつけて前方を照らすと、ものすごく明るくて、拡散せずスポットライトのようになる。懐中電燈を持つより両手が自由になるから、荷物も持てるしきわめて安全なのだ。

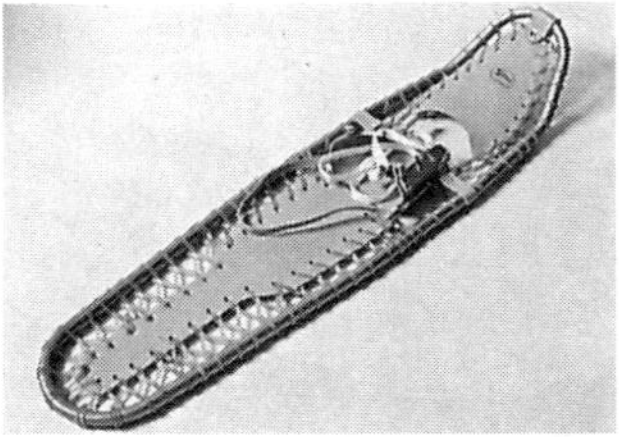

●スノーシュー
パイプはジュラルミン製で、足をのせるところはネオプレンという合成皮革。シェルパデザイン社の現代的なスノーシュー。日本の冬山の生活で使えるかな。

●ダウンパーカ
表地はかの60/40シェルを使用しているので、ナイロシ・シェルよりも丈夫でキズがつきにくい。そのなかにリップストップナイロン・シェルのダウン・バッフルがある。ナイロン・シェルのみよりもあたたかく、水に強く、汚れが目立たない。フードもダウン入りでスナップ式だからとりはずし可能。

●スノーシュー
紀元前4000年から中央アジアで雪上歩行器として使われたスノーシュー。これは、日本で買えるようになったカナダのケベック社製。ベアーポウ（熊の足）タイプを細長く改良して、安定性がある。荷物を背負ったり、森林の中を歩くのにいい。周囲はピッケルシャフトにも使うアッシュ、レースは革。長距離をしかも早く歩くには軽いビーバー・テイル・タイプの方が適している。

●ガーバー・クラシック

米国量産ナイフ・メーカーのメジャー、ガーバー社のフォールディング・ナイフの新製品。ストッパー付き。ボルスター（把手の金属部）は真鍮。ポケット・ナイフとしては一番小さいタイプで、実際のハンティングでも、使い方さえ正しければ猪に攻撃されても充分殺傷能力がある。アメリカ人の80％がなんらかのポケット・ナイフをもっており、なかでもガーバー・クラシックは普及度が高い。シース（鞘）付きだが、このくらいのフォールデイング・ナイフだったら必要なものではなく、じかにポケットへ入れてもよい。グリップは木張り。スイス・アーミーとともにアウトドア・ギアのなかのマスト的アイタムである。

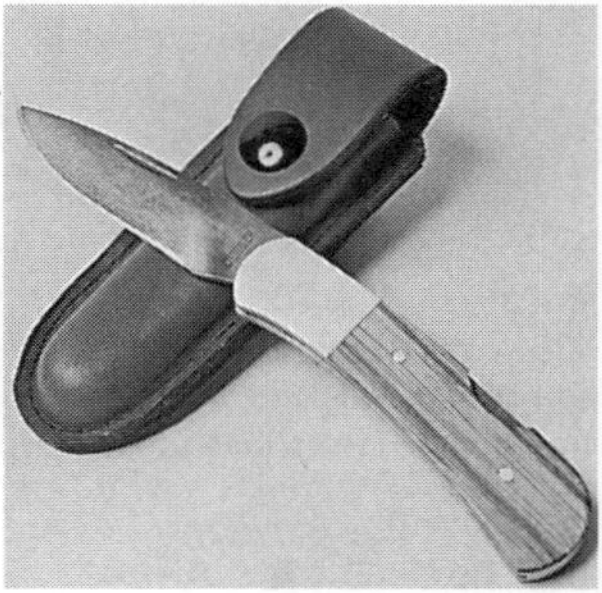

●ハンティング・グラブ

5本指の手袋にも、指のくっついたミトンにもなる。もともとはハンティング用のグラブだが、サイクリングやキャンピングなどアウトドア・ライフすべてにいろいろ応用が効く。指先に注目。

●マウンテンパーカ

フードのつけ根にドローコード、これでフィット。ポケットはすべてプリーツが入っているので物がたくさん入る。フラップやそで口はベルクロ止め。バックポケットは地図などを入れる。ウール・ラインドなのでぬれても中まで浸みない。

●アディダス SL72
トレーニングからレースまですべての目的にかなう、サイズ9で片靴9½オンスの軽い運動靴。中のアーチクッションは取りはずし可能だし、3本線とアキレス・カウンターは螢光塗料で光るのだ。

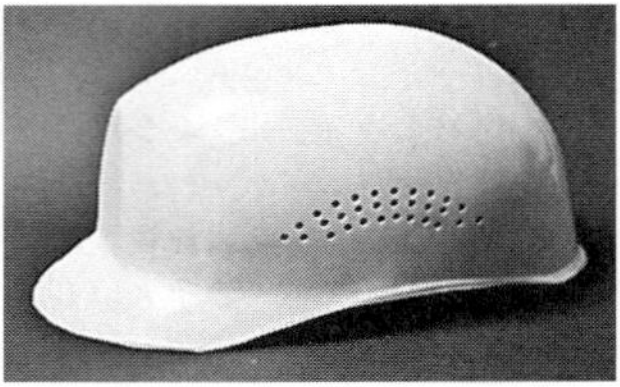

●スポーツ・ヘルメット
バイクや自転車などにむく軽いスポーツ用のヘルメット。山歩きにも使える。軽量だからうっとうしくないし、耳のところのベンチレーターで通風がよく暑くなく、中のコンディションは最高。

●アディダス・カントリー
レザーアッパーのプライマリートレーニング用。つま先とかかとはまきあげ式で、土ふまずにはとりはずしできるスポンジのアーチクッションがついている。サイズ9で片靴11オンスは普通の重さ。

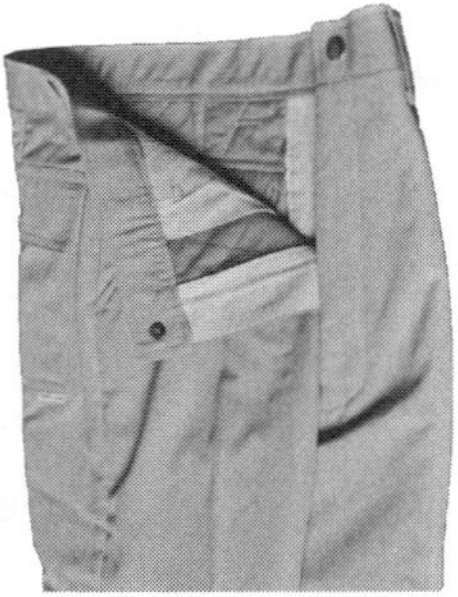

●スーパー・ウォーミング・パンツ
表地はポリエステルとコットンの混紡で、パンツの内側にはポリエステルファイバーのキルティングが施されているから、ものすごくあたたかい。冬のアウトドア・スポーツならばこれが最高だ。猟師やつり人、富士山の観測員にも勧めたいし、街ならフットボールやアイスホッケーなど、冬のスポーツ観戦に最適。パンツのお尻にはパッチ&フラップでスナップダウン式ポケットがある。このパンツはスポーツシャックのオリジナルだ。

●スパッツ

雪の中を歩いたり不整地を登降したりするときなど雪や水や砂を靴に入れないためにある現代版ゲートル。ピッタリとストラップするのが大切。長ズボンなら、まずスソを靴の中に入れること。

●うらネル・ジャンパー

表地がナイロン、裏地がコットン・フランネル。街着にもいいし、アウトドア用軽装にはピッタリ。

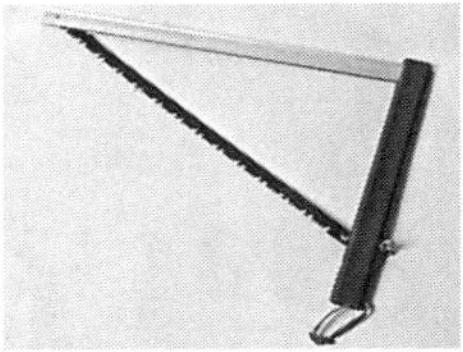

●スベンソー

ねじをとって折りたたむと一本になり、刃は中にはいってしまうから安全。持ち歩くのに便利だから木を切らなければならないアウトドア・ライフやキャンピングに一本は持って行くべきものだ。

●デイパック

これは一室式のデイパックだ。この式は本やノートをつめる通学などに向く型で、だからピッケルキーパーなど登山用の仕様ははぶいてあるが実用価値の高いベーシックな設計でウエストバンドつき。底部は二重でHDである。国産。

●ローラーバックル・ベルト

オイルタンド加工していない厚手の牛皮にローラー・バックルという組み合わせがHDベルトのマストたるゆえんだ。

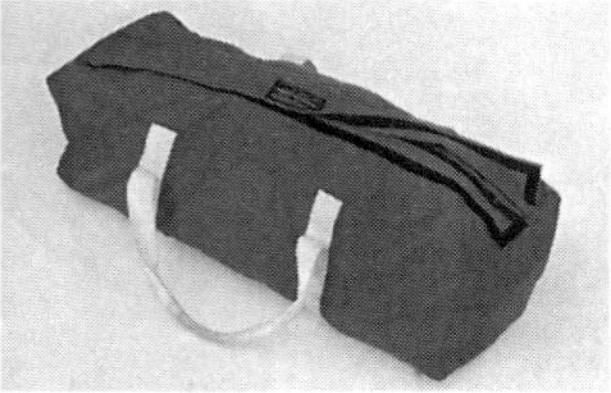

●ダッフルバッグ
ナイロンダックにウレタン防水がしてあるからぬれても大丈夫。両端からあけられるツーウェイ・ジッパー式でフラップ部もすべてベルクロ・クロージャー。空だと軽いが、相当な量が詰められる。

●タイコード
ボートやクルマの屋根にバイクやカヌーを載せ固定するための強靭なゴムひも。原理は原始的だが、このしめつけ精神はＨＤの真骨頂だ。

●メイン・ハンティング・ブーツ
Ｌ Ｌ ビーン氏が1912年に開発した大ＨＤブーツ。アッパーがカスタム・メイドの耐水牛皮でボトムは防水、耐オゾン性特殊ラバーを使用。半永久加硫加工のクレープ・ソールなので長くはいてもスリップしない。軽くて足ムレしないし、タングがアッパーに縫合してあるから水の中をザバザバ歩いても大丈夫。開発以来半世紀、かずかずの改良を重ねてきたが、まだまだ手を加え、オール・ウェザー、万能ブーツとしてアウトドア用ブーツの世界に君臨するヘビトラ中のヘビトラ。

●フィルソン・コットンダック・クルーザー
元来は北米先住民手製の毛布地を使った防寒コート。これは前ポケット5個後ポケット1個で前ヨークがそのままポケットのフラップになっている。生地はＨＤなコットンダックで実にフィルソン的作品。

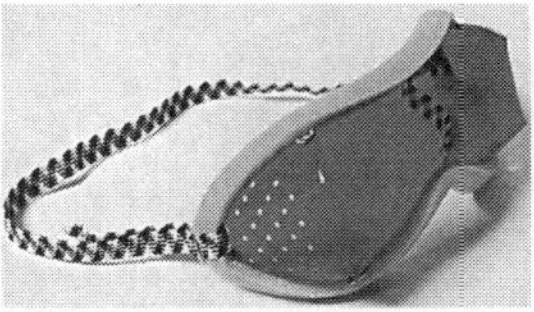

●クルージングメガネ
ボートやヨットなど、海でのアウトドア・ライフに使うメガネ。プラスティックでできているからこわれにくいし軽い。塩水でぬれたってそのままざぶざぶ水洗いもできる。

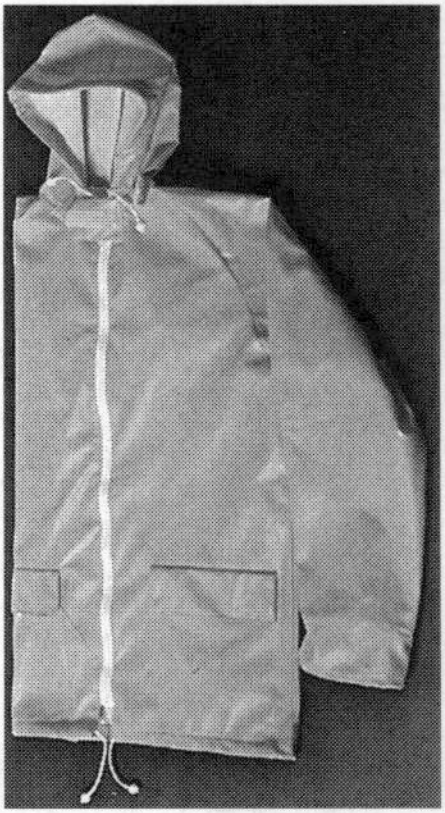

●レインパーカ
セーリング向きにスソが長く、そで口はエラスティック・インナー付き。フードはアタッチ式。デルリンのフロント・ジッパーはガセット（かぶさる式つきあわせ）がついているので防水は完璧。フードとヘム（スソ）にドロー・コードがついていて念を押す。素材はかの有名な防水・通気のバクフレックスを使用。もちろんイギリス製のHDだ。

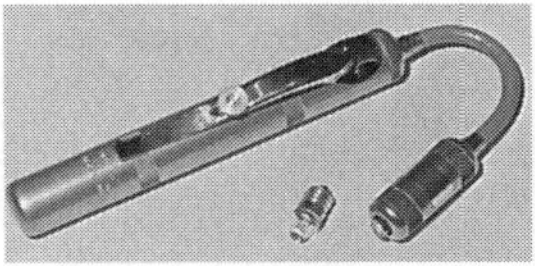

●フレックスライト
アウトドア・ライフにも夜は来る。胸にさし、手元を照らしてメモをとったり、作業をするためのグッド・アイディア懐中電燈。フレキシブルなのでこみいったメカの修理にも大変役に立つ。

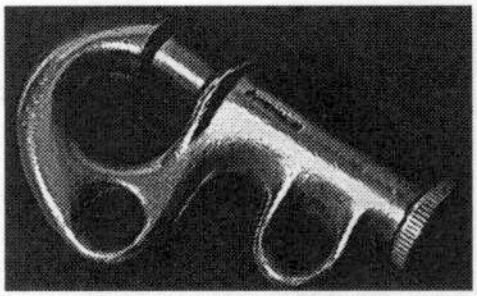

●スナップフック（写真はハンクス）
もとはヨット用の小道具。材料は硬質の真鍮が本物。用途に応じて片あき式、両あき式など多種。スイーベルなどと同様にキーホルダーに使うのがアメリカでの新利用法。

●ホットシート
プラスチックの粒が入っていて保温性にすぐれている。こすってから座るとすごくあたたかいのだ。

●ダウンベスト
ダウンベの代表作といわれるキャンプ7のがこれである。春・秋にシャツの上にレイヤードするのが基本的着方で、マウンパの下に着込むのはさらに機能的なレイヤード・システム。ダウンベの機能的価値を再認識したいものである。

●ポケットストーブ
軽量コンパクトを絵に描いたようなこのストーブ。ボンベをはずしてバラバラにして組み合わせると手の平にスッポリのっかる。だからポケットストーブという。ボンベはブタンガス。全開でつけっぱなしだと40分間燃えている。これ1本で1人1日分の炊事ができてしまう。ボンベのとりかえは簡単だが厳冬期に高山ではボンベ内の液化ガスが凍結することがある。しかしこの機能性はヘビーデューティーそのものである。

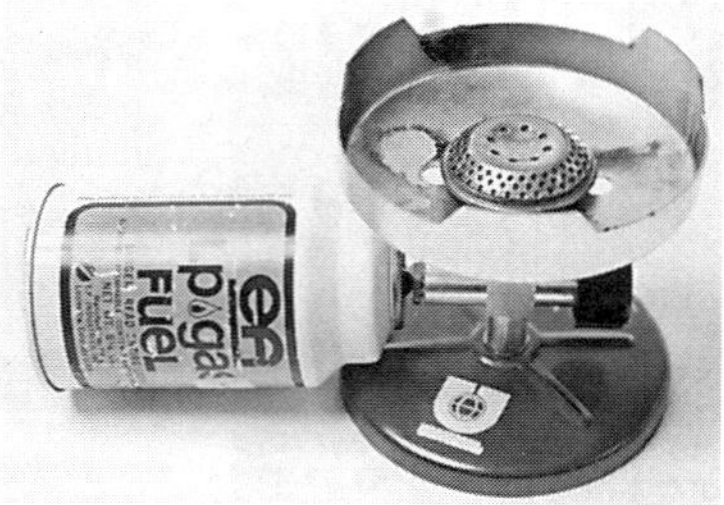

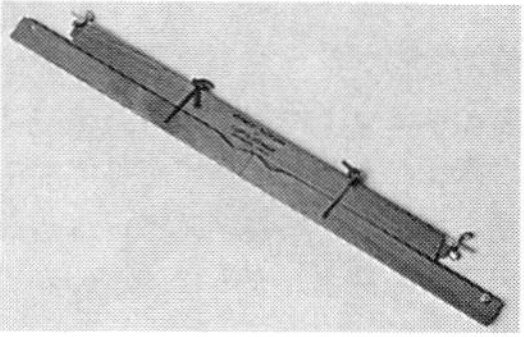

●パックソー
組み立てると四角になるのこぎり。160ページのスベンソーの原型で、刃の入るフレームが金属でなく木でできているヘビトラ・ソーだ。

●スーパーキャンパー
耐熱性が他の4倍もあるという耐酸性ホーロー二重びきカップ。ポケットストーブにこのまま載せても平気な炊事用小型ナベ兼用スーパー食器。

ヘビーデューティーを語る

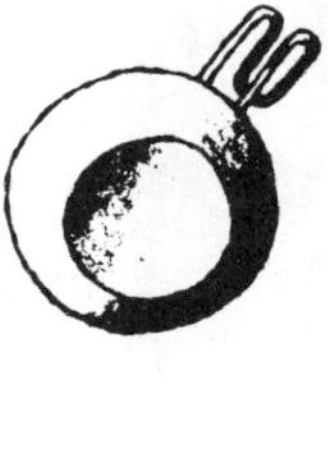

著者が『メンズクラブ』編集長・西田豊穂氏と、ヘビーデューティーやアウトドアライフについて語る対談

フィリピンのジャングルの入口に立つ西田氏

西田豊穂さん。ご存じ『メンズクラブ』編集長。メンクラを四分の一世紀やっている人。まるで編集者らしくなくてどうみても学者か学校の先生な人。そして有名な蝶のコレクター。アイビーのメンクラを作った人。いまアイビーがヘビーデューティーの系譜の中で語られ、またHDがアイビーと同じ風俗体系の中で論じられるとき、あのアイビー時代を作った西田さんとその経緯を明らかにしようと思ったのだ。

一九七七年六月対談

アイビーの伝統とアメリカン・ビジネス

西田　むかし『メンズクラブ』で「旅へのいざない」、ボードレールの詩じゃないけれども、そういうタイトルで、旅の取材をやったことがありますね。これはプレイタウンなんかとはちがって、都会をはなれた土地でなにかおもしろい発見をしようという連載ものだった。そしてその第一回目に小林さんと黒四ダムにいったのおぼえておりますね。小林さんはバーミューダ・ショーツにマドラスのBDシャツといった格好。ぼくもそれに似たような格好だったわけですけれども、あれは何年ぐらい前ですか。

小林　もう十何年前ですね。(笑)

西田　黒四ダム周辺の取材をして、帰りに信濃大町の山岳博物館にいったりしたでしょう。そういう旅をして、それからは小林さんと十何年一緒に旅行したことがないんですね。今度アメリカを三週間いっしょに回ったんですけれども、取材の主旨というか、土壌志向的な旅をしたということでは昔と共通しているというか。

小林　そうですね。ところでぼくたちがこの数年いろいろやって、ヘビーデューティーということばを正面から使ったのは『メンズクラブ』が最初なんですね。それでこんどはこのヘビーデューティーの本ができることになったけれど、この前のアメリカ取材では、ヘビーデューティーのある面での本家、L・L・ビーンなんかにもはじめて行って頂いたわけだし、そのへんのことを逆に感想をおうかがいしようと思ってるんですよ。(笑) どうでしょう。

西田　こんどはいっしょにアメリカの東北部、いわゆるダウン・イーストを回って、L・L・ビーンの取材もしましたけれど、あのまえにハノーバーのダートマス大学に行ったでしょう。ダートマスは、ぼくは三度目なんです。あそこはたしか三泊ぐらいしましたね。最初の日は雨が降って、最後の日は天気よかった。ぼくは、ハノーバーの町に一軒しかない例のトラッド・ホテルの窓からキャンパスを眺めていたんですよ。学生がしょっちゅう通っているわけですが、よく見ていると、昔とはちがって、ワークパンツやコーデュロイ・ジーンズ、レインパーカやマウンテンパーカを着ているのもいるし、例のハンティング・ブーツをはいている者もいる。新しいものを着ているけれど、遠目で見ていると、昔と全く変わっていないと思うのね。やっぱりキャンパス・ファッションだし、アイビーなんですね。人も時代も変わっているのになんでこう変わらないのかなあと思った。あそこはアイビー・リーグの中でも一番いなかにあって、すごくきれいなキャンパスでしょう。百何十年も昔の建物がちゃんと残っているし、図書館の建物なんかすごくいいでしょう。アイビーがヘビアイになっても、全く背景に溶け合っていて、違和感がないです。日本だったらああいうふうにいくかどうかと考えたんですよね。

小林　日本はアイビーが定着したとかなんとかいっても、いまはテイジン・メンズショップにいっても昔のアイビーはもう置いていない。ぜんぜんなくなったのではなくて、いまだに若い人たちのあいだにユーザーはおりますね。だけどそういう拠点になるべきお店にとっては、アイビーやトラッドもまた流行にすぎなかったのかなと思っちゃう。そのちがいですね。

西田　たとえば二百カイリ宣言で魚がどっかかくれちゃったとか、最近でも話題になりましたね。（笑）ああいう業者やなんかの動きを見ていると、要するに目先の利益のためならなんでもする、儲からないことは一切やらないという主義ですね。たとえば一時、いろんなメーカーが、トラッドだとか、アイビーだとかいっておりましたよ。ところがやはり本心はそうじゃなかったということですね。ただ売るためにブームのときそういうキャンペーンをやったまでで、根っからそういうトラッド派のポリシーは持ち合わせてなかったということですよ。本当にいいものを育てるという。それが残念ですよね。

小林　アメリカという国はコマーシャリズムとか、マス・プロ、マス・セールとか、

そういうものが日本よりも徹底しているところがありますね。だから、彼らも採算を度外視してトラッド商品を残しているんじゃないと思うんですよ。やっぱり商売になるし、儲かるからやっている。それはなにかというと、着る連中が昔から、自分の地位とか自分の属している階層とかを世間に示すことが必要だからトラッドを着る階層の人口なんかもアメリカの場合はっきり決まっちゃってて、そんなに変わらない。それから学生らしい服装というのも基本的には昔からぜんぜん変わらないというか、学生らしさそのものが変わらないという、そういう感じですね。だからああやってトラッド・ショップがちゃんと残って、ちゃんと商売になっている。

西田　アメリカのメンズ・ショップもいろんなタイプがありますけれども、ただトラッド中心にやっているところは、あくまでトラッドで商売をやってそれで成り立つということと同時に、やはり商売のシステムというものが日本とは若干ちがって、そういうもので成り立つようにできているようですね。

小林　そういえますね。たとえばREIコープとか、L・L・ビーンといった、むこうのアウトドア屋さんの場合でも、一年中のスポーツ用品が全部おいてあってそれがウェアハウス・セールというんですか、お店そのものが倉庫みたいなものになっていて、その中にどんどんお客を入れて売っちゃう。サイズも全部そろえて、積んじゃって、探せないときは店員さん呼べばもちろん探してくれるけれども、自分でもやれるようになっているとかで、日本みたいに、半期に一度の総決算だから在庫を一掃してつぎのシーズンのものを仕入れようとか、その場かぎりの商売をしていないんですね。そういうシステムが日本とちがう点だと思うんで、だからそういう商売がしていけるという今の話になると思うんです。だからアメリカでは、冬でも夏ものが買えますね。

西田　それは一例をあげれば、土地柄というか気候風土の違いがありますね。アメリカは内陸的気候で、ぼくたちが旅行していると鼻が乾燥して痛くなりますよね。春、夏、秋、冬の四季の長さも日本とは違うし。気温の昇降がはげしいし。

小林　それと国の大きさということになっちゃうんだけれども、カタログ販売が売り上げの八〇%ぐらいある商売をしているけれど、北のアラスカからの注文と、南のフロリダからの注文を両方受けなければならないから、在庫を一掃するわけにはいかないな。（笑）

西田　例のＬ・Ｌ・ビーンにしても一応、春・夏物と秋・冬物といったふうにシーズン別のカタログを発行しておりますし、それから、大きなアウトドア用品店でもバーゲンはやっていますね。日本ではカタログというのはほとんどやっていない。メールオーダーなんてゼロに近いんじゃないですか。だからカストマーとのつながりがうすくてお客の支持が少ないわけですよね。あっちはクリスマス・カードだって出すし、シーズンごとにカタログは送るし。

小林　むこうはギフト・セールというのがすごくさかんでしょう。

西田　ブルックスのようなメンズ・ショップでもそうだし、Ｌ・Ｌ・ビーンみたいなアウトドア・ショップでも、いちばん忙しいのはクリスマス・シーズンだということですね。店頭で売りっぱなしだと一限さんしかこないけれども、ブルックスなんか親代々のお得意さんが多いんで。

小林　それから修理のことですが、Ｌ・Ｌ・ビーンで買ったものはＬ・Ｌ・ビーンで修理するということで、新品の注文より修理が多いというんですね。たとえば三〇ドルの靴を修理するために二〇ドルかかったりして。日本だと古いのはすてて新しいのを買っちゃいますけれども、その一〇ドルがアメリカ人には大切なところだし、まして愛着がある靴を捨てるわけにいかないということなんですね。

西田　日本でもいろいろアメリカ風なビジネスを始める人は多いけれど、そういう点もよく勉強してもらいたいですね。外から見ただけをマネするのでなくて。

小林　話は変わりますが、この間もずっと旅で見たわけですが、今いっているヘビーデューティーとか、アウトドアものというのは、ダートマスの学生達の着ているものを見ても、そのシステムといいますか、背景といいますか、かつてのアイビーにすごく似ていますね。ヘビーデューティーのほうでいうと、たとえば靴ですがモカシンが東部のほうではヘビーデューティーかつトラディショナルというような意味で、とっても人気がありますね。アイビー時代のコイン・ローファー、あれだってモカシンの一つの変型だと思うんですが。それからアイビーの中にチャッカー・ブーツというのがありましたね。あれのかわりにいまはウォーキング・ブーツというちょうどあのくらいの深さの靴。それからぼくはあまり好きじゃないんだけれども、ワラビーという靴があって、あれが今若い人に人気があって、ダートマスの学生もずいぶんはいておりましたね。底がデコボコの生ゴムみたいなの。上がスウェード革。ワラビーというのは砂漠に最後まで生き残ったカンガルーの一種でしょう。オーストラリアの砂漠的なもので、イギリスの砂漠志向というのがなにかありますね。（笑）イギリス人というのは砂漠に行くのが好きなんですか。（笑）それでアイビーのときのデザート・ブーツがそうでしょう。デザート・ブーツはアイビーの場合必ずはかなければいけないということで、ぼくも二、三足買いましたけれども、今はワラビーが出てきて、たとえばはき物一つとっても非常に似ているんですよね。それから、これの中にはこれを着なければいけないというシステム的なものといい、それはべつにアイビーのパロディーをアウトドアでやっていくんじゃなくて、アメリカ人が根源的にもっている生活様式に対する考え方というか、基本理念じゃないですか。

西田　やはり、イースト・コーストあたりには、コミュニティーを形成しているようなワスプ的人種が住んでいるんですよね。べつにすごくステータスのあるグループじゃなくても、そういった連中の選ぶワードローブというのは、そういったものしか着ないようなところがあって、一連の商品が、時代が変わってもなんとなく、同じようなにおいがあるとか、色あいがあるとかいうことですね。

小林　もちろんアイタム的にも似ているんですけれども、さらにしくみがね。アメリカ人って世界でいちばんシステムが好きだという感じがしますけれども、システムのしくみが、着るものよりももっと大きなもの、身のまわりをとりまいているものに対する全体の構成がそういうふうに出なければ気がすまないというアメリカ人の気質があって、それがアイビーのときは顕著に出て、それがアウトドアものでなおさら顕著に出ているんで、しかもたまたまアイビーだった学生たちが、また同じようにそれを着ているということではっきり出てきて、それでいやでもくらべちゃうんですがね。

西田　やはり伝統でしょうね。

アウトドア・ライフの豊かさ

小林　ところで、いまアメリカでいうアウトドア・ライフと日本人のそれに対する考え方ですが、これはかなりちがうと思うんですよ。日本には登山があったけれども、国土の問題やなにかのせいでもって、要するに徒歩旅行がすべて登山になっちゃったんですね。山が多いからしょうがない。そこに山があるからだという感じだけれども。(笑) それでヨーロッパに今まであったアルピニズムをそこにすりかえちゃったわけです。自分一人で歩くということを、ヨーロッパで発達したアルピニズムにおきかえちゃった。だからものすごく山に偏っていますね、日本のアウトドア・ライフは。ところが本来、アウトドアというのはそうじゃなくて、アメリカですら今にはじまったことじゃなくて、もともとカヌーイングがあったり、ただ平地を歩くみたいなこともあったり、ボーイスカウトの歴史があったり、その前のキコリとか、パスファインダー、開拓者とか、猟師がたくさんいたと思うし、それから少しあとの釣りとか、ハンティングを趣味でやるという歴史がありましたでしょう。日本の場合は全部山ということで、また釣りというとエサ釣りの伝統があるからかなり感じのちがった、スポーツではないようなイメージがある。それからフィールドの関係でハンティングがそんなに一般的ではないでしょう。だからアウトドア・ライフというと、結局山になっちゃうんですよ。しかもヨーロッパ系のアルピニズムの伝統が中心になって今日までつづいてきたということが、実態としてあるでしょう。本来はそうじゃなくて、地理的な条件はまあ別にすれば「セルフエイド」といっていますけれど、自分で自分の面倒をみて、自分一人で行動するということですね。おなかが空いたら、自分がもっているものを出して料理して食べる。それから泊まる必要があれば泊まるものを自分でもっていって、そこに広げて泊まるということになっていく。それが基本的にあるわけで、要するに人生は旅という感じで、まず外に出ることですね。それから釣りとか、ハンティングとか、沢があったら沢をつめ、壁があったら壁をよじ登るということからはじまってロッククライミングになって、基本的にはそういうこと全般でしょう。だけど日本の場合は山が多いから、すべてがアルピニズムになっちゃっていたんですね。どういう状態でも、自分で自分の面倒をみて、自分一人で生きられるという、そういう体験をするのがアウトドアの一つの根本的な考え方だと思うんですけれども。ところで、西田さんはかなり有名な蝶の採集家で、しょっちゅうフィリピンなんかにもいかれているそうですが、西田さんのアウトドア体験といいますと……。

西田　たいしたことはありませんが、ぼくは子どものときから生きものが好きで、中学時代に昆虫採集に熱中したんです。もっとも高校、大学時代はやめておりまして、文学志向に変わっちゃって。（笑）卒業して、就職して、サラリーマンの三年目のころ、編集記者というのはかなり忙しい仕事だし、こういう生活は健康的じゃない、このままだとからだも頭もおかしくなってしまうと考えて、山歩きをしようと思いついたんです。そのときふっと思い出して、同じ山歩きするなら、昔チョウチョとりを中学校時代にやっておりましたから、捕虫網をもっていったほうが採集もできて、一石二鳥ということではじめたんです。さっきの話でいえば、やはりヘビーデューティー・ファッションなんか今一つのブームだし、アメリカにかぎらず、日本だってそれ以上にエコロジーの問題、公害に対する告発とかが大切になってきているし、こんな時代にアウティング志向で外に出て、われわれも汗を流してしかるべきじゃないかと思いますね。じゃ、バックパック背負ってどっかにいこうということになると、すぐ山へいっちゃうんでしょうけれども、それでもいいと思いますね。ただ、どうせ行くならカメラをもっていくとか、スケッチをやるとか、釣りをやるとか、私みたいにチョウチョをとる人間もいますが、アメリカで盛んになってきたバード・ワッチング、野鳥観察ですね。それから収音マイクで自然の音を録音してみたり、やることはいっぱいあると思うんですね。そんなこともやってもらったら、いっそうアウトドア・ライフがたのしくなるんじゃないかと思います。ぼく自身のチョウチョ採集の場合、あんまり大きなバックパックはだめなんですよ。（笑）だってチョウチョを追いかけますからね。

小林　いつ出てくるかわからないから。（笑）

西田「あっ、いた」なんていって追いかけるでしょう。できるだけ軽いいでたちで、せいぜいデイパックぐらいをもっていって。足まわりはちゃんとしていますけれど。ぼくが採集にいったところといえば関西の山、それから信州では北アルプスに八ヶ岳、南アルプス、それから浅間や志賀高原、東北の山や、北海道だったら札幌の付近とか、かなりいろんなところに出かけましたけれども。だけど、テントを張って、シュラフで寝るということはやらなかったですね。というのは、こういう忙しい記者生活ですから、長逗留できないんです。せいぜい三日かそこらでしょう。だからそういう重装備ででかけるのはちょっと大げさすぎるんです。なるたけ荷物をもたないということでいえば、山小屋に泊まったほうがいい。そういう意味では、ぼくは本当のバックパッキングの楽しさは知らないんですよ。マウンテンパーカというのは、ぼくなんかの山歩きにはあまり役立たないようですね。チョウチョとりのシーズンにはあれは必要じゃないんですね。むしろすっぽりかぶれるレインコート、ビニールでもなんでもいいから、水を通さない雨具はぜったい必要だし、それから山が荒れてうんと寒くなったときにはリュックサックから暖かいものをひっぱり出すとか、それはやらなければいかんと思うんですね。あと足回りでしょう。

小林　地上にかぎっていえばいちばん最初は足ですね。

西田　だから靴、ソックス、スラックスに何をえらぶか、そのへんの研究は大切だと思います。

小林　アブラハムもコーリン・フレッチャーも用具の項の第一章は靴ですからね。それから背負う袋ですね。

西田　そういえば日本でも登山入門といった本はたくさん出ているけれど、どれもこれも、装備についいちゃきわめて簡単にしか書いておりませんね。携帯燃料一つにしてもきわめて簡単ですよ。あれでは参考にならない。

小林　そういうものがあるというくらいしか書いていないでしょう。そのことは今度の本でもふれたいと思うんだけれども、日本人の道具観、道具に頼りたがらないみたいなところがあったわけですよ。道具にこだわるのは素人、道具にこだわるのはバカ、道具にこだわらなくて精神さえしっかりしていればどんな難局でもきり抜けられるという、日本人の玉砕精神みたいなものが登山にもありましたね。大学ワンゲルのしごきとか、ああいうものと同じでね。精神力をしっかりしておけば、道具なんかいらんというのが根本的にあるのね。だけどさすが、いかに精神力のかたまりでも、寒さには耐えきれないとみえて、羽毛服なんか使ってはいるけれど。（笑）肝心なところにいくとすぐ「道具にこだわるな、道具にこだわるのはビギナーのやることで、ベテランは道具などどうでもよい」という精神主義というか、空いばりするような風潮がありましたね。それが今、アメリカからいろいろ新しい、便利な道具が入ってきたからびっくりしているわけですね。

行動のファッション

西田　これはさっきの話題のつづきですけれども、ヘビーデューティー・ギアというのは、ほかのファッションとはわけがちがうと思いますね。つまり、アウティングだとか、マウンテニアリング、そういったサバイバルにつながるものをトコトン着ちゃうということでしょう。これをファッションと見なすとしても今までのファッションとは筋がちがうし、どういうところからこういう運動がはじまったかといえば、これは東部のアイビー・リーグだけじゃなく、コロラドであるとか、バークレーであるとか、そういった大学キャンパスからはじまった。全米的に進歩的な、アカデミックな人たちの間にはじまったものでしょう。だからこれはかなり息が長いということはいえると思いますね。ただ、今後さらに新しいアイタムというのがヘビアイの中で出てくるんじゃないかと思うし、ぼくも大いにそれを期待しているんです。今年小林さんといって気がついたんだけども、カナディアン・カヌーとかそういったものが急に人気が出てきている。そういうことは来年、再来年も毎年あるんじゃないですかね。だけれども基本的なものは当然残ると思うんですよね。たとえばペンドルトンの一〇〇%バージン・ウールのスポーツシャツがありますね。これなんかすごくトラッドでHDでしょう。ペンドルトンだけじゃなくて、ウールリッチだとか、その他のものも多いでしょうけれども。

小林　その着られ方といったら、一時のアイビーのボタン・ダウン・シャツと全く同じだと思うんですね。いってみればこれこそヘビアイだろうと思うんですが。やっぱりそういう一般的なものがヘビアイなんだし、それがペンドルトンであり、フィルソンであり、ビーンやバウアーでも、スターンダードナンバーはどこでも同じものをつくっている。パーカとか、オイルドウールのセーターとか。だからぼくが思うのは、アイビーというのは、あのときぼくがそうだったせいかもしれないんだけれども、日本人の若い人たちがはじめてあれで服の本質みたいなものをおぼえたテキストじゃないですか。アイビーというのはテキストだと思うんですね。アイビーとヘビーデューティーが似ているのは、アイビーがテキストだったように、ヘビーデューティーがその次の時期のテキストになっている。だからこのテキストでおぼえちゃうと、アイビーでぼくたちが服の本質をおぼえたみたいに、今の人間の行動の面での、あるいはライフ・スタイルというか、そういう面でのテキスト・ブックになるべきメディアという感じもするんです。ヘビーデューティーなものというのは、ものすごくいろんなことを物語るでしょう。ホンモノだから。ヨーロッパ調のハイカラな服みたいによけいな付加価値がなくて、全部本質で成り立っているから。そうするといろんな行動だとか、ものの使い方だとか、ひいては生き方みたいなものまで物語るという一つのメディアになっていると思うんですね。アイビーのときもそうだったですね。いろんなことを物語って、服の歴史から、イギリスからどういうふうに服がきたかみたいなことから何から、ものすごいストーリーがつまってて、それでぼくたち、大げさにいえば男の文化みたいなものがわかったんですね。その前のボールド・ルックだとか、アロハシャツなんかは、服というものの本質について何も教えてくれなかったけれども、アイビーではじめて生活みたいなもの、趣味性みたいなものまで教わっちゃった。たとえばアンダーウッドの古いタイプライターだとか、アーリーアメリカンの椅子だとか、アイビー・リーガーはこういうベッドに寝なければいけないとか、そんなのはぼくたちの考えすぎだったかもしれないけれども、そんなところまで話が発展するすごいテキストでしょう。今度のものもまた同じようにすごいテキストで、これが教えてくれるものは、かりにその中にファッション的な部分があって、それがすたれたとしても、アイビーがいまだに残っているみたいに、やはり残る。そう思いますね。

西田　第一次アイビーの時代には、ファッドなものもずいぶんあった。その点今着れるアイビーは、ファッションをとおりこしたアイタムばかりですよね。ボタン・ダウン・シャツであるとか、柄でいえばインディア・マドラスだとか。今着てもおかしくないということは、一つの古典であるし、同時にヘビーデューティーもあると思うんです。

小林　自分にとっても古典になっているのね。

西田　だから結局、われわれがトラディショナルといっているものは、いつ着ても新しいからトラッドであるんだし、いいかえればヘビーデューティーということもそうですよね。要するに実用的で、機能的で、丈夫で長もちするということでいえば、全く同じ次元のものですよ。ですから、日本にアイビーが入ってきた一九六〇年代初期のことでいうと、クルーネックでエルボー・パッチつきの一〇〇%ウールのシェトランドのセーターがあった。ひじに皮のエルボー・パッチがついているやつね。それからダッフル・コート、これは毛布みたいに分厚いローデン・クロスのもの。

小林　みんなヘビーデューティーですよ。（笑）

西田　そう。エルボー・パッチのセーター、ダッフル・コートは、まさにヘビーデューティー・アイタムですよね。本当はアイビーというよりはヘビーデューティーだったものが、アイビーが全盛のころいっせいに紹介されちゃったからアイビー・アイタムになっちゃった。なんのことはない。ヘビーデューティーを好む人たちは、アイビー以前からすでに着ていたんですね。

小林　たとえばボタン・ダウンになっているとか、尾錠がやたらにつきましたね。あれはファッションだった部分もあったけれども、出発点は完全にヘビーデューティーでしょうね。必要だからがっちりつけて、ほかのものでごまかさないで、正直に機能性を出すという考え方。こまかくいえば全部そうね。ステッチが必ずかかっているとか。ボタンは二の字にとめないで、よく、くろす・としゆきさんがいっていたけれども（笑）Xの字にとめる。ベンツも頑丈なセンターフックにするとか、必要なところはカンヌキでとめちゃうとか、すべてがヘビーデューティーの考え方。今、ことばではヘビーデューティーとか、アイビーとか、トラディショナルとかいって交通整理しているけれども、考え方というのは結局同じ一つのものをいろいろいっているだけのことみたいですね。

西田　L・L・ビーンといえばヘビーデューティーの総本山ですけれど、こんどインタビューして面白かったことは、カタログに出ている品物のうち、二〇％は毎シーズン新製品であるといっておりましたね。八〇％は前と変わらないベーシックなものであり、ヘビーデューティーであり、トラッドなものであると思うんですよ。これは変えようがないし、いつでも売れている。万年ベストセラーみたいなものばかりなんですね。二〇％は何かといったら、今いった新しいもの、ファッショナブルなものだと思うんです。そういうものがないと商売する上からいったって、たのしさがないと思うんです。ヘビーデューティーだって流行だという人は、そっちの二〇％しか見ていない人だと思う。『メンズクラブ』の場合だと、雑誌の性質上、やはりその両面とも扱わなければいけないんで、若干のむずかしさがありますが。

小林　最初は二〇％でもいいと思うな。でも物語るものでしょう、物自体が。だからその二〇％から入っても、残りの部分が自然とわかってきちゃう。一回そういうことがわかるとまず忘れちゃうということがないから、最初は流行の分だけでもいいと思うんですよ。カッコいいからラグビー・ジャージーが好きだというんでもいいと思うんですね。着てみるとたしかに丈夫だし、便利だし、カラフルでたのしさがあるし、みんなの仲間入りもできるということから、システムもわかる。ヘビーデューティーというものが自然にわかると思うんですね。

西田　いまはなにもアメリカの製品じゃなくても、国産でもいいものがずいぶんあると思うんですよ。ヘビーデューティー商品の場合はとくに、そういった一般の評判をたしかめた上で、いい物を買ってもらいたいですね。いいものと悪いものは、比較すれば一発でわかります。それは靴にもいえるし、ほかのものにもいえるんですね。

小林　たとえばアメリカの場合、ぼくは、カタログ販売がいい商品をつくる一つの支えになっていると思うんです。向うのカタログというのは、アタマからシッポまで全部くわしく書いてあるでしょう。そうしなければメールオーダーで買ってもらえない。寸法から、素材から、サイズから色から、どれだけの種類があって、こういう人はこの中のどれを選びなさいというところまで全部。かりにいいかげんにつくったものだと、そこでわかってしまうわけでね。信用あるところだったら、今おっしゃったみたいな店だったら、もちろん自分で使ってテストして合格したものでしょう。オリジナルだったらなおさらですよ。完全にいいものでなかったら、たちまち苦情がくるだろうし、返品がきちゃう。有名な話で、何十年か前に初代のL・L・ビーンがつくった、上が革で、底がゴムのメイン・ハンティング・ブーツというのは欠陥があって、全部返品になって返ってきちゃったんだってね。（笑）底がだめだったので、売った靴が全部もどってきた。これじゃいけないというんで考えに考えて、これならぜったい大丈夫というのにつくりなおして全部送りかえしたんだって。そうしたらみんな喜んで今ではHDの古典になっているという話があるんだけれども、それぐらいアメリカのカストマーというのはきびしいでしょう。だからいまカタログ販売を盛大にやっているところがあったら、その店の品物は一応信用していいものですね。それだけのものに耐えてきているというか。カタログ販売というのは、一つのこわいチェック・ポイントになっているんじゃないですか。

西田　アメリカの社会ってずいぶんいやな面もありますよね。だけどそういったまじめな人々だけ見ていると、アメリカという国はすばらしいところだという気がするんですね。

小林　ある面で、生活というものをまじめにつきつめて考えているところがありますね。また日本でも最近、そういうものに気がついて、そういうものを日本人の日常生活にもとり入れようという動きが出てきた。ライフ・スタイルの上で影響を受けているということでしょう。そういう時代にこういう本を作るよろこびというか。（笑）

西田　いろいろ試行錯誤があってもいいと思いますよ。ただ、このヘビーデューティーというのは人に見てもらうためのファッションじゃないということ。自分が実際に着て行動する、いうなればドゥー・ファッションだと思うんです。だからさっきもいったわけですけれども、やはりアウティングもどんどんやってもらいたいですね。実際に、野っ原でも、山でも、海でも、一人でも、友達とでも。これを街中だけのファッションとして着て終わっちゃう、そして、次のファッション、もっと新しいのが出てきたら、すぐまたそっちにとびついちゃうというのはもう終わりにしたいですね。

〈了〉

ヘビアイQ&A

ヘビーデューティー、ヘビーデューティー・アイビーなどに関するさまざまな質問、相談に答える、これはヘビアイの応用編といったページである

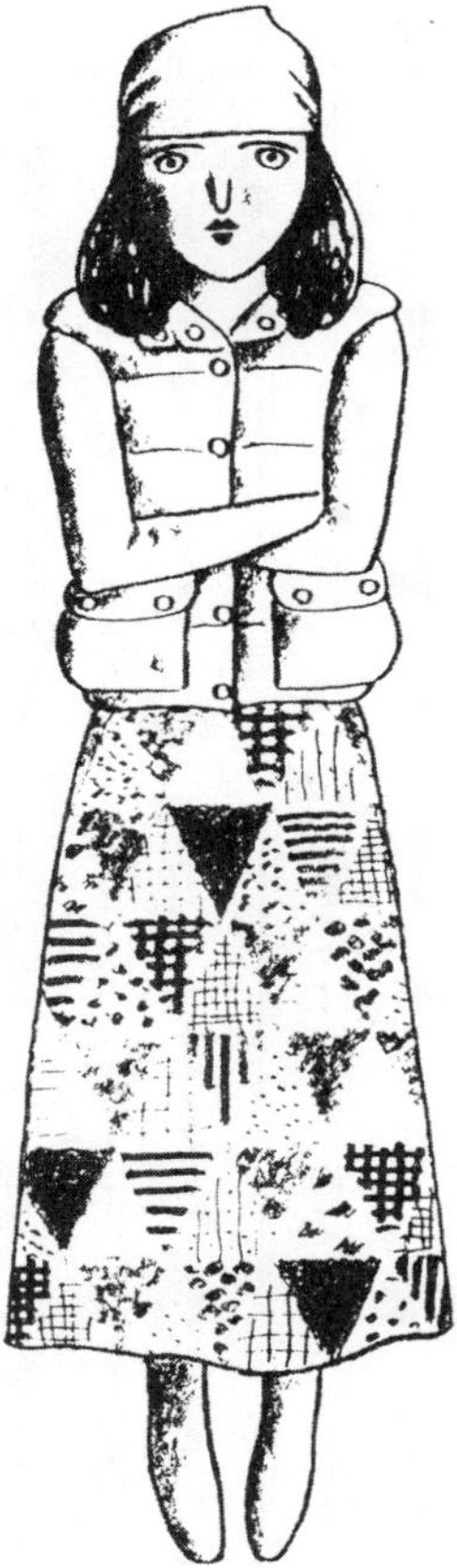

Q ヤスヒコさんはヘビーデューティーということばをいつごろ、またどこで知ったのですか。

A はっきり覚えていないのですが、ずいぶん前からアメリカで見ていたような気がします。アメリカ人とはヘビーデューティーが好きな人種だなという印象でした。彼らのセルフエイド思想がＨＤの源だと思います。

Q ＩＶＹの精神は「質実剛健」だとメンクラに書いてありました。でもアメリカへ行ったとき、ＨＤウェアを着ている人たちを見て、むしろ「やさしさ」のファッションだと思いました。ヤスヒコさんはどうお考えですか。

A ヘビーデューティー・ライフの行動は、その目的、手段、方法、環境からいって「質実剛健」を要求してくるものです。これはＩＶＹと同じだ。でも機能として「質実剛健」を必要としても、そのこころはむしろ逆なのです。ヘビーデューティーのこころは実はモノに対する「やさしさ」なのだと思います。

Q ＨＤワードローブに季節感は必要ですか。コーデュロイのトレイルショーツがあったり、木綿のパンツを冬にはいたり、いままでのぼくのワードローブ感覚では考えられないものが多いのですが……。

A 「季節感」を固定的に考えないでください。寒ければ防寒をめざしたダウンもの、暑ければコットン・ショーツというぐあいに、自分の体で感じたウェアの選び方から自然に生まれてくるのがあなたのおっしゃる「季節感」だとぼくは思います。だから冬に木綿、夏にコーデュロイもけっしてまちがっていないし、その逆もあり得ると思います。

Q ルックサックとバックパックとはどう違うのですか。その差を教えて下さい。

A 戦前からのヨーロッパ式のものをルックサックと呼んでいます。アメリカでは背負うもの全般をバックパックといい、フレームパックもデイパックも、ルックサックも全部そう言います。だからルックサックもバックパックの一部なのです。今は、フレームパックのことをバックパックと慣用していますが、フレームパックもまたバックパックのひとつの種類なのです。背負うものについては三八ページからのローディング学に書いてありますから、じっくり研究してください。

Q 街でポリエステルファイバー・フィルのコートを見ましたが、ダウン・フィルの方がいいのでしょうか。着ている感じの差や長持ちの度合いはどうですか。

A ファイバー・フィルの製品とダウン・フィルの製品を同種の衣料でくらべると、ファイバーのほうが重くダウンのほうが軽いのが普通です。つまり同じ「かさ」でもダウンは空気を多く含んでいるので重量は軽くなります。また、同じふくらみぐあいでは、ダウンのほうが暖かです。収縮性に富んでいるから使っているカンジはダウンのほうがいいようです。でも、水や湿気にはダウンは弱くてファイバーのほうが強いから、登山やスキーなどぬれることが考えられる場合には、ファイバー・フィルもよいと思います。六六ページからのダウンの話を参照してください。

Q ダウンベストやダウンパーカが汚れたとき、どうしたらいいでしょうか。また傷をつけ、ダウンが飛び出したのは修理できますか。

A まず、ついた汚れはすぐに取ること。ごく弱い洗剤をスポンジやハブラシにつけて汚れた部分をふきとり、部分的な水洗いをする。ここでポイントになることは、ナイロンの上についた汚れは長く置いておかないことと、ぬれた箇所は、充分に乾燥させることです。ダウンは湿気を吸収しやすいので乾燥は完璧にしなければだめです。乾かすときもほぐすようにしないとダウンは固まります。

シーズンが終わってクリーニングした

いときには、思いきって洗濯機で洗うことをメーカーは薦めています。洗濯機洗いでは、パーカやベストのジッパーをしめて、洗濯機のダイヤルを一番弱い水流にセット。洗濯機の中も、ナイロンを引き裂くような突起がないかどうか点検が必要。洗剤は無公害の粉石けんやアメリカ製のウーライト、アイボリーフレークスなどのごく弱い洗剤を使う。温水に普段の半量の洗剤が適量です。そしてすすぎは充分に。洗剤が少しでも残っていると、ダウンがもつれてくるし、乾燥も手早くしないともつれの原因になります。洗濯後、水は充分にきること。絶対にひねってしぼらないように。短時間だけ脱水機にかけるのもいい方法。かげ干しか自然光で乾かすのがベストだが、ドライヤーも悪くありません。ドライヤーで乾かすときは低温のほうで四五分間三回、合計一三五分間乾燥すればほぼ完全です。そのときに途中で軽くたたいてダウンをほぐしてやりたい。最後にイスなどにひっかけて数日間放置すると完璧。最近、ダウン製品専用の洗剤が日本で手にはいるようになりました。アメリカ製やオランダ製のもので、一本でスリーピングバッグ一つ洗えます。その洗剤を溶かしたお湯に十二時間つけておくときれいになります。一本千円前後です。

もしクリーニング屋に出すならば特に注意が必要です。使われる洗剤が強すぎると、ダウン固有の天然の油脂までとれ

オランダ製のダウン用洗剤・ソピー

てしまうのです。細かいところまでよく質問して納得のいく仕事をしてもらうこと。洗っていいかどうか心配だったらメーカーや輸入元に問い合わせましょう。
シェルが破れてしまったら、まず即座にそこをスコッチテープなどでテーピングする。これでダウンが外に出るのは防げるが、一度飛び出したダウンはこれはもう詰め直せない。テープはナイロン地に溶着するような性質の接着剤を使ったものは避ける。このごろは日本でもリペアー・テープが入手できるからこれを使うのが一番いいでしょう。
とにかくダウンは生き物です。ちょっとした手入れを怠らなければいつまでも快適に着られるものなのです。

Q ワークシューズには白いゴム底とビブラム底があるようですが、街ではくにはどちらがいいでしょうか。

A 白いゴムの底はクレープソールといいます。クレープソールはダートには無力ですが、アスファルトの上を歩くのには適していると思います。ビブラムソールのほうは長時間のウォーキング向きです。つまり街ではくのならクレープソールのほうがいいでしょう。でもいずれの靴も本来は労働用の靴（ワークシューズ）だということを覚えておいて下さい。

Q 以前、メンクラにヘビアイ哲学の第一項「四季を通じてできるだけショーツで暮らすべし」と出ていましたが、冬にショーツなんて寒いと思います。それにジーンズだってけっこうヘビアイだと思うのですが。

A ジーンズはもちろんけっこうです。ただ、冬にショーツをはくというのはヘビアイの心意気の表現なのです。アイビーのハートにあたるようなものがヘビアイにもあって、たとえ冬でも暖かだと感じればショーツをはいてもいいし、夏に涼しい日があればダウンベストを着こんだっていいんです。つまり通念にとらわれず自分の着るものは自分が決める、という心意気がヘビアイです。

Q ＨＤギアと、いままで持っているトラッド・ワードローブのウェアを組み合わせて着てはおかしいですか。

A トラッドのスーツを着るときに、靴をＨＤなものにしたらおかしいか、おかしくないか、これは自分で考えて結論を出してください。ただ、ＨＤなライフスタイルの人がスーツを着なければならないときもあるでしょう。その際には、若い人ならばアイビー、そして年輩の人ならトラッドというのが、ヘビーデューティーの流れとして自然ではないでしょうか。コオーディネイションとしてのHDとトラッドの組み合わせは、まさにDO-IT-YOURSELFです。

Q ワッフルソールとサクションカップの使用目的の違いを教えてください。

A ワッフルソールは、ナイキのオリジナルでパターンがワッフルの焼き型からとったものなのでこの名がついているものです。芝生などのやわらかい地面を走るには絶好で、クロスカントリーや全天候トラック向き。サクションカップは、アスファルトやコンクリートの路面に吸いついてスリップを防止するように設計されたソール・パターンでコンクリートやアスファルト用で、ぬれてもスリップしにくいものです。

Q 登山靴のひもはほとんど赤ですね。どうして赤いひもを使うのでしょうか。

A はっきりしたことはわかりませんが、話としては、遭難したときにひもが赤いと発見救助が早いから、ということもいいます。実際には赤いひもがいかにも登山靴らしいから、といったところでしょう。

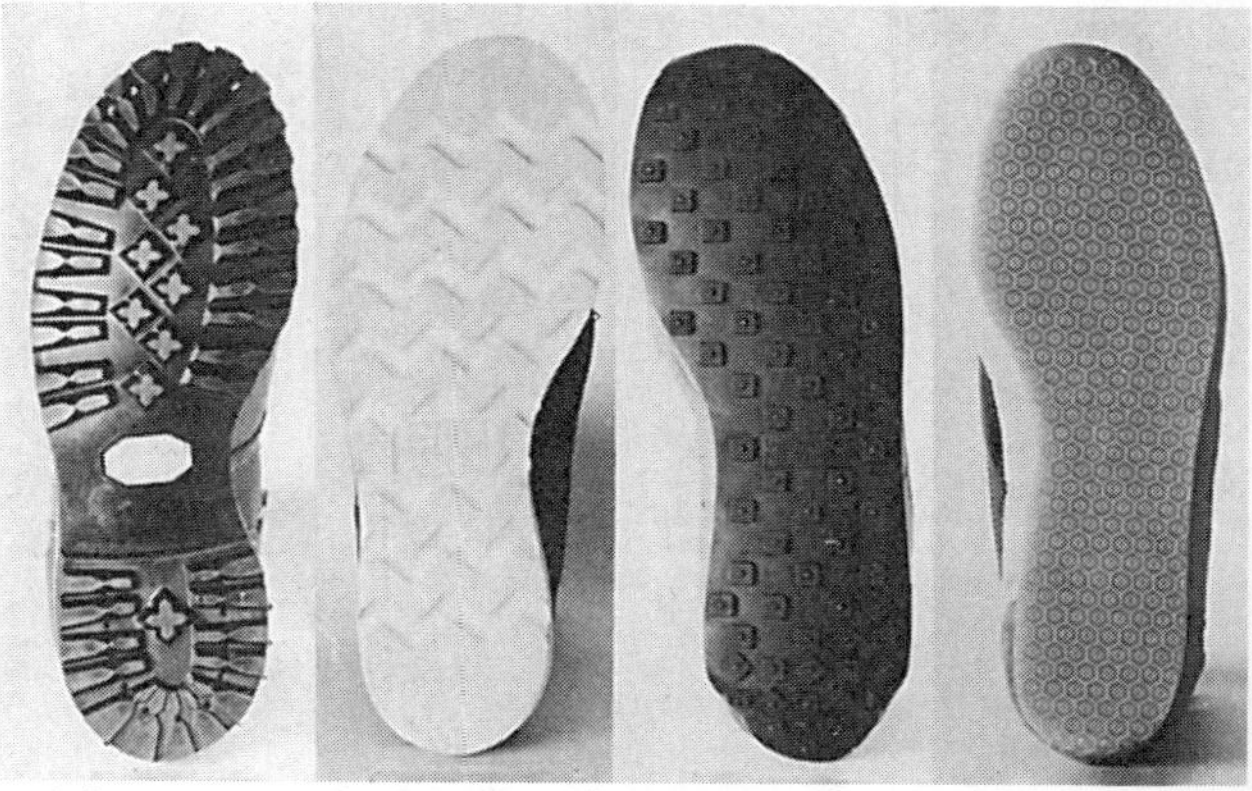

ビブラムソール　クッションクレープ　ワッフルソール　サクションカップ

Q ウェスターン風のHDとか労働者風のHDとか着こなしてみたいと思います。ポイントはどこですか。

A ウェスターンもワーキングももちろんヘビーデューティーですが「ヘビーデューティーとは何か」のページに書いたように、ワーキング・ウェア（靴も含めて）には選ぶ余地があまりないのです。つまり、道路工事の人や、ダム工事の人、あるいは魚河岸のオニイサンたちは、それぞれの働く内容に即した機能的なウェアを選ぶしかないのです。ウェスターンはカウボーイの仕事着がファッション化したものです。だからどのHDを着るにしてもその目的や機能を心得た上で試してください。

Q ヘビアイのウェアには着るときのルールのようなものがありますか。

A ヘビアイにはこれまで紹介してきたようにきまったルールはありません。ただヘビアイの着こなしは、機能的な組み合わせが基本です。衣裳計画のページで書いたように、キャンパスで、タウンで、旅先で、というふうに目的や季節つまりフィールドに合わせて、それぞれの条件を勘案して自分できめるのがヘビアイの着こなしです。

Q ヘビアイの精神のようなものを知りたいのですが、どんな本を読むといいのでしょうか。

A 哲学的なものとしては、ソーローの『森の生活』などが有名ですが、読み物としてはヘミングウェイの『心が二つある河』『海流の中の島々』、マーク・トウェイン『西部旅行綺談』、R・ブローティガン『アメリカの鱒釣り』、アップダイク『農場』『アメリカほら話』、フォークナー『自転車泥棒』などが訳本もあるので薦められます。

また、『ホール・アース・カタログ』や定期刊行の『山と博物館』『マザー・アース・ニュース』『ナショナル・ジオグラフィック』なども読んでみたいものです。

The New Complete Walker
Completely revised, enlarged, and updated

The Complete Wilderness Paddler
James West Davidson and John Rugge

A Sierra Club Totebook
Wilderness Skiing
by Lito Tejada-Flores
and Allen Steck

山と博物館

RECOMMENDED BY THE WHOLE EARTH EPILOG
OUTDOORSMAN'S HANDBOOK
Clyde Ormond

OUTDOOR SURVIVAL SKILLS
Larry Dean Olsen

TWO WHEEL TRAVEL
Bicycle
CAMPING AND TOURING

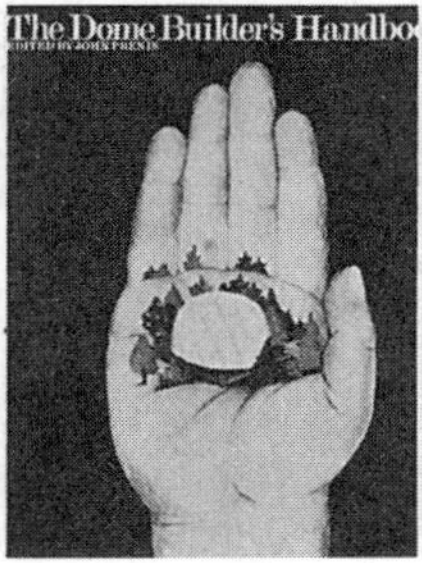
The Dome Builder's Handbo

SHOES FOR RUNNERS

Q 自転車に乗るとき、デイパックを背負ってもおかしくないですか。またバイクバッグを歩くときに背負えますか。

A デイパックは自転車に乗るときにも、もちろん充分に使えます。ただ、バイクバッグは、デイパック式には使えません。バイクバッグは前傾姿勢向きに肩のヒモが長く作ってあります。ロードレーサーに乗るようになってからは、なおさら長くなりました。歩くときに背負うと、バッグが下がりすぎてぐあいがわるいので、もしどうしても使いたいならヒモの長さを調節し袋の口をボタン止めにするなどして使うとよいでしょう。

Q 夏休みに東北へ旅行しようと思っています。ヘビアイ人間をめざしていますが、旅行用のヘビアイ・ワードローブと持ち物をアドバイスしてください。

A シャツはTシャツとラガーシャツまたはダンガリーズ。パンツはトレイル・ショーツが向いているでしょう。夏でも朝晩冷えることがあるのでみんなもっているダウンベストが機能的。Tシャツの上にじかにレイヤードすると旅行者としても新鮮な気分です。雨の対策としては折りたたみ式の傘とレインポンチョやレインチャプスを併用するのが一般旅行向き。靴は6インチのウォーキングブーツがいい。バッグはもちろんバックパック。フルフレームパックもいいけれど、ソフトパックにスリーピングバッグをつめこんで行こう。旅先では小学校やお寺に泊めてもらうこともあるでしょうから。ミニストーブやクッキングギアを携行して自分で料理しよう。懐中電燈やコンパスや地図、薬品などは常識です。また軽量のデイパックかベルトパックを持っているとベースからのデイツアーになにかと便利です。

Q HD衣料には登山用のものが多いようですが、その他のスポーツアイテムの服で、HDワードローブに入るものを教えてください。

A 山以外のスポーツとしては、まず海が考えられます。たとえばクルーザー、ヨットパーカ、デッキシューズ、ボートモカシン、ダンガリーパンツ、ストームパーカ。ワッチキャップだって元は海のもの。また、トレーナーやウインドブレーカー、ジムショーツやトレーニングスーツやトレーニングシューズなどのアスレティック・ウェアもHDの宝庫です。

Q L・L・ビーンの商品を直接購入したいのですが、メール・オーダーはどうすればいいのでしょうか。

A まず、自分のほしいものをみつけるためにメーカーの出しているカタログを手紙で申し込む。郵送料として国際返信用切手を八枚ぐらい同封すればさらに安心。

カタログが送られてきたら、品物を研究して選ぶ。買うものが決まったら、カタログにとじ込みのオーダー・シートに必要事項を書き入れる。品物の名まえ、商品番号、サイズ、色、価格、数などです。すべて簡単な英語だからわかります。郵送料は郵便局できいた概算料金に若干上のせ。

送金は外為扱い銀行へ行って貿易外支払報告書と外国向普通送金明細票を書き、該当額の日本円を払うと送金小切手を発行してくれるから、オーダー・シートと一緒に入れて航空便で送ります。そしてしばらく待つのです。

船便でも一カ月ぐらいで到着、郵便局から外国郵便課税通知書を送ってきます。局に印鑑と本人たることを証明するものと規定の収入印紙を持参すれば、局は輸入郵便物通関済証明書を発行してくれる。その証明書を持って品物を保管している本局（東京なら羽田空港内郵便局）へ行き、通関料と消費税を納めると、ついに品物は自分のもの。

かなり、ごくろうさん、という感じですがこのやり方で買うと、とにかく安い。日本で買えるものもあるがメールオーダーの二倍ぐらいの値段がふつう。少しぐらいの苦労はいとわず、いいものを安く買うのがヘビアイ精神です。

ヘビーデューティー用語集

いままで出てきたコトバやモノ、出てこなかったけれど大切なコトバやモノなどすべてをここで総まとめ。用語辞典でもあり索引のようでもある。できるだけ写真も入れグラフィックにし、ヘビーデューティー理解の助けになることを願って——

アイリッシュツイードハット

アークティックブーツ

ア行

（以下五十音順）

●アイビー
元来、植物のツタ（蔦）のこと。アメリカの東部の古い名門大学では、建物にツタがからんでいる。そこでこのアイビーを名称とした学校連盟ができ、主としてフットボールのリーグ戦によって、アイビー・リーグという呼び名が広まった。現在、アイビーといえば、これらの大学キャンパスを中心に広まった伝統的なアイビー・ルックという一連の学生風俗をさすことが多い。

●アイビー・リーグ
アメリカ東部の八大学（ハーバード、プリンストン、イエール、コロンビア、ペンシルバニア、ダートマス、ブラウン、コーネル）で結成されている大学連盟のこと。これらの大学はアメリカでも歴史の古いエリート校であり、卒業生に著名人が多い。

●アイリッシュツイードハット
アイルランド産の羊毛をスコッチ・ツイード風に織った生地でつくったフィッシングあるいはハンティング用の帽子。バケツ型のトップにはライニングがしてありミシン・ステッチが入っている。ブリム（ひさし）は二重でこれにもステッチが入る。

●アイリッシュフリーズ
厚地ウール素材で、パイル風な仕上げを特徴としている。色は、グレー系、ダーク・ブラウン系、ブルー系と一般にダークな色調のものが多い。

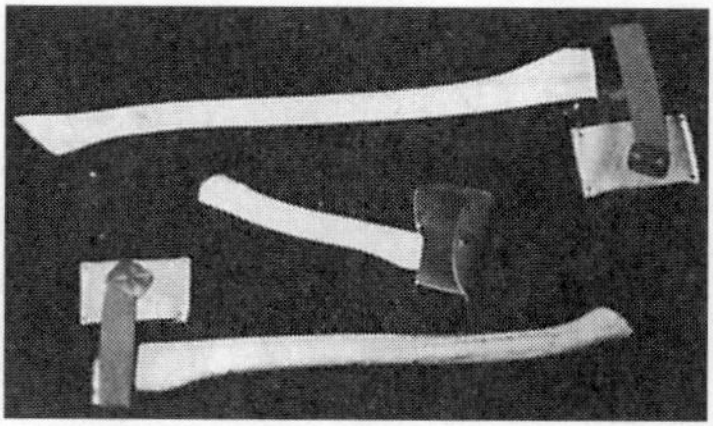
アッキス

イグルー

●アークティックブーツ
極地（とくに北極のこと）用ブーツという意味で、極寒地を探険したり、そこで作業するための超防寒靴。インナーはフェルトのインシュレーションのダブル靴である。

●アクリル防水
アクリルの合成樹脂をナイロン地や木綿地にコーティングして防水加工を施すこと。

●アッキス
斧のこと。米国の斧はイチョウ型で柄はすこし弓型に曲がっている。片手斧、両手斧の二種がある。

●アーミー・セーター
第一次大戦時に陸軍歩兵の防寒用に支給された土色のプルオーバー・セーター。

●アルパイン・シープ・ウール
高山に棲息する山羊の毛を脱脂せずに紡いだウール。保温性、防水性にすぐれた天然素材で、有名なカウチン・セーター、エクアドル・セーター、それにアラン・セーターなどの素材になる。

●イグルー
通常スチロール樹脂などの断熱材を入れた円筒型のブリキ製貯水タンクで、下部にコックがつき水道のように使用する。中に入れた水の温度が変わらないようになっている、要するに大型のポータブル保温ジャグだ。

●イマージェンシーキット
小さなパックに入った救急用品、薬品などの詰めあわせセット。アウティングなどで出くわす各種の危険に対しての予防、治療に必要なものである。

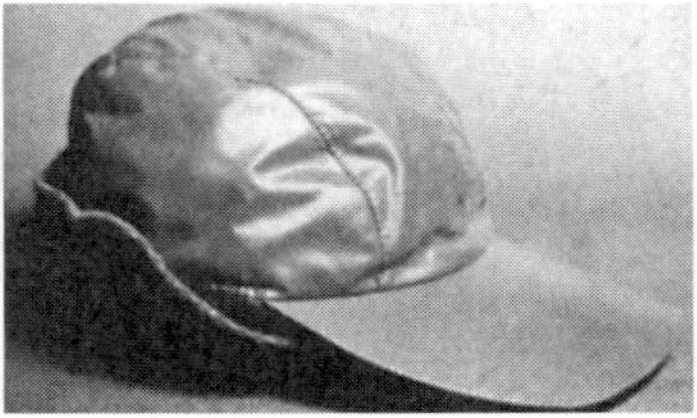
イヤーラップ付キャップ

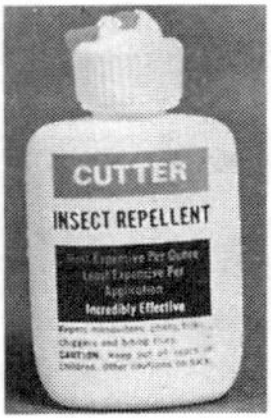

インセクト・リペレント

●**イヤーラップ**
毛皮の帽子や防寒帽についている耳被い用フラップ。イヤーラップがうしろまでつづいてつながっているのもある。秋冬のアウティング用の帽子の仕様だ。

●**インサイドステッチ**
靴、それもクライミングやマウンテニアリング・シューズの中底と表底をアッパーの皮をはさんで縫いつけ接合するステッチ。このステッチで靴の接合構造がわかる。ふつうステッチとセメントを併用している。

●**インシュレーション**
断熱材または断熱構造のことをいう。断熱といっても目的は防寒で、外の寒気を通さず、体温を失わせないことにある。厳冬期用のクライミング・ブーツやスキー・ブーツには欠かせない。素材はフェルトや合成素材。

●**インセクト・リペレント**
日本でも普及している虫よけ剤で相手は主に蚊である。野営には必携。

●**インナー**
内側の意。外側はアウターという。

●**ウィップ・コード・クロス**
なわ目のようなうねが太く浮き出した織り方の生地。地厚で二重織のものが多く、ヘビーデューティー。

●**ウィルダネス**
本来は荒野を意味する英語であるが、ヘビアイ的にはアウトドア・ライフの活動グラウンドとしての自然、すなわち山、川、森などで手つかずの自然をいう。ウィルダネスには本当の自然が息づいていなければならず、そこに入って生

ウエリントン・ブーツ

活したら必ず元の姿にもどしておくこと。生態系をこわさぬために。

●ウインド・ブレーカー
防風用の薄手のジャケット。これを着ても活動性は失われない、というもの。素材はナイロン織りが多く、うらネル、うらボアなどバリエーションもある。スクール・カラーの上に校名をいれたWブレーカーはアメリカの学生が伝統的に好んでいる。HDアイビーを代表する衣料。

●ウエリントン・ブーツ
英国原産の皮製ブーツ。ラウンド・トゥだが他の部分はカウボーイ・ブーツと同じ。ステッチのないシンプルさがヘビアイ的。

●ウッズマンズ・パンツ
もともとは樵や狩人など山仕事をする人のはいたHDパンツ。主に厚手のウール地でまた上が深くサスペンダーを使う。ディテールもHDでアウティングに向くもの。

●ウールラインド↓ウラネル
ジャケット、パーカなどの裏地にウールを使うことがよくある。本ウール地の場合もあるし、コットン・ネルを使うことも多い。

●ウレタン・フォーム
高分子化学の産物。泡だったポリウレタンを圧縮してラミネートしたもので、フィルターの働きがある。バクフレックスやゴアテックスという防水・通気の新素材の開発はこれに負うところ大である。

●エコロジー
自然生態学。大自然界の生物連鎖のバランスを知ろうとする学問。自然環境破壊の現象がいちじるしい今日、エコロジーへの目覚めは

カウチン・セーター

とくに強く叫ばれねばならない。ヘビアイ青年の必須学問。

●エジプト綿

エジプト産の綿糸は細くて長く、しかも強い優良種。バブアのオイルスキンの素材はこのエジプト綿の織地を使っている。

●オイルスキン

薄地のコットン、麻などにワセリンを塗りこみ、その上に獣脂をしみこませて作った防水素材。英国製のフィッシング・ウェアが元祖で、これを使ったバブアのレイン・ギアやパーカは古典中の古典。60／40パーカはこれにヒントを得て作ったものだが、英国では頑固にオイルスキンを着ている。

●オイルタンド・レザー

タンニンなどを使った通常のなめしを施した皮に、さらに油脂加工して防水性を加味した皮革。ハンティング・ブーツのアッパー、カウボーイ・ブーツ、ウォーキング・ブーツ、その他登山靴にも広く使っている。

●オイルド・ウール

未脱脂ウールは羊毛を脱脂せずに紡いだものだが、オイルド・ウールとはいったん脱脂した羊毛をあらためて羊やアザラシの油脂で防水加工したもののことである。フィッシャーマン・セーターの素材はこれが多い。

●表底

靴の底には中底と表底がある。表底は体重を支え、ショックをやわらげ、スリップを避ける機能を求めて設計されている。

カゴール

カット・オフ・ジーンズ

カ行

●**カウチン**
未脱脂ウール製品のひとつ。北米先住民のカウチン族の編むクラフト・セーターのことをカウチン・セーターと呼んでいる。

●**カーゴ・パンツ**
綿製大型ポケットつき作業ズボン。

●**カゴール**
もとは西洋の僧侶のフードつき袖なしマントのことを指していたが、現在では丈の長いウインド・ヤッケの一種のことをこう呼ぶ。日本でビバーク・ヤッケといっていたものがこれで、体全体をここに入れて不時露営ができるところからいう。ナイロン地にウレタン防水が普通。

●**カット・オフ**
ちょん切ること。すそをちょん切って半パンにしたジーンズをカット・オフ・ジーンズという。

●**カヌー**
北米先住民の水上の乗り物が原型の軽量小型舟。樹皮製、革製が本物だが、現在ではアルミ、グラスファイバー製が丈夫で安くできるようになった。漕ぎ方も簡単で川さえあればだれでもできる。荷物を積んで、おだやかな長い川をいくカヌートリップは新しい時代のアウティングの代表。

●**カヤック**
カヌー同様に小型軽量舟であるが、本体の中央に人一人分の漕ぎ座を残して他はすべてカバーしてある(デッキング)ものをカヤックという。カヤックは急流下りなどの

キャンピングストーブ

キャンピングマットレス

エキサイティングなスポーツが主で、カヌーとは形態も方法も異なる。日本では、レーシングとリクレーションの区別があいまい。

●カンガルー・ポケット
ジャケットやパーカ類についている腹ポケットのこと。カンガルーのおなかにある子供を入れて育てる袋に似ているところからこの名前がついた。トレーナーやウインド・ヤッケなどのがよく知られている。

●キドニー・ウォーマー
キドニーとは腎臓。つまり腰の上部の腎臓のあたりまでうしろ身頃をのばしてデザインしたダウンベストをみかけるが、この部分がキドニー・ウォーマー。腰を冷やさないための設計でありヘビーデューティーな仕様である。

●キャンピングストーブ
折りたたみ式のキャンプ用携帯ガスレンジで、大きさ、火力、燃料などを目的、手段に従って選ぶ。白ガソリンはやや扱いにくいけれど火力が強い。液化ガスは安全で便利だが寒冷時には凍結して気化しないことがある。

●キャンピングマットレス
野営時に寝袋の下にしくマットレス。通常フォーム状の合成素材を使う。軽くて効果的なためだ。エンソライトは商品名。重く始末の悪いエアマットはクルマ向き。

●キルト（キルティング）
木綿や合繊の表地に綿状の裏うちをして、ステッチが実用と装飾をかねてほどこされた伝統的なもの。保温性に富んでいるので防寒用のウェアに用いられる。

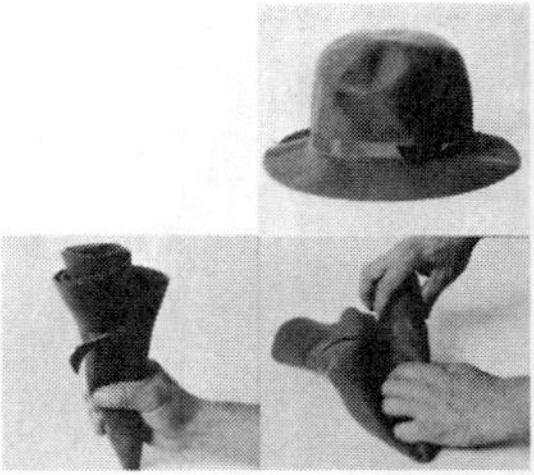

クラッシャー

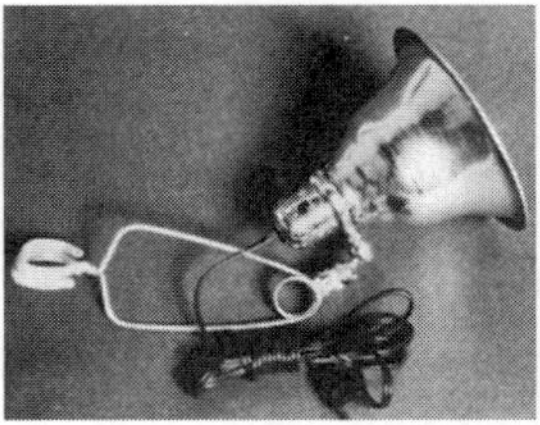

クランプライト

●グース・ダウン

鵞鳥の綿毛。ダウンの中で最高級といわれている。断熱性が強く、重さあたりの量が大きく、圧縮すれば小さくなり、反復力も大きい。しかし世界的に成熟グースは少なくなっている。

●グッドイヤー方式

ブーツ、シューズのアッパーと表底との接合構造の一方式。比較的HDなしくみ。

●クラシック・キャトルマンズ・クリース

テンガロン・ハットの中折れのつけ方のスタイル。トップと両サイドをへこませた形。

●クラッシャー

丸めて収納できるやわらかいフェルト製の帽子。クラッシュ・ハット。

●クランプライト

どこにでもセットできるバネ締めつけ式の簡易ライト。

●クルーザー

大型のヨットで完全な居住設備をもったもの。キャビン・クルーザーともいう。これで沿岸航海に出ることをクルージングといい、大金持ちの遊びとされている。

●クロスカントリー・スキー

日本でスキーといえばいまでは完全にゲレンデ・スキーのことになっている。しかしスキー本来のかたちであるクロスカントリー・スキー・ツーリングこそヘビアイ的冬のスポーツ・アイテムのトップクラスであることをみなおそう。トレイル・ウォーキングの冬版としてのクロカンツアーは雪におおわれた自然に接するのに最も適し、また楽しいスポーツなのでこれからおおいに普及して欲しいものだ。

●ゲーター

いわゆるゲートルであるが、日本ではスパッツと呼んできたもの。ひざまでのロングとその半分のショートがある。砂や小石、水、雪、氷などを靴に入れずすそを保護するもの。

●ゲーム・ポケット

ハンティング・ジャケットに取り付けられている獲物入れ用の大型ポケットのこと。透明のビニールで作られた大型ポケットもその一つ。ゲームとは釣りや狩りの獲物のことをいう。

●501ジーンズ

14オンスのブルー・デニム地で作ったリーバイ・ストラウス社製のジーンズの製品番号。ジーンズのトラッドなデザインを残すベーシックな型の代表的かつヘビーデューティーなもの。ヘビアイ青年ならすくなくともこれ一本はもっておきたい。

●ゴアテックス

空気は通すが水は通さないという新しい素材。炭素とフッ素の三層の分子から成り立ち、つまり着ていて、雨は中まで浸みてこないが、通気性があるという、ウルトラ・スーパー・マテリアルである。しなやかで軽く、ひっぱりに強いので、この新素材で作ったテントは当然、軽量かつ強じんなものである。

●ゴーグル

顔にぴったりと密着する防塵メガネのこと。オートバイやバイシクリング、また登山やスキー、スイ

コラプシブル・カップ

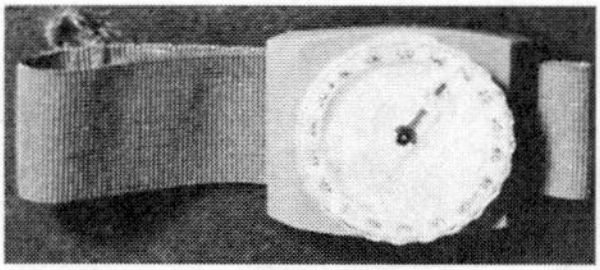

コンパス

ミングなど各用途別に種々の型がある。

●コットン・ダック

太糸コットンのあや織り地。いわゆるズックはオランダ語。細糸のあや織りがデニムでHDマテリアルとしては兄貴分。防水加工をしたものが軍隊用作業衣やダッフルバッグ、ハンティング・ウェアに使われる。

●コットン・フランネル

よりの甘い綿糸を平織り、またはあや織りにし、織上げ後さらしと染色を経て起毛した生地。肌ざわりがやわらかいので肌着に向く。各種プレイド染めのネルシャツはすでに普及しているヘビアイのマスト。

●コーデュロイ

たてパイル織（ケバ織）の仕上り地にナイフを入れてうねを出した綿織物。欧米では湿気が少ないので夏でもコーデュロイ・パンツをはく人が多い。HDマテリアル。

●コラプシブル・カップ

キャンピングやハイキングに便利なコンパクトなカップ。たたむと手の中へ入るほど小さくなってしまう。

●コールド・ウェザー・ブーツ

寒冷地用のブーツ。フェルトやウールの防寒材で二重構造になっているものが多い。

●コロラド・エキスプレス

コロラド州デンバーのK・コシバーが主宰するアウトドア志向のライフ・スタイル情報誌。年二回発行。はじめはコロラドのロッキー・マウンテン・ガイドやバックパッキング特集などで一気に読者を増やしたが、最近ではセルフ

サイクリングキャップ

サイクルバッグ

エイド志向をうちだしつつ、ダウンの洗濯法、ギャランティーの理解と利用などがユニーク。地域情報も多い。

●**コンパス**
ウィルダネスに入りこむアウドアマンに欠かせない磁石。地図と組み合わせてその使い方を知っておくこと。

サ行

●**サイクリングキャップ**
レーサーキャップ。短いヒサシが特徴。

●**サイクリングランプ**
夜間走行の安全のために腕または足首にストラップする電池式ランプ。自転車人間必需品。

●**サイクルバッグ**
四角いコットン・ダックの袋にストラップをつけた自転車用バッグ。ロードレーサー用はヒモが長い。これに教科書を入れて通学する学生が多い。

●**サイトセイバー**
ガラス、プラスティックスをとわず、くもり止め、静電気よけの効果を発揮するシリコン・クリーナー。

●**サーチライト**
強力ライト。国産品にも優秀なものがある。夜間のパス・ファインディングや危険に際しての信号灯としても使う。

●**サバイバル・ギア**
ウィルダネスで迷ったりケガをしたり食糧が底をついたり、さまざまな障害に出くわしたとき命をたすけてくれる数かずの道具がある。アメリカではこれをひとまとめにしたキットを売っている。サバイ

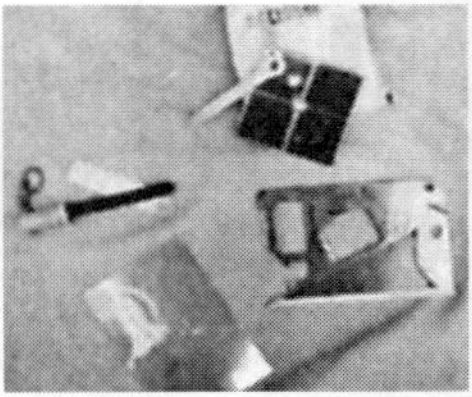

サバイバル・ミラー

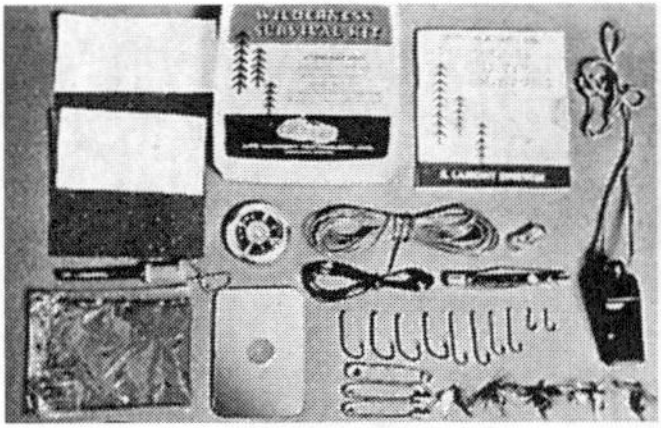

サバイバル・キット

バルの方法を説明したハンドブックもある。すべてセルフエイドの思想に基く。その中でもいちばん大切なものがナイフ。サバイバル・ナイフはいく通りもの役をする。グリップ・エンドも頑丈なナットだから石も割れる。サバイバル・ミラーは信号送り用。プラスティックス・レンズ、メタル・マッチは火おこし用。磁石、ホイッスル、救急キット。さらに釣り針と糸、フライ・フック、それから仕かけワナなどもふくまれるが、お仕きせのキットにたよらず自分なりの発想と体験に基づいたものを用意するのが理想的だ。

●シエラカップ

いちばんシンボリックな鉄製のキャンピング・カップ。把手のワイヤーには熱が伝導しにくく、カップのエッジもそれほど熱くならない。ナベとしてもカップとしても使えるし、皿やボウルのようにも利用できる。鋼鉄製で簡素だがきわめて合理的。ただし重いのが少々困る点だ。シエラ・クラブの制式カップとされている。アウトドアーズマン必携。

●シエラ・クラブ

ヨセミテの自然を保護する運動から、ジョン・ミュアが思想基盤を培い、組織づくりをした団体。一八九二年、サンフランシスコで創設。現在は、全米、カナダ、イギリスなど、一七万人もの会員がいて、世界中で〝自然保存〟の精神をもとに、自然と共に生きようという活動をしている。

●シェル

直訳すれば「殻」のこと。今の米

ジッポー

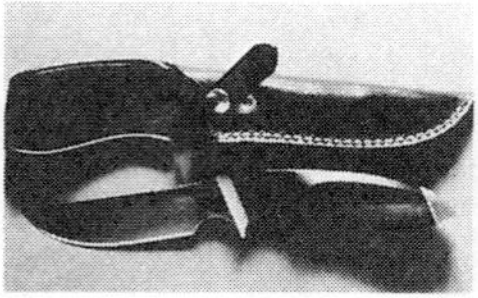
シースナイフ

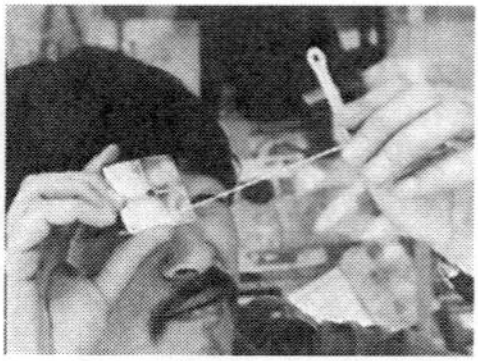
シグナル・ミラー

国ではなんらかの素材（ダウンとかフォームとかファイバーなど）を包んでいる布地をシェルという。

●シグナル・カラー
国際的に決められた注意信号色は鮮やかなオレンジである。アウトドア・ウェアにはこの色を使ったものも少なくないし、ライフ・ジャケットなどはいつもオレンジ色。

●シグナル・ミラー
サバイバル・ミラーのこと。上の写真が使い方を示している。

●シースナイフ
シースとは皮の鞘。フォールディング以外のナイフはたいがいベルトにつくシースに納める。

●ジッポー
オイルライターでは世界一の折紙つきブランド。ナイフつきゴムヒモつきもあってアウトドアマン向き。

●CPOシャツ
メルトン地使用のHDシャツ。フラップつきパッチポケット二個にロングテイル。

●ジムショーツ
トレーニング用ショートパンツ。フレンチ・カットというサイドスリットにパイピング入りのものが人気。ナイロンと綿とあり。

●シモフリ
染めた毛と染めない毛、あるいは2色以上の染めた毛を混ぜてシモフリ調を表現した染め糸又は編み地。白と黒、紺など。

●シモフリ・トレーナー
白と黒のシモフリ糸で編んだメリヤス地を使ったトレーナー。プルオーバー式と前ジッパー式があり、フードつきとなしがある。白や紺

シモフリ

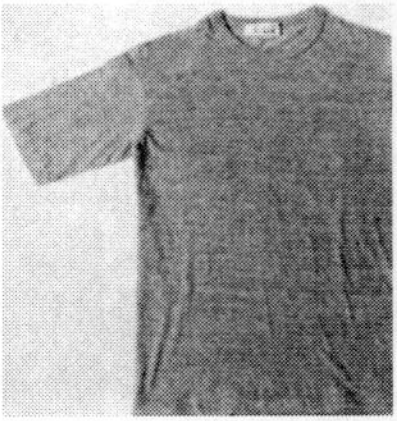

シャックル

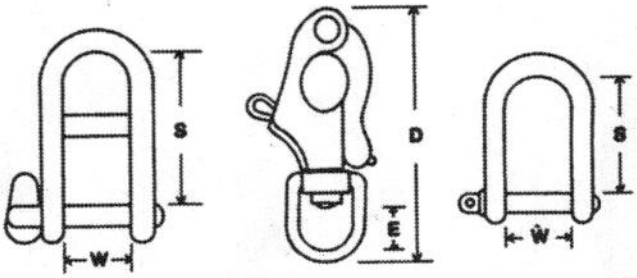

もあるがシモフリがスポーツ派へビアイのマスト・アイタム。

●ジャージー

伸縮性に富む編み地の一種またはそれで作った衣料のこと。

●シャックル

ヨットなどで取りはずしがひんぱんなジョイント部分に使う金具。使用目的が多方面にわたるのでサイズは2センチから10センチの大型まである。ネジ式、スナップ式、レバーピン式などのタイプがあり、スピーディーなデッキワークに欠かせない。

●シャモア・クロス・シャツ

南欧の山地や西部アジア産のかもしかの皮革（セーム革）に似せたコットン製の生地を使ったシャツ。ヘビアイのマストというべきもの。

●ショイナード

登山家イボン・ショイナードが創作したクライミング・ギアで有名になったブランド名。会社はグレート・パシフィック・アイアンワークスという登山用具メーカー。

●ジョギング

競争を目的としない。もっぱらトレーニングの一方法としておこなうランニングのこと。

●ジョン・ミュア・トレイル

実践派自然保護団体「シエラ・クラブ」の思想基盤をつちかい、最初の組織づくりに力を尽くした同クラブ初代会長ジョン・ミュアを記念したトレイルの名称。ヨセミテ国立公園も通過しており、パシフィック・クレスト・トレイルと重なっている全行程を歩き通すには数カ月を要するという。ヨセミ

水中カメラ

水とう

テを国立公園にしたのも時の大統領セドオア・ルーズベルトと直接会ってヨセミテでのダム建設工事をやめさせ、牧畜業者をしめだしたのもミュア自身の先見的な思想と行動なのだ。

●水中カメラ

水の中で使用するためのカメラ。地上で使えば防水防塵完璧のＨＤカメラとなる。

●水とう

アウティングの必需品。最近は内部だけホーローびきにしたものも出ている。

●スイス・アーミー・ナイフ

スイス陸軍の歩兵が携帯していた四徳ないし六徳のポケット・ナイフが原型の、アウトドア万能ナイフ。

●スイーベル

船具のひとつ。〝撚り戻し構造〟をもったジョイント道具。これでシーナイフをベルトループにとりつけるのからキーホルダー利用が起こった。

●スウェットシャツ

丸首かモック・タートルの裏起毛仕上げのメリヤスシャツの総称。一般に〝トレーナー〟と呼ばれているもの。

●スタッグ・シャツ

ウールのアウターシャツ。前と後にヨーク（あて布）があり、ボトムはスクウェア。

●ストーム・パーカ

全天候型のパーカ。表地はナイロン・タフタ（傘に使う生地）に防水コーティングで破れにも強い。裏地はコットンでムレを防ぐと

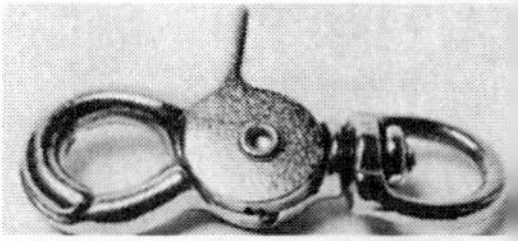
スイーベル

スタッグ・シャツ

スノモブーツ

いった仕様が代表的。

●スニーカー

米国ではゴム底の運動靴をスニーカーといった。音がしないので〝忍びよる〟という意味にひっかけた呼び名。現在ではトレーニング・シューズが主体になってきたのでアスレティック・シューズというふうに変わってきている。アッパーはズック、ナイロン、レザー。ソールも目的別に多種多様だ。

●スノモブーツ

極寒地用のアークティック・ブーツをスノーモービル運転用にアレンジした二重断熱の防寒靴。ナイロン・アッパーで開閉はジッパー式。上端はコードじめが普通。

●スノー・シュー

中央アジアに大昔からあった雪上歩行器。細長い〝ビーバー・テイル〟タイプは平たいオープンな雪原を早く歩くのに適し、中くらいの〝クロスカントリー〟は上り下りがやりやすい。短くてテイルのない〝ベアポー〟（熊の足）は藪の多いところでもどんどん歩ける。ワクは木でレースは牛革かネオプレン。シェルパ社製のアルミフレームのものは軽くて、セットしやすいバインダーがついているから便利だ。新しいアウティングであるスノーシューイングはにわかに普及する気配だ。

●スクイーズチューブ

空で売っているチューブ。食糧を自分でつめて閉じるようになっている。

●スピネーカー

ウイング・カラーに前立てで胸の中ほどまで開いたハーフ・ブラ

スノー・シュー

スクイーズチューブ

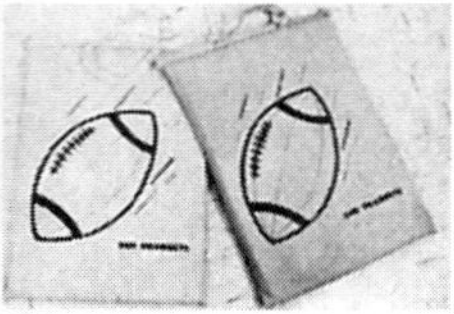
スペクテーターエイド

ケットのシャツ。

●スペクテーターエイド
スポーツ観戦用携帯手さげざぶとん。冬場や室内氷上競技にはダウンパーカやビノキュラーも用意したい。

●スモークドライ・キット
くん製の肉とか魚をつくるキット。海水からとった塩（米国は岩塩がふつう）と液化した煙をつかって一晩オーブンに入れておけば自家製ジャーキーやくん製ができあがるというもの。

●スリーピングバッグキャリア
背負いひもつきの小さな袋にストラップがついてもっぱら寝袋を運ぶための道具。子供など、荷はさほど持たなくても自分の寝袋くらいは運びなさい（かさばるわりに軽いから）という考えに基づく道具。

●スリングショット
銃、ナイフ、弓矢が好きな人はパチンコも好きにちがいないが、スリングショット（パチンコ）は標的を撃つものであって、生物を殺すためのものではない。

●セキュリティーチェーン
自転車を置いておくときに鉄柵や鉄柱につないで盗難を予防するビニールチューブに入った鎖式のロック。使わないときはネックレス式か、けさがけにひっかけるかして街を走るのがヘビアイ風俗。

●セルフエイド
生きてゆく上で、自分の面倒は計分でみようということをベースにしたのがセルフエイドだ。文明国人はいつか人間本来のあり方を忘れてしまっていはすまいか。自然

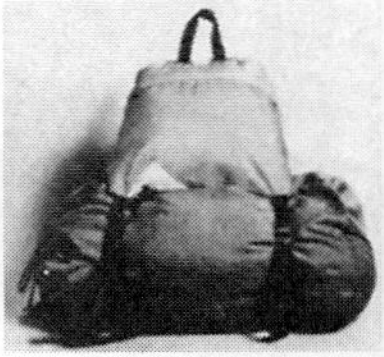

スリーピングバッグキャリア

スモークドライ・キット

ソレルブーツ

人としての人間とは（あえて自然の中で暮さなくとも）自分の面倒は自分でみる、ということを基本にして生きるということではあるまいか。そんなことに気づいた動きがハンドメイドハウスや手づくりプラント、エネルギーの自給、徒歩旅行などにあらわれてきたのだが、もっと身近な自転車、ナイフ、デイパックなど一連のＨＤウェアもすべてその考えを基本にしているのである。

●ソフトパック

ドン・ジェンセンのオリジナル以後追随者の多いモノコックのバックパックのこと。ハガータイプだからデリケートな登降に向くので起伏のはげしい日本の山や山スキーなどにはフレームつきよりもずっと適している。

●ソレルブーツ

アークティック・ブーツの別名。ソレルとはブランド名（カナダ）。フェルト製インシュレーション構造で、アッパー部は上が革、下がラバーである。

タ行

●ダイバーズ・ウォッチ

潜水用腕時計。防水はもちろん完璧だが耐水圧が問題になる。ＨＤ時計ＮＯ・１。

●ダウン

鳥の胸部の綿毛のこと。詳細は「ＨＤ物語・ダウンの項」を参照。

●ダウンセーター

ダウンジャケットの一種。フードがなく、前はスナップどめのみ。袖口はゴム入り。マウンテンパーカの下などに着る。

ダウンセーター

Dリング

●ダッフル・コート
もともとは北欧の漁師が着ていたダッフルクロスで作られたコート。フード付きでボタンはトッグル（浮き型）になっていて丈は膝までの長さのものが多い。

●ダッフル・バッグ
何でもつめこむ洋式合切袋。綿ダックかナイロンダック製で大型。型式は何種かある。

●タフタ
平織り地のことで地合いは多少硬い感じ。ふつう裏地に使ったり防水コーティングして洋傘地に使うが、防水性と破れに強いところから、アノラックやストームパーカなどに使われている。

●ダブル・ビルト
二重構造の意。パーカなどの脇ポケットにはしばしばハンドウォーマーが併設されるがそんなつくりをダブル・ビルトという。

●ダンガリー・シャツ
インディゴ染めの糸と白糸とのあや織りコットン地（デニム）の6～8オンスの厚さの生地で作った作業用シャツ。胸ポケットはフラップ付きとフラップなしボタンどめのものがある。

●チェーン・トレッド・ソール
L・L・ビーン専売特許のメイン・ハンティング・シューズやガム・シューズなど一連の靴の底パターン。半永久加硫加工を施したHDなクレープ・ラバーに粘着まさつ性の強い鎖模様のパターンをつけたもの。

●チノクロス
コットンのあや織り地。軽量で強い。チノとは「中国の」という意

ディアーストーカー

デイパック

味だが、これは中国の軍服の生地からつけた名称。HDな素材だがアイビーでもスーツやパンツ地として代表的素材であった。

●ツイード

本来は手織り（ホーム・スパン）の平織りまたはあや織り羊毛地。太い雑種羊毛が素材なので粗剛な風合いのHDマテリアル。

●ツイル

撚糸で練り上げた目のつんだあや織り生地のこと。ナイロン・ツイル、コットン・ツイルなどある。

●Dリング

クライミング・シューズなどのヒモかけシステムとしては、アイレット（ハトメ）式とフックとD型リングのコンビネーション式がある。甲の部分がフックでつま先にDリングを打ったものが足のフィッティングにはいちばんよいとされている。縦走用の山靴ですべてD環というのがいまでもある。

●ディアーストーカー

鳥打ち帽ならぬ鹿撃ち帽。生地はツイードでトップで結べる式のイヤーラップがついていて、つばが前後にある。前うしろの区別なし。

●デイパック

一日分の必要道具やおべんとうなどを背負うための小型バックパック。背負えば両手が自由に使えて活動性が増すのでヘビアイのマスト。日帰りのハイキングや学生の通学などにもちょうどよい容量である。

●デザートバッグ

通常防水加工のないキャンバス地でつくる水入れ袋。水の浸出による冷却効果が特徴。

デザートバッグ

テニスハット／テンガロンハット

登山靴

●デッキ・シューズ
ヨットやボートのデッキの上やマリーナではくための靴。いわゆるスニーカータイプのものと、レザーのモカシンタイプの二つが代表的。特徴はなんといってもソール（底）で、水にぬれたデッキの上などでも、すべらないように工夫がされている。この分野で有名なメーカーは、西ドイツのロミカ、イギリスのダンロップ、アメリカのトップサイダーなど。ヨットマンのマスト。

●テニスハット
生地はコットンで、汗ムレ防止のためのハトメが四個ついている。パイル地のものは夏のアウトドア・ライフによい。

●デニム
インディゴ・ブルー染めの糸と漂白糸を⅓のあや織りにしたもので裏地は淡紺色。ブルー・ジーンズには13～14オンスのものが使われる。フランスのニームが発祥地。

●テンガロンハット
カウボーイハット。10ガロンも入る大きさではない。素材はフェルト、ストロー、皮などあるが、ビーバー・フェルトという素材を使ったものが最もオーソドックス。

●登山靴
厳密に分類するとマウンテニアリングとクライミング（岩登り）では靴の作り方が異なる。岩登り用の靴は底が硬く、少しのひっかかりでもふんばれるようでなければならず、山登り用だと少し軽量で足首のやわらかいものがよい。どちらも靴のなかではＨＤの極めつきだ。

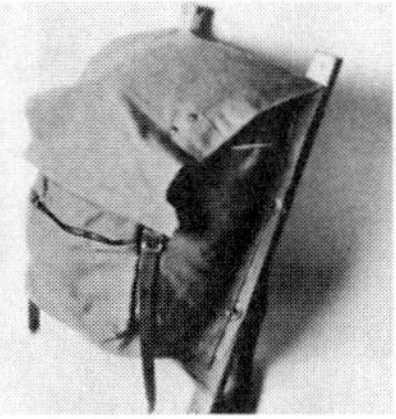
トラッパーネルソン

トラップ

●トート・バッグ

トートとは持ち運ぶことでトート・バッグとは、ヨットなどから車に雑多な物を積みかえたり、家から食糧品などを車や舟にまで運ぶのに使う大型の手さげ袋のことをいう。コットン・ダック製。

●ドームハウス

ログキャビンが好まれる一方で、計算されたハンドメイドハウスとしていま米国で増えている半球型の家。三角を一単位とする構造で長い柱や大きな構造材がいらなくて、小さなものなら比較的ハンドメイドしやすい。好みのところにアクリルなどでライトがとれるのも利点。バックミンスター・フラーのドームが理論的根拠。

●トラッパーネルソン

昔、北米先住民が使っていた木製の背負子をアメリカ人が工夫を加えてパックをつけられるようにしたもの。ここからフルフレームパックが誕生した。ヘビーデューティー・トラディショナルのきわめつきアイテムといえる。

●トラップ

ワナのこと。写真は小型だが巨大なワナもある。ワナにかからぬよう気をつけよう。

●トレイル・ウォーキング

必ずしも登山ではなく、あくまで「歩き」を目的としたアウティング。バックパッキングもトレッキングもこの考え方が基本にある。日本は山が多く平地が少ないので歩きは即ち山になりがちだが、歩くということをもっと大きく考えよう。また氷雪や岩や高所のみをめざす旅行者も「歩く」というこ

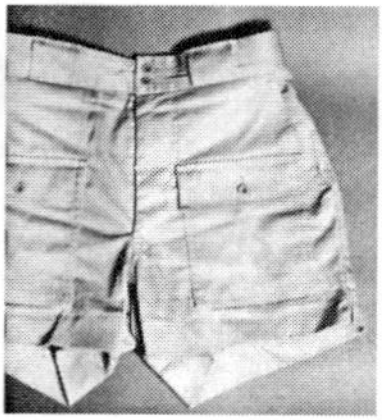
トレイルショーツ

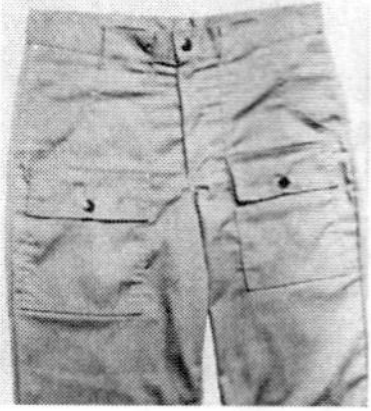
トレイルパンツ

とに対しては謙虚でありたい。

●トレイルショーツ

チノ・クロスやコーデュロイを使ったショート・パンツ。ベルトのループと前ポケットがワンピースで、前後四個のポケットにはスナップどめフラップがついているのが特徴。ブッシュ・ショーツともいう。

●トレイルパンツ

ブッシュ・パンツともいう。ループと前ポケットがひとつづきで、股上が深く、腿のあたりはゆったりしたドレープがあるのでアウトドア・ライフには最適。コーデュロイやチノ・クロスが本格的。

●トレーニングシューズ

スニーカーというのは米国語。トレーニングに使うのはトレーニング・シューズ。ソールには波状、サクションカップ、ワッフルなどあり、アッパーもナイロンやレザーがある。ジョギングというのもトレーニングの一部なのでこの種のクツを使う。その際はケミカル、芝生、土、アスファルトなど路面に合わせて選ぶことも常識だ。

●ドローコード

パーカなどのフードやウエストのすその部分に通っている引きヒモ。あらかじめ自分のサイズに合わせてしぼって両端をこぶなどで止めておくと前あきをとじるだけでフィットするので便利だ。

ナ行

●ナイロン・シェル

ダウンやファイバー入りの衣服や寝袋の外側をくるんでいる布地のことを「シェル」（殻）という。

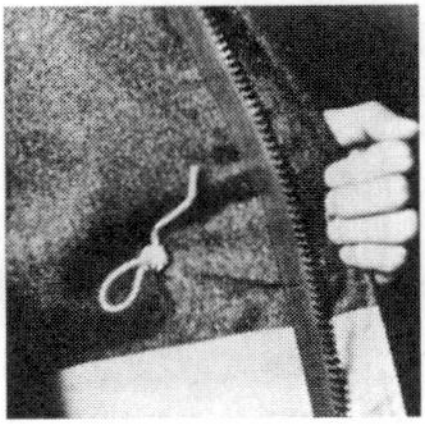
ドローコード

60／40地のシェルもあるがスリーピングバックなどはナイロン・シェルが多い。ダウンが入っているひとつひとつの部屋のことをバッフルという。

●ナイロン・ダック

太目ナイロン糸のあや織り地。用途は抜群に広く、バックパック、デイパック、ダッフルバッグ、その他各種ストラップ、登山用ベルトなどに使われているＨＤな生地である。

●ナイロン・ツイル

織り組織には平織り、あや織り、サテン織り、パイル織りなどあり、これは細糸ナイロンのあや織り地。

●中敷

靴は、下から、底、中底、中敷、そしてアッパーとなる。中敷はステッチを保護する。

●中底

靴の外底とアッパーとを接合する働きをもつ中間底。クッションの役割りも果す。

●ナショナル・ジオグラフィック

米国地理学協会の機関誌だが一般人にもわかり、アウティングの記事もあってすばらしい内容だ。本屋にはなく定期購読する。

●なめし

水づけや石灰づけの工程のあとタンニンあるいはクロムを使って皮を革に変えることをいう。革は皮にくらべて腐敗しにくく熱に強く水を含んでも柔軟性が変わらない。

●ニッカ・ボッカー

自転車が普及したころ、ペダルをふむのに邪魔にならないので愛用され、後にゴルフ、スキー、登山などスポーツ用として一般的に

ノーフォーク・ジャケット

バイクキャリア

なった膝下ベルト締め七分ズボン。

●ノーフォーク・ジャケット
英国のカントリー・スポーツ用ジャケットで、肩を通って前後にヨークをつけたり背にプリーツを入れたりした、ベルト付きツイード・ジャケット。ヘビトラのアイタムに入る。

●ノルヴェジアン方式
登山靴などＨＤ靴の底の接合構造の一方式で、表底と中底とアッパーをステッチで接合し、同時にアッパーと中敷もステッチ接合したもの。グッドイヤー式と同様、中底と中敷の間にはコルクをひいてある。この方式だと仕上げの最後の段階まで靴を型からはずさないので、靴の形は接合プロセスで変形したりくずれたりしない。マウンテニアリングだけでなくハイキング・シューズやブーツにも広く採用されていて、外まわりにステッチが二本入っていればノルヴェジアン・ウェルト（接合）だとわかる。

ハ行

●バイクキャリア
自動車のリアーに自転車をつけて運ぶためのラック。二台つけられるのがほとんど。旅先で自転車が必要とあらば絶対運んでしまうＨＤ用具だ。

●バイシクリングシューズ
レーサー・シューズともいう自転車用の靴。やわらかいレザーのアッパーには無数の通気孔があいている。一枚底。

●バイシクル・パック
自転車用パック。ハンドルにつけ

バイシクリングシューズ

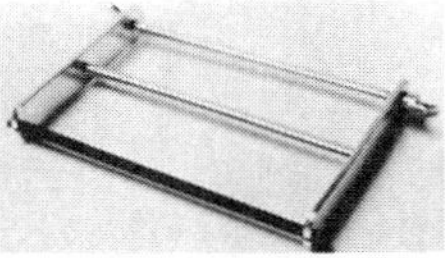

パックソー

るハンドルバー・バッグ、サドルの後につけるサドル・バッグ、フレームにつける三角形のミッドフレーム・バッグ、後輪の上にまたがらせてつけるパニアーなどがある。バイシクル・パッキングの要領としてはなるべく重心を下げることがあげられる。

●**パーカ**
フードがついた長上着。アラスカ先住民の毛皮コートや英国のオイル・スキン製フィッシング・ジャケットも広い意味で全部パーカ。マウンテンパーカ、ヨットパーカなどには新素材が使われている。

●**ハガータイプ**
ソフトパックで背中をくるみこむようにフィットする設計のもの。〝ハガー〟（しがみつき）タイプだと、登山や山スキーのように動きがデリケートなスポーツでも楽に背負えるのである。

●**バキュームボトル**
魔法びん。保温水筒。

●**バクフレックス**
英国P・ストーム社の開発した防水・通気の新素材。72年にはバクフレックスIIを開発した。これはかさばらず、従来より軽くなり破れや摩擦にもより強くなっている。

●**パックソー**
組立て式ノコギリ。

●**バックソー**
わくつきの西洋ノコギリで両手でひくものをいう。

●**パックバスケット**
藤と白トネリコを編みあわせたバスケットのバックパック。パッキングしやすいこと。内容物がこわれにくいこと。背負いやすいこと

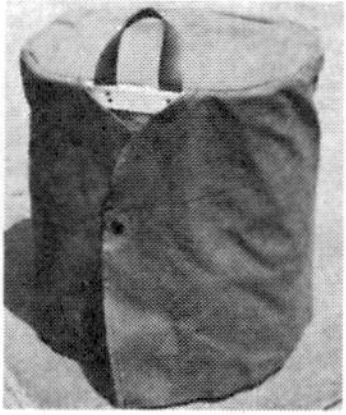
パックバスケット

バックポケット

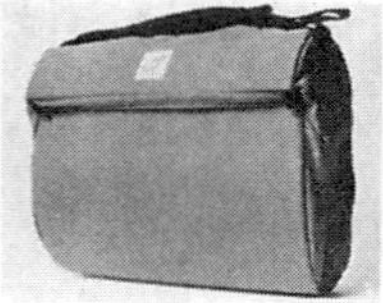
パニアーバッグ

などが利点。米国東部のHDのトラッド品である。

●バックパッキング

徒歩旅行のこと。セルフエイドの徒歩旅行全行程での必要にして充分なものをすべて自分自身で運ばなければならないところからこのようにいう。五〇ページ参照。

●バックパック

物を詰めて背負うための袋。古くはルックサック、背のう一般、新しいところでは、フルフレームパック、ソフトパック、ウィークエンド・パック、デイパックなどがある。ウィークエンド・パックというのは正式な名称ではないが週末の二～三日のツアーに適したパックという程度の意味でフルフレームパックとデイパックのちょうど中間の大きさとシステムのもの。米国系のソフトパックや欧州系のラフマ、ミレーなどの多くがこのカテゴリーに入るだろう。

●バックポケット

パーカやハンティング、フィッシング・ジャケットの背ポケット。えものや地図などを入れるが、同時に保温に使える。

●バックロッグ

薪の暖炉の火もちをよくするコツ。大薪を炉の奥に入れておくこと。

●バッファロー・プレイド

赤と黒、緑と黒などのプレイド（格子縞）のパターン。目立つ配色なのでアウターウェア向き。ウール85%、ナイロン15%の生地を使ったバッファロー・プレイド・シャツはヘビアイのマストである。

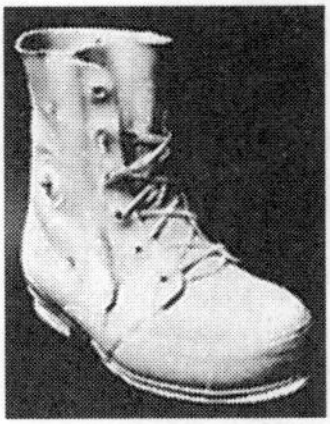
バニーブーツ

バラクラバ

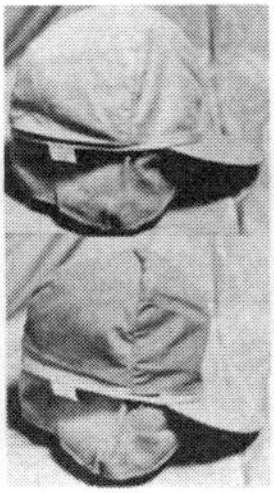
ハンティング・キャップ

●バードワッチング
野生の鳥の分布や生態の研究のために、双眼鏡と鳥類図鑑とフィールドノートをバックパックに詰めてウィルダネスにわけ入り、観察し、記録し、自然に親しむこと。

●パニアーバッグ
パニアーとは荷カゴのこと。自転車の荷台の左右にふりわけてつけるパック。

●バニーブーツ
防寒用の二重靴で、スキ間に空気を入れて保温するゴムブーツのうちの白いもの。本当の名称はホワイトベーパー・ブーツ。

●ハバーサック
リクレーション用の肩かけ式雑のう。アウティングのための袋物中のトラディショナルで、昔は背負い袋よりもこのハバーサック形式の方が主流だったくらいだ。現在は釣り人用のものがほとんどで、HDで便利なサックが各種作られている。

●バラクラバ
防寒用のニット・キャップの一種で、スッポリかぶって目と鼻の部分だけ出るスタイルのもの。以前から目出帽といっていたのがこれ。同じものでも近頃は名前が変わるから油断がならぬ。

●バンダナ
絞り染めパターンの大きなスカーフ、という意味のヒンズー語〝バンドニュ〟が語源で、カウボーイがほこりよけに首に巻く更紗染めスカーフ。コットン製。

●ハンティング・キャップ
狩猟用帽子。タンと、誤射を避けるための赤のリバーシブル・

キャップもそのひとつ。
●ハンティング・グラブ
アクリル・ニットにやわらかい皮をパッチングした射撃用手袋もそのひとつ。

ハンティング・グラブ

●ハンター・ブーツ
底はビブラムでスクウェア・トゥ、編み上げタイプで水に強いものが多い。
●ハンド・ウォーマー
箱ポケットのうらなどに手を入れてあたためるというもの。パーカやダウンベストにはよくついている。ベストなどの斜めカットのポケットもハンド・ウォーマーだ。

ハンド・ウォーマー

●万能キャリア
材木、毛布、寝袋など持つところがなくかさばるものを運ぶベルト式手さげ。
●ピーコート
もとは船の甲板で見張りをする船員の着るコート。ネイビー・ブルーのメルトン地はHDマテリアル。ダブル・ブレストで斜めポケット付き。すそは手の長さ分ある。
●ビノキュラー
双眼鏡のこと。バードワッチングはもとより、トレイル・ウォーキング、パスファインディング、ハンティングなどに欠かせないギア。モノキュラーは望遠鏡。
●ファー
毛織維を大別すると、ウールとファーに分けられ、ファーはうさぎやビーバーなどの毛を指す。羊毛を原料とするウールは重く手ざわりがなめらかではないが、ファーは軽くてなめらかなので高級品とされる。

ファーストエイド

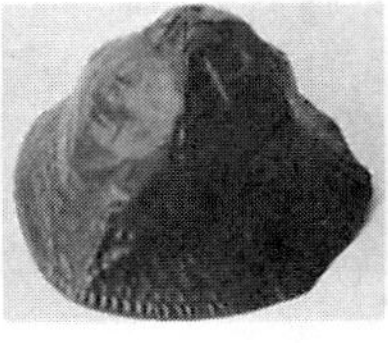

フィッシャーマンズハット

●ファイバー・ダウン
合成繊維にダウンと同じようなロフト性をもたせてキルトの素材にしたもの。ダウンに混ぜる場合もあるが、新素材ポーラーガードは水に強く大いに評価されている。

●ファイバー・フィル
キルトものにダウンではなくファイバー・ダウンを充填すること、または、したもの。

●ファーストエイド
サバイバル・ギアのひとつ、救急用品。絆創膏、軟膏、痛み止め、バンデージ、ピンセット、ハサミなどまとめて持とう。

●ファティーグ・パンツ
カーゴパンツの項を参照。

●ファニーパック
ベルトパックの別名。腰にストラップする小さな袋。スキーで使う人が多いが、バックパックに入れておいてアタック風にも使えるし、前にセットしてカメラを入れたりひんぱんな使用にも重宝する袋である。

●フィッシャーマンズハット
オイルスキンを素材にしたものと、ゴムびきのものがある。防水が主目的の帽子。

●フィッシャーマンセーター
未脱脂ウール、または脱脂ウールにふたたびアザラシか羊の油脂をしみこませたもので編んだセーター。重いが水をはじくし水びたしになっても体温を逃がさない。

●フィッシングバッグ
ショルダー・バック式のびく。内部はプラスティックスびきで魚を低温に保つ。

フィールド・キャップ

フェイスマスク

●フィルソン

アラスカのゴールドラッシュの時に砂金採り用に作ったのがフィルソン・クルーザーで、以来アウター・ウェアの古典となっていてフィルソンといえばこのクルーザーを指すくらい有名だ。フィルソンはもちろんシアトルのHDウェアの専門メーカー。社名がそのままもの名になるのは立派だな。

●フィールド・キャップ

米国人の好きなアウトドア・キャップ。

●フェイスマスク

厳寒時に寒風や氷雪から顔面を守り凍傷を防ぐために設計された顔面カバーのこと。

●フェルト・ライナー・ブーツ

アッパーのライニングに厚手のフェルトを使い断熱効果を出す構造のブーツ。

●フォックス・ファイア・ブック

米国ジョージア州の一私立高校の生徒の研究レポートだが全米的ベストセラーになったもの。南部マウンテン地方に残る生活的伝統、民衆工芸、建築、種々の生活の知恵などを実際に取材、研究した資料や写真をまとめてある。高校教師E・ウイギントンの努力による。原本第一号は67年から。ハードカバー本はNYのダブルデイ出版。

●フォールディング・ソー

木の枠におさまる方式の三角形のこぎり。

●フォールディング・チェアー

ズック張りのトラッドな折りたたみ椅子。

フォールディング・ナイフ

フォールディング・チェアー

●フォールディング・ナイフ
ナイフの一形式。ブレードをグリップに折りたたみこめるシステムで小さいものはポケット・ナイフともいう。

●ブタン・ストーブ
キャンピング用ミニ・ストーブの一種で燃料にブタンを使うもの。カートリッジを高い位置にセットしてパイプをバーナーの近くに通して気化を助長する構造が特徴。

●ブーツカット・ジーンズ
ジーンズのシルエットのひとつで、ソフト・フレアーのラインのこと。本来は、ウェスターン・ブーツをはくためのシルエットとしてうまれたものである。

●ブーツ・ジャック
ブーツを脱ぐのに使うU字型に切りこんだ板で、切りこみにブーツのかかとをはさんで脱ぐ。セルフエイドで簡単に作れる。

●ブッシュジャケット
ブッシュとは〝ヤブ〟のこと。つまり林の中や荒地を歩く時に着るものとして考え出されたもの。お尻がかくれる丈で、ベルト付き、両胸、両脇にプリーツをとった貼り付けポケットという機能性が良い。

●ブッシュパンツ
トレイルパンツのこと。

●ブーティー
ダウン・ソックスのようなもの。寝袋に入るとき靴を脱いでこれをはくと暖かい。

●フーデッドトレーナー
フードのついたトレーナー。ヘビアイ青年はシモフリ、フロント・ジッパーを好む。

フーデッドトレーナー

フルフレームパック

ブローガン

●フライ・フィッシング
フライ、つまり鳥の羽根や小動物の毛でつくって虫などに似せたケバリを使う釣りのこと。エサ釣りの伝統の強い日本でもテンカラというケバリ釣りがあった。フライ作りもひとつの芸術である米国で釣りといえばルアーとこれ。

●フラヌレット・シャツ
ネルシャツのこと。

●フラノ
洋服地として使われるやや厚めのフランネルの一種。手ざわりがよく柔らかい。

●フランネル
単にネルとも呼ばれる柔らかで軽く布面に起毛のある織物。発祥地はイギリス。

●フリスビー
投げあって遊ぶプラスチックスの小型の円盤。フリスビーは商標名。

●フリーポート
米国北東部メイン州の町。ここはL・L・ビーンのある町だから有名なのだ。

●フルフレームパック
パックパックの一種。トラッパー・ネルソンとか木製の背負子がオリジナルになっている、アルミフレームにパックをつける式のバックパック。三八ページ「ローディング学」の項参照。

●ブローガン
吹き欠のこと。写真のは、アルミ製でマウスピースとグリップがゴム。7〜8インチのピアノ線のおしりにビーズをつけて矢にし、アリクイやうさぎなど小動物を撃つ。

●プロパン・ストーブ
キャンピング用ストーブの一種。

ベビートーター

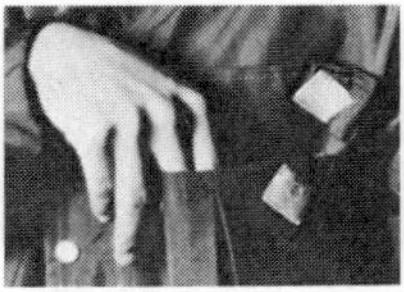
ベルクロ

ベルトソー

ガスはプロパン。ブタンより高い熱がえられる。

●ベアープルーフ

日本でも中部から東北地方や北海道の山地に行けばたまにクマに出くわすことがある。夜になるとバックパッカーの食糧をねらって出没するから、寝る前には必ず食糧を木の枝につるしておかなければならない。缶詰さえもくいちぎるから地上には何も置けない。でも、クマが悪いのではなくて、自然の中にはいりこんだ人間のほうがクマに注意しなければいけないのだ。こういうクマに対する対策をベアープルーフという。

●ベビートーター

ローディング理論にかなった設計のフレーム式赤ちゃん用の背負い子で、前向き、後向き、両用とある。

●ベルクロ

日本でマジック・テープとよんでいる脱着テープのこと。開閉はたいへん簡単だが、衝撃で開くことは少ない。

●ベルトソー

ベルトにつける小型の手挽きのこぎり。

●ペンドルトン

米国オレゴン州ポートランドにうまれたウール製品のメーカーでアウトドアーズ・シャツの代名詞。ペンドルトン・クラシックスとよばれるトラッドなウール・シャツは、その上品さのうえにもあくまで米国的な泥くささをそなえている。頑固一徹に自分の道を歩みつづけるヘビトラ・メーカー。

●ホイッスル

緊急的に助けを呼ぶ「呼び子」。

ポータブルトイレ

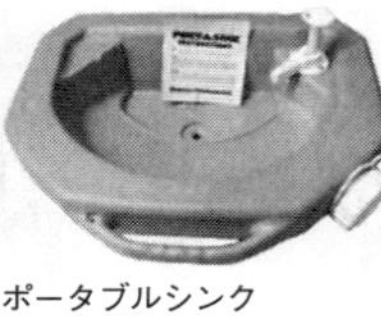
ポータブルシンク

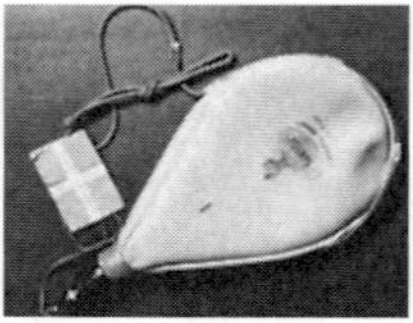
ボタ

鳥寄せホイッスルもある。このサバイバル・ギアも街ではヘビアイ・アクセサリーになる。

●ボウイー・ナイフ

アラモ砦で戦死したジム・ボウイーの名を冠したファイティング・ナイフの形式名。ランドール社のモデル１が原型にいちばん近いパターンだといわれる。長さ三三センチ、幅四・五センチで上刃は直線、柄は木製というのが本来のボウイー・ナイフという。あくまでも闘争を目的としたナイフでアウティング向きにはベストではない。

●防水オイル

糸や布地、皮革などにしみこませて防水性をつけるための獣脂。木綿やウールにはアザラシや羊、皮にはミンク・オイルがある。

●ボタ

南米、スペインが発祥地の革製の水筒。ワインを入れ、のむときは口を大きくあけ上をむいて袋をしぼる。すると小さな穴からほとばしり出てきてのどをうるおすもの。

●ポータブルシンク

ポータブルの洗面所。シンク自体がタンクになっていてプッシュポンプで給水する。

●ポータブルトイレ

折りたたみ枠の下に袋をつけて用を足す。

●ホール・アース・カタログ

米国の土壌帰り志向の火つけ役になったカタログ。現代文明の再検討をカタログの形式で実行したもの。ＨＤを理解しようとする人は必見の書でカタログ文化の古典。

ホール・アース・カタログ

マキノークルーザー

マザー・アース・ニュース

マ行

●マウンテンパーカ
山登り用フードつき大型ジャケット。七四ページ〈60／40〉の項参照。

●マキノークルーザー
もとは北米先住民が着ていた大格子縞の毛布地コート。ダブル・ブレストが本来のデザインだが、今ではフィルソンのマキノークルーザーのように、シングルで、幅広の衿に、四個のフラップ付きスナップ止め大型ポケットのついたクルーザー型のものが一般的。暖かくて防水性のあるヘビーデューティーなバージン・ウールを素材にしている。

●マザー・アース・ニュース
サバイバル思想を具体化する新しいライフスタイル・マガジン。食糧の生産と加工と保存、土地利用やエネルギープランツ、ホームステディングなど人間の生活全般におよぶセルフエイドを考え、テストしたリポートが誌面の主体だ。一九七〇年にジョン・シャトルワースが創刊。隔月刊でこのところ省エネルギー、無害エネルギーの研究が大テーマになっている。通信販売のゼネラルストアをもち、リサーチセンターを建設中だ。

●マッチボックス
マッチをしけさせないための入れ物。

●マフ・ポケット
ピー・コートやベンチウォーマー・コートの脇ポケットのすぐ上に、たてに付いた手を暖めるためのポケット。別名をハンドウォーマー・ポケットとも呼ぶ。

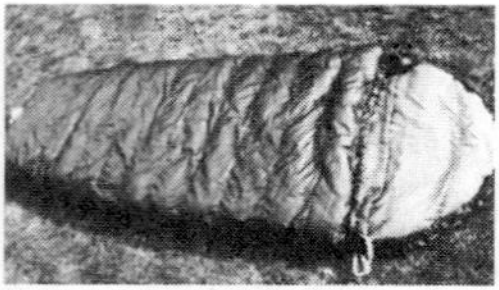
マミー

マッチボックス

●マミー
人形型寝袋のこと。封筒型（レクタンダラー）と対称する。人が寝た形そのままなのでマミー（ミイラ）という。頭まで入って顔だけ出す形式。

●マリン・ブーツ
ヨッティング・ブーツともいう船の上での作業用ブーツ。オイルタンド・レザー、防水キャンバス、ゴムなどがアッパーの素材であるが、特徴はノンスリップ加工を施したソールにある。ブランドとして西ドイツのロミカ、米国のトップサイダーが代表的。

●未脱脂ウール
もとは北米や北アイルランドの漁民、南米やチベットの山岳民たちが羊毛をそのまま紡いでセーターを編んでいたのでこの名があるが、現在は石けんとアルカリの混合水で原毛に付着しているグリース、汗、ふん尿、土砂、草木の枯枝葉などを洗い落としたあとあらためて羊やアザラシの油脂をしみ込ませて防水性の高いウールを作っている。アランセーターなどに使うヘビーデューティー・マテリアル。

●ミトン
親指と四本指とのふたつにわかれている手袋。防寒、スポーツに使う。

●ミニストーブ
通常、液化ガス・カートリッジを使い、セットして用いる。たためばポケットに入ってしまう小ささなので、ポケットストーブともいう。（写真はガソリン使用のスベア123）

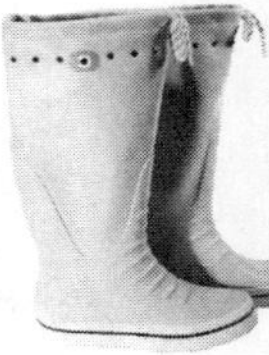

マリン・ブーツ

ミニストーブ

モカシン

●ミンクオイル

毛皮用ミンクから抽出した防水用オイル。皮の組織自体に防水性をあたえ、塩分や不純物が皮の内部に入るのを防ぐ。さらに皮革をしなやかにし、自然なツヤをあたえ、ひび割れを防止する働きもある。登山靴やブーツを長持ちさせるのに必要である。

●綿ネル

綿はコットン、ネルはフランネル、コットンフランネルの日本語。

●綿ポプリン

よこ糸の方向に細いうねのある手ざわりのよい平織物。ポプリンはイギリスの名称。ブロードは織り方は同じだがやや薄いものを指す。

●モカシン

北米先住民のはいていた靴が原型。底からアッパーにかけて一枚革なのが最大の特徴で、甲とかかとの処理が独特のデザインになっている。この型は足の構造に合った優れた点を多くもっているのでいまもアウトドア靴の代表格。カヌーモカシンなど。靴デザイン上の名称「モカシントウ」というのは必ずしもモカシン靴を指さない。

ヤ行

●ヤッケ

防風衣のドイツ語。昔からあるスキーまたは登山に用いるプルオーバー、フードつきで胸及びマフポケットつきの綿ポプリンかナイロン製の防風衣を特に指す。日本の山用語は欧州系だからだ。登山パーカも同じだがこの種のものは防風衣であり、最低限度の防水はしてあるがアテにはならぬ。

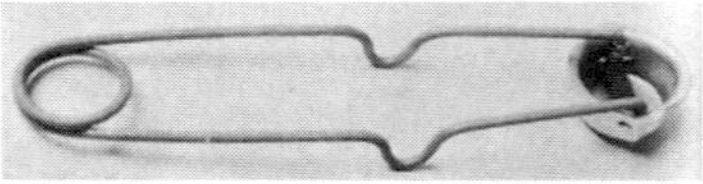

ライター

●**山と博物館**
長野県大町市立山岳博物館は日本カモシカや雷鳥の飼育研究でも有名な日本唯一の山と自然の博物館。その研究発表の場でもある機関誌がこれ。HD派必読。月刊。

●**ヨセミテ**
米国シエラネバダ山脈中の渓谷地帯で国立公園。シエラ・クラブの祖、J・ミュアが紹介し貢献した岩壁に囲まれた谷間で、J・ミュア・トレイルはここを通っている。米国を代表する岩登りのゲレンデでもある。

●**ヨットパーカ**
プルオーバーまたは前ジッパーのフーデッド・パーカ。マフ・ポケット付きで袖口はゴム入り。すそにはドローコードがついている。海のHDアイタム。

ラ行

●**ライター（火つけ器）**
ハンドルを握ると先端のカップで火花が散り点火できるアウトドア用火つけ器。

●**ライフジャケット**
カヌーイングやヨッティングに必須の浮き胴衣。前の素材は背の素材よりやわらかで動きやすい。また背は長くしてあるので腰が露出しない。水に落ちても顔だけを出して三日間は浮いていられる。

●**ライフツール**
サバイバル・ギアのひとつ。長方形の薄い鋼板で（二四九ページ写真）ナイフ、ヤスリ、スパナ、缶切り、栓抜き、ハンマー、キリ、ストリッパー、ミラー、包丁、ナタ、手斧、金属切り、針金曲げ、

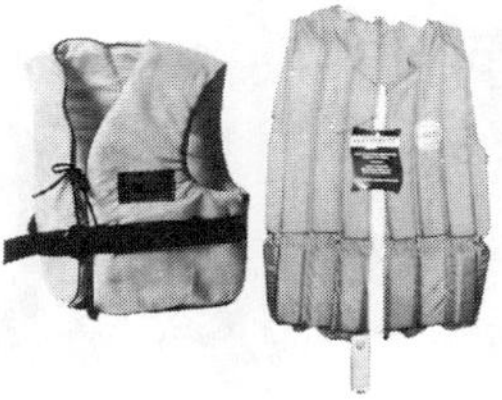
ライフジャケット

スキナー、コンパス、その他ルアーの代用、貝や椰子の実あけ、ヘビに咬まれたときの応急処置まで応用できるという万能板。

●ラインド・カラー
うらあてのついた衿のこと。目的はアレルギー衿ズレ防止にある。

●ラガー・クロス
ラグビー・ジャージーに使われている素材。コットン一〇〇パーセントのニット（織りものではなく編んだもの）。

●ラガーシャツ
ラグビーのユニフォームでラグビー・ジャージーともいう。イングランドタイプは比翼前でボタンは三個。ニュージーランドタイプは衿あきが一枚のコットンテープでゴムのボタン一個止め、アウトドア風俗としては欧州アルプスからヨセミテ経由で日本へ入ってきた。岩場でめだつこと、フリクションに強いこと、乾いた岩場で快適なことなどから向うの山屋の間で流行したという。

●ラグソール
凸凹の大きいパターンの靴底のこと。ビブラムは商標名。

●ラバー・モカシン
ガムラバー製でノンスリップ底つき。上端だけレザーでモカシン形式になっている。

●ラブレス
米国のカスタム・ナイフ・メーカー古顔三傑のひとり。ハンティング・ナイフを作らせたら米国で彼の右に出るものはいない。

●ランドール
そのラブレスが「神様」とあがめるほどのカスタム・ナイフ第一人

ルックサック

ルーフキャリアー

レインハット

者。宇宙飛行士用アストロ・ナイフを作った人。

●リップ・ストップ・ナイロン
ダウン・キルトに使う目のつんだあや織りナイロン地。羽毛が外に出るのを防ぐ。

●ルアー・フィッシング
擬似餌を使って魚をとる釣りのこと。フライのように水には浮かないので、ロッド（竿）を動かして擬似餌（スプーン、スピナー、プラグなど小魚や虫の形をしたものが多い）がいかにも生きているように扱うのがルアー・フィッシングのコツである。ルアーはキャスティング（糸を遠くの目的水面にとばすこと）もやさしい。ビッグ・ゲーム（大物釣り）に最適である。

●ルックサック
徒歩旅行、登山、ハイキング用の背負い袋のうち主として欧州系の古典的な形式のものを指していうことが多い。

●ルーフキャリアー
自動車の屋根につけて、自転車、スキー、サーフボードなどを運ぶためのしかけ。

●レインスーツ
防水地で作った雨具としてのスーツ。

●レインチャプス
レインパンツの左右の脚部だけを独立させたようなもの。別々にはき、ヒモでベルトにとめる。ポンチョと併用すると有効だ。

●レインパーカ
防水地で作った雨具パーカ。

レインボー型

レクタングラー

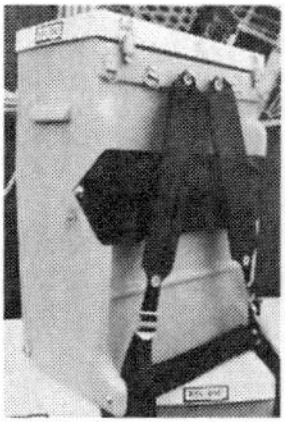

レックパック

●**レインハット**
防水地を使った雨具帽子。後頭部のブリムが特に広いものに釣り人用のサウスウェスターン型レインハットがある。

●**レインフォース**
補強の意。衣類の内側につけた当て布、皮の肘あてなどがそれである。

●**レインブレーカー**
レインパーカのこと。

●**レインボー型**
半円型のバイクキャリア。

●**レインボー・トラウト**
ニジマスのこと。北米原産のサケ科マス属の淡水魚。大きくてしぶといのでビッグ・ゲームとして扱われる。

●**レインポンチョ**
中南米がオリジナルのポンチョにフードをつけて、素材を防水加工をしたナイロン地などにかえたもの。

●**レクタングラー**
スリーピングバッグの形状。長方形でジッパーが直角についているもの。他にマミー型がある。

●**レックパック**
ポリエチレン製の箱のバックパック。頑丈で防水。水に落ちても浮く。カメラなどこわれやすいものを運ぶのに便利だし、キャンプでは椅子、テーブル、仕事机の代用にもなる。レックとはレクタングラーのレクからとったもの。

●**レザー**
なめしおわって質の安定した革をレザーという。タンド・スキンというのもレザーのことである。

ロープワークの種類

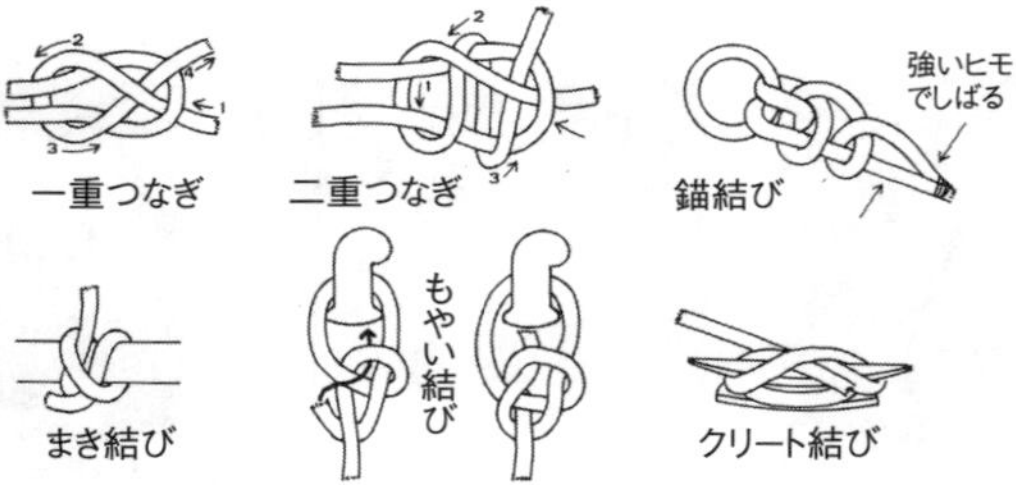

●ログキャビン
丸太小屋のこと。伝統的な丸太小屋を自分で建てるのがヘビアイ青年の夢であろう。作り方はそれほど難しくない。ハンドメイドのログキャビンは北欧や北米大陸にはいやというほどある。

●60／35クロス
ポリエステル65%、コットン35%の混紡地で木綿の良さとポリエステルの強さが共存しているHDな生地。パーカやトレイルパンツに使われる。

●60／40クロス
コットン60%、ナイロン40%の混紡地。コットンとナイロンの長所をうまく表現したHDマテリアル。作業衣用に使われていたのをパーカに採用して一躍脚光を沿びた。

●ロッド
釣り竿のこと。フライ・フィッシング用だと6～10フィートぐらいあり、リールシートがグリップの外側についている。逆にルアーの場合は長くて7フィート、渓流などでは5フィートぐらいで、短い。ともにキャスティングの機能できまる。

●ロッド・ホルダー
釣り竿を固定しておく道具。あたりがあればロッドの台尻が上にはねあがるので魚を逃がさなくてすむものや、一度に何本も固定できるものがある。

●ローディング・システム
荷物の積み方のこと。ここではバックパックにどのように荷を詰め、どのように背負えばいちばん効果的かを追求するシステム学の

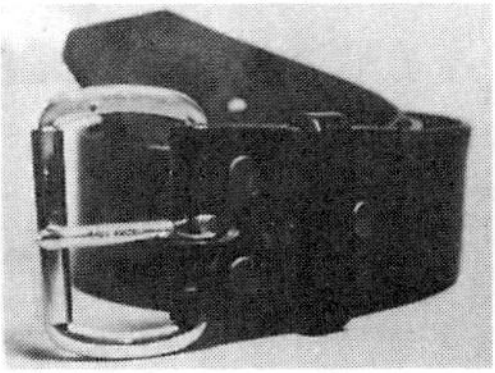
ローラーバックル

ことをいう。

●**ローデン・クロス**

アイリッシュ・フリーズと並んで、ヘビーデューティーで古典的なウール素材。毛足が長く、羊毛の油分が水をはじくので、ダッフルコートその他に多く使われている。

●**ロード・レーサー**

動力性能をひき出し風の抵抗を少なくするためにできるだけ低い姿勢で走るように設計したロードレース用のバイシクル。ひじょうに軽量である。

●**ローハイド**

生皮の腐敗を防止し、塩づけ、乾燥などの処理を施した皮のこと。大きな動物の皮がハイドで、小動物の皮をスキンという。

●**ローファー・ジャケット**

バージン・ウール地のヘビトラ・ジャケット。パッチ・ポケットが三個でレザーボタン。ライニングはクォーター。

●**ロープワーク**

たとえば船を扱うにも必要不可欠なのが結索技術だ。帆を上げる、アンカーを打つ、停泊のためにもやいをとる、落水防止のライフロープ、曳航、など目的に応じてさまざまなロープワークがある。もやい結び（ボウライン・ノット）という結び方は、ひけばひくほど強くしまり、固くしまっても簡単にほどけるという便利なノットだ。この他クライミング、キャンピング、各種工作などＨＤライフでロープワークは必須課目なのである。

●**ローラーバックル**

バックルにローラーがついている

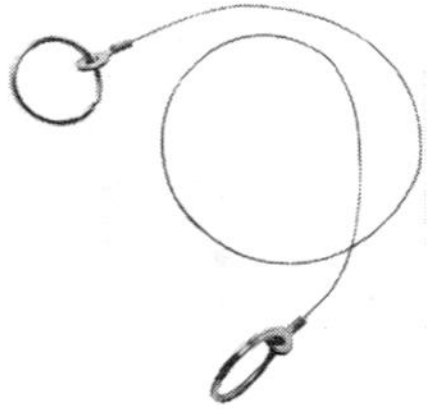
ワイヤーソー

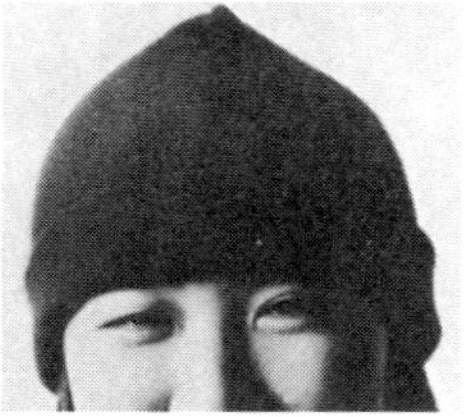
ワッチキャップ

のでベルトの革が摩擦でいたまないというHDシステムのバックル。もとは馬具用である。

●ロンドン・シュランク

毛織物の仕上げ方法。毛織物は収縮性が大きいのでいつのまにか型くずれする。だから仕上げ時に処理して（湿気をあたえてから自然乾燥する）から服に仕立てる。

ワ行

●ワイヤーソー

ポケット・ソーともいう。鋼鉄ワイヤーでできた糸のこ。両端に金属がついていてふたりでも挽けるし、木の枝を曲げてひっかけ枠にしても使える。巻いてポケットに入るから便利だな。

●ワーク・シューズ

作業靴。それぞれの職種にしたがい形式やつくりはまちまちなので一概にはいえないが、HDであることはまちがいない。しかし鉄片入りの安全靴をはいて山に行くようなまちがいは危険だし避けたい。

●ワーク・パンツ

作業ズボンのこと。素材はデニム、チノ、うす織りコットンなどで、つくりはゆったりしていて、ポケットの数が多いのが特徴。

●ワッチキャップ

ニットの船乗りキャップが原型。よくフィットして機能的。ヘビアイのマスト。

●ワラビー

モカシンタイプのスウェード・アッパーにラバーのクレープ・ソールの学生靴。

ヘビーデューティー覚え書き

1969年、ウッドストックの夏、初めてアメリカのアースムーブメントに触れた私は、そのツールやライフスタイルを紹介。そこで名付けた「ヘビーデューティー」が一大ブームを巻き起こすことになる

「全地球のカタログ」に出会う

一九六九年の夏、一日違いでウッドストック音楽祭に行き損なったニューヨーク滞在中のある日、私は五番街のダブルデイ書店の店頭で変わった本に出会った。山積みされたその本は見る間に人々が競って求めて行くので、手にとってみると、何とこれが出版物や物品のカタログを集めたもので、表紙には『Whole Earth Catalog Spring 1969』とあった。しかし、こういうことをして何の意味があるのか、なぜ「全地球のカタログ」なのか、どうして人々が競って買い求めるのかが分からず、それでも気にはなったので、わからないままに自分も買い求めた。

このときはわからなかったこの本は、しばらくして訪ねた家にもあり、その家の人の話を聞くうちにようやく、これが現代文明を再検討しながら、これからの人類のあり方を考える本なのだと気付き、なるほどと思った。そう思って見ると、確かにそのような考え方が伝わってくるのだが、とくに「Nomadics（遊牧民の、放浪者の）」という項目に、登山やキャンプや自然の中での生存術、自然保護などの本や用具が相当あり、またカタログが紹介されている「L. L. Bean」というメーカーは、以前横浜の古本屋でカタログを入手して、米国にもボーイスカウト以外でキャンプやカヌーをする奴がいるのかと思ったので、名前が記憶にあった。私は中学生のころから始めた登山やハイキングを、この頃も引き続いて楽しんでいたので(これはいまも変わらない)、私にとって身近な、このノマディクスという項目のお陰で、ホールアースカタログに親しみを感じた。

バックパッカーがいた

その翌々年の七一年に私は、夏はハワイに滞在、秋には米国西海岸からテキサス州ヒューストンまで車で旅をしたのだが、ここで米国の若者たちの生活が大きく変わっ

たのを目の当たりにした。というのは、まず、どこへ行っても「ジョギング」と称して人々が走っているのを見たことで、米国人が街を走るなど思いもつかなかったから、まったく仰天した。それから町を出外れると大きな荷を背負った若者が大勢歩いて旅をしているので、さらに肝をつぶした。完全な車社会の米国で人が歩いて旅をするなんて、だれが予想しただろうか。この人々は「バックパッカー」と呼ばれており、背負っているフレームつきのザックは「バックパック」、それを使って旅することを「バックパッキング」と称していた。また小型のリュックサックは「デイパック」と

呼んでおり、ハイキングやクライミング（いつの間にか米国に岩登り《クライミング》の世界ができていた）に使う本来の目的から転じて、自転車やバイクの学生、さらに若者の日常生活にすっかりとけ込んでいるのだった。けれども私は、登山やハイキングやキャンピングを少年のころから続けていたから、こればかりは自分が先手をとったぞと思った。

ただし、自分たちがやってきた登山は欧州を手本にしていたし、方法も用具もフランス、ドイツ、イギリス、イタリアなど欧州の流儀だったから、米国で突然始まったものとは対照的に違った。例えば背負い道具で見ると、欧州（日本）式はリュックサックに重心が上にくるようにものを詰め、口ひもをしぼった上で雨ぶたを閉じ、ストラップをしめて荷を身体寄りに引き寄せるのだが、米国式はバックパックの所定のところにものを収めてジッパーを閉じればOKで、手間がかからずコツも要領もいらない。風除けの上衣では、欧州（日本）式は風を防ぐために前あきのないプルオーバーのウインドヤッケ（防風衣）を、着脱の手間は面倒でも昔から使ってきたが、米国式は面倒なプルオーバーをあっさり止めて便利な前あきを採用、その代わりにジッパーとドットボタンの二重開きで防風を図り、両断された胸ポケットとハンドウォーマーは左右に独立させ、ついでに背中に保温用の物入れ（紙一枚入れても効果がある）までつけた「マウンテン・パーカ」という定番衣料を生んでいた。どちらも欧州式と比べると、手間が簡単、経験不要、だれでもすぐなじめる米国式合理主義の見本とわかる。しかし一面、味けない、深みがないとも思うけれど、ハイテクもとり込んだこれらの米国式は新鮮な驚きで、長い間眠ったままの欧州式を大いに刺激した。

さらにまた、米国にはもう一つ、伝統的なアウトドア・アイテムが依然としてあるのも分かってきた。米国人は登山はしなくても、欧州移民や、北米先住民の伝統的な狩猟《ハンティング》、魚釣《フィッシング》があり、そのためのアイテムがあって、いまも少数ながら生産されている。縮絨加工毛織地のジャケットや未脱脂毛糸のセーター、狩猟用のブーツや背負い道具が、量産品のルーツとしてあったのだ。

米国のアース・ムーブメント

私は元来、服でも道具でも機能本意のものが好きで、機能が優れたものは必ず形も美しい、という格言を正しいと思っている（『メンズクラブ』の私へのインタビュー記事で私が「子供の頃からポケットのたくさんついた服が好きでね」と言ったように書かれているのは間違いで、「子供の頃から丈夫で機能的な服が好きでね」と私は話した。ポケットについていえば、機能として必要なポケットは必要だが、無駄なポケットはない方がいいのだ）。だから、米国で突然脚光を浴びるようになった、丈夫で機能も優れて、しかも新しいこれらのアイテムがすっかり気に入り、またこれは自分で使って楽しむだけでなく、こういうものが不足している日本のために、日本のメディアを通じて報告すべきだと思った。

報告すべきものは、それだけではなかった。食生活では自然食やオーガニック・フーズ、住居ならドームハウスやログキャビン、さらに廃棄物のリサイクルやソーラーなどのエネルギーの自給も盛んに追求されており、それらのキーワードは〝アース〟ということで「マザー・アース・ニューズ」というアース・ムーブメントの雑誌

も発行され、「マザー・アース・ゼネラルストア」という通販ビジネスも始まっており、「ニューズ・フロム・マザー・アース・ニューズ」というFM放送まであった。そこでハタと思い当たったのが、六九年に出会った『Whole Earth Catalog』だ。そういえば、これらはみなあの本にカタログという形で紹介されていたもので、ちゃんと伏線があったのだと分かり、謎が解けたと思った。そして、ともかく私が気に入ったこれら全てを、いくつかのメディアを通じて報告しようと思い、実行した。

けれども、そのメディアの中に、わが『メンズクラブ』はなかった。何故かという

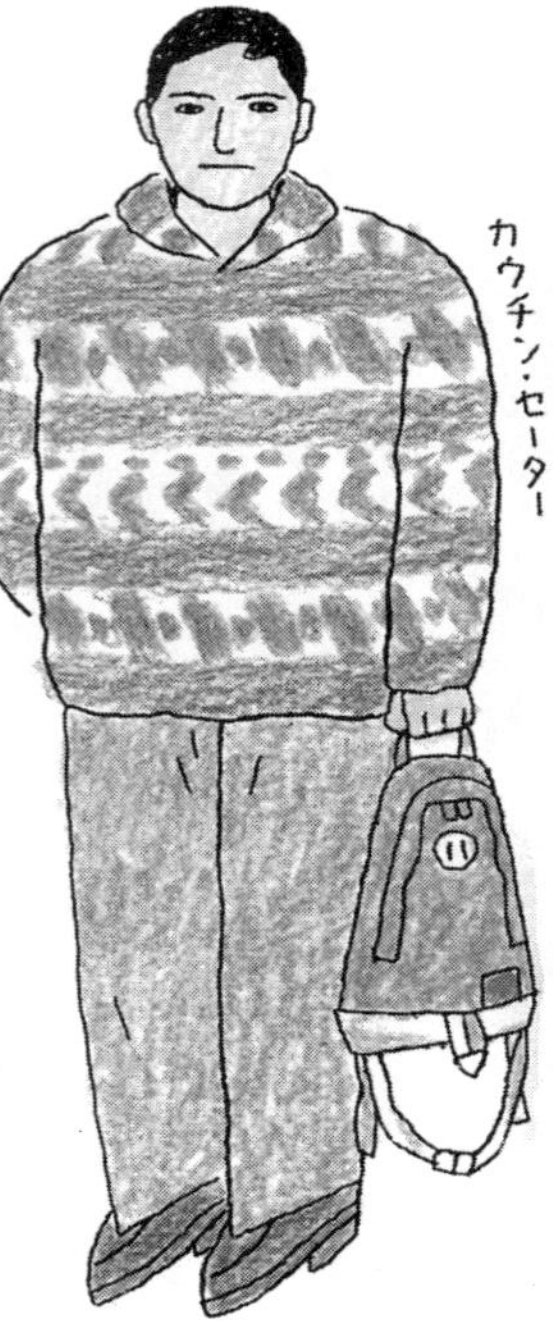

と、当時の『メンズクラブ』は依然として「アイビー」という不動の一本柱にがっちり支えられており、突然発生した米国のアウトドアものやアース志向関連のアイテムなど相手にされなかったのだ。私も一応常連執筆者の一人ではあったけれど、この頃はほとんど呼ばれていなかったと思う。それでは、これまでに『メンズクラブ』が取り上げた丈夫系のカジュアルはどんなものかというと、例えばジーンズも含めたカウボーイ・ウェアがあるが、ジーンズはすでに語りつくされていた。また放出品《サープラス》も丈夫だが、いくら丈夫で機能性十分でもベトナム戦争で人が血を流しているときに軍用品を取り上げる気にはならなかったと思う（前述のインタビュー記事に、〝横浜の米軍キャンプで見つけた放出品がヘビーデューティー・アイテムとの初めての出会い〟とあるのは間違いで、私が初めて放出品と出会ったのは上野アメ横であり、また、それがヘビーデューティーとの初めての出会いではない。それに、軍隊から放出されたものが放出品なのだから、キャンプに放出品はないのだ）。『メンズクラブ』でこれらのものが取り上げられたのは、アウティング・クラブで有名なダートマス大（アイビーリーグ校の一つ）の取材記事からだろうと思う。ダートマスはアイビーリーグの中でも特にアウトドア・スポーツで知られる学校だから、これは筋が通る。

私の記憶では、私が『メンズクラブ』にこの流れに沿った記事を書いたのは、七五年からほぼ隔月ペースで連載を始めた画文記事「ほんもの探し旅」だと思う。この記事は、私の独断で気に入ったものを〝本物〟と決めつけて取り上げるもので、それを探して日本中、さらにカナダや米国にも出かけて取材したのだが、この連載の中で、〝立派に機能する丈夫なものこそ本物〟というココロを表わすのに「ヘビーデューティー」ということばを使い、それがいつか、機能の優れたもの＝本物＝「ヘビーデューティー」となっていったように思う。

「ヘビアイ」への道

そこで、「ヘビーデューティー」の由来を明らかにしておこう。このことばはもちろん造語ではなく、正しい英熟語で、字義通りに「丈夫な、強力な」といった意味があり、カタログによく使われるので覚えていたのだが、機能本位の一連のアイテムを表すのに前述のように使っているうちに、次第に特別な意味を持つようになり、長期連載記事「ほんもの探し旅」の副題を「ヘビーデューティー・サーベイ」としたこともあって、いつか一般に認知されるようになった。だいぶ経ってから、このことばが『現代用語の基礎知識』に載ったときいて、愉快でもあったが、いたずらがばれたときの子供のような気分でもあった。

そういうわけだから、「ヘビーデューティー」は英語圏の人に通じるかときかれたときは、通じないことはないが、七〇〜八〇年代に日本で解釈していたような意味には通じませんと応じている。

それからまた、一連のヘビーデューティー・アイテムを組み合わせると、うまくひとつのチャートができ上り、それがまた、これまでに『メンズクラブ』が作り上げてきた「アイビー」のドレスチャートに似ているのに気付いて、ならばアイビーのパロディーをヘビーデューティーでやってみようと、まじめ半分遊び半分で作ったのが

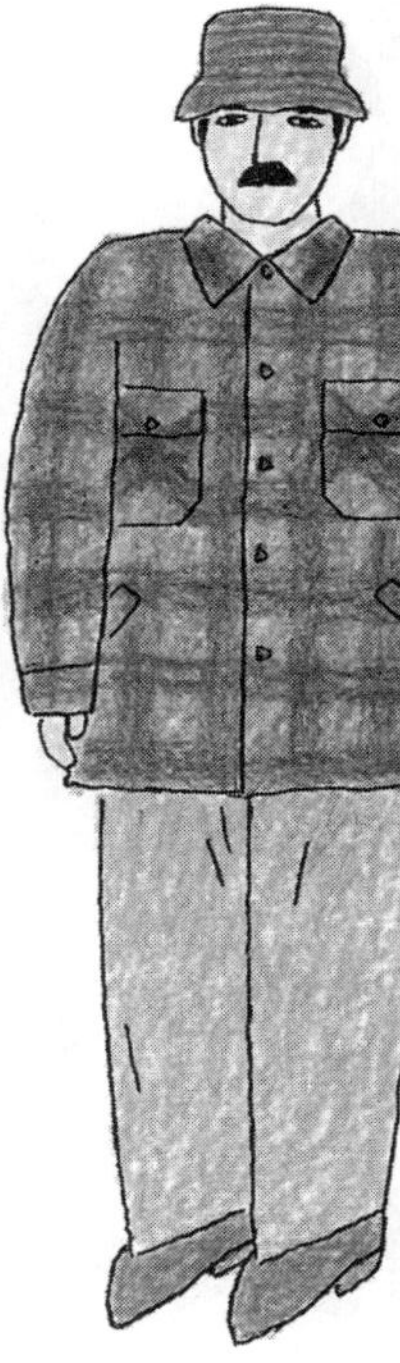

『メンズクラブ』七六年九月号の「ヘビアイ党宣言」だった。

「ヘビアイ」はもちろん「ヘビーデューティー・アイビー」の略だが、これがまた、のちに業界内でひとり歩きをするほどに普及した。その一例として、ラルフ・ローレンの来日記者会見のときに、ある業界紙の記者が「〝ヘビーデューティー・アイビー〟をどう思うか」と質問した事件がある。「ヘビアイ」は当然ラルフ・ローレンに通じるはずがないのだが、通訳が分からないなりに〝ヘビーデューティー・アーミー〟と訳したので、ローレン氏はサープラスのことだと解釈して、「そういった機能本位のデザインの影響は自分にも大いにある」と応えたと、その場にいてハラハラした『メンズクラブ』のスタッフからきいて、笑ってはわるいが大笑いした記憶がある。

ヘビーデューティーの時代

すべてが「ヘビアイ党宣言」のせいとは思わないが、この前後から世の中の風俗習慣に、ちょっとした変革が起きた。例えばこれまで、登山やハイキング以外でリュックサックのようなものを背負うことは日本ではなかったが、この頃から学生を中心に「デイパック」を背負う風習が始まった。現在も続いているこの風習は、このとき以来のものだ。またそれまでは、ズックの運動靴は学生時代で終わり、社会人は運動靴をはかなかったが、その社会人が運動靴をはくようになったのも、七〇年代に入ってからだ。運動靴といえば、連載記事「ほんもの探し旅」で米国の新しいトレーニング・シューズとして取り上げたのが、「ナイキ」の日本初紹介だった。それは日本で作っている米国で最も人気のあるトレーニング・シューズという記事だったが、実は取材を申し込んだ日本のメーカーに断わられ、それで再三お願いして、社名を出さない約束でようやく取材ができた。しかし、取材OKが出たとたんに一転、たいへん親切に対応してもらい、カットモデルまで作ってくれたメーカーの名は「日本ゴム」と、

1975年8月25日、メイン州フリーポートのL. L. BEAN社旧社屋前で。はじめて同社を訪ねた時の記念写真

いまここで初めて明かすことができる。掲載したあとで、この「ナイキ」という靴はなぜ日本で買えないのかという問い合わせが、『メンズクラブ』に殺到したときいた。

「ヘビアイ党宣言」の翌年の七七年、それまでに『メンズクラブ』に掲載されたヘビーデューティーやヘビアイ、それにヘビトラ（ヘビーデューティー・トラッド）をまとめたコンプリート・ブック『ヘビーデューティーの本』（小林泰彦・婦人画報社刊）が刊行された。私としては、この本でヘビーデューティーに一区切りつけたつもりであり、米国で突然ブレイクした七〇年から、この七七年までが、いわば「ヘビーデューティーの時代」だと思っている。

八〇年代に入って『メンズクラブ』のヘビーデューティーは終ったが、その流れは世の中のベーシックとなって引き継がれた。八四年頃話題になったニューヨークの「ヤッピー」はL・L・ビーンのハバーサックとメインハンティングシューズが定番と聞いたし、八七年頃の「渋カジ」はほとんどヘビアイのリバイバルだった。それから時は流れて二十一世紀になっても、学生はリュックサックを背負い（ヘビアイ当時よりもっとヘビーなザックを）、ハイキング・シューズをはき、ラッパー系ではあるがワッチキャップをかぶり、何とチョーク袋（本来はクライマーのものと知ってか知らずか）まで提げているので、ヘビーデューティーはまだまだ続きそうに見えるのである。

（『メンズクラブ』二〇〇四年十一月号「元祖『アメカジ』回想録」を改稿）

初版あとがき

雑誌『メンズクラブ』でヘビーデューティーのことを書いているうちにとうとう単行本ができてしまった。

ヘビーデューティーといっても私はただそんなことをするのが好き、そんなことをする仲間とそれを語るのが好きといった程度のただのファンなので、もとより特別な知識などのあるわけもなく、しかも猛烈な記憶力の悪さで、いったい本ができるのかと心配した。

とはいえ教えを乞うべきヘビーデューティーの権威といった人がいるわけもないので、あちこちに書いた私の原稿を集め、多少書き足したり改めたり、また新しい資料をつき合わせて勉強しながら何とか一冊にまとまった。

この中に出てくる項目の個々については権威の方もおり、立派な本もあるけれど、こんな立場でまとめたものはいままでにないので、これをたたき台にしていつかはもっと立派なものにしたいと思うので、どうぞご意見やお叱りをお寄せ願いたい。

こういうバラエティーある本のため編集がたいへんだった。その点、婦人画報社の神尾賢二氏、松田ひとみさんの超能力にただ感謝。ＨＤを保護育成して下さったメンズクラブと同誌編集長・西田豊穂氏に御礼を申し上げて手をしめたい。

一九七七年盛夏

小林泰彦

文庫版あとがき

一九七〇年は、米国でアースムーブメントが突然大ブレークした年だ。その後『メンズクラブ』誌で「ほんもの探し旅＝ヘビーデューティー・サーベイ」の不定期連載が始まった。七六年には同誌に「ヘビアイ（ヘビーデューティー・アイビー）党宣言」が載り、七七年に『ヘビーデューティーの本』が出版された。それで、覚え書きにあるように七〇年から七七年までがHD《ヘビーデューティー》の時代だと、私は思っている。

ところが八四年頃に話題になったニューヨークのエリートビジネスマンであるヤッピーは、L・L・ビーンのハバーサックにメインハンティングシューズでマジソンアベニューを歩いていると聞いた。彼らはハーバードのビジネススクール出身だったりするわけで、これはまさに『ヘビアイ』ではないか。ニューヨークに、いまごろになって日本文化の『ヘビアイ』が出現したのかと、ア然とした。

八七年頃東京に現れた『渋カジ』というのもよく見れば『ヘビアイ』で、しかもしっかりヘビーデューティーしているので、いまの子もなかなかやるじゃないのと思い、『ヘビアイ』結構息が長いねと友人と話した。

そして二〇〇〇年を十数年も過ぎたいま街往く人を眺めれば、グレゴリーのヘビーなザックを背負う女学生、ビーンのカヌーモカシンをはいたニートらしき青年、バブアのストームコートを着こんだヘビトラのおじさんという具合で、何だかヘビーデューティー時代の夢を見ているようだ。HDはベーシックになっていたんだねと、友人と話した。

そんなときに、『ヘビーデューティーの本』の復刻版を当方の文庫に入れたいと出版会社から申し出があった。何せ四十年近い昔の本で、当時確かに私としては異例の重版がされた本なのだけれど、HDが現代風俗のベーシックの一つとはいえ読んでくれる人がいますかと尋ねると、ともかくやってみるから承諾をといわれた。

そんなわけで、思い出の懐かしいこの本が文庫として甦ることになった。

復刻版だから一九七七年当時のままでいいですと言われてもやはり内容が気になり、久しぶりで読み返してみると当時と現代の事情の違いが各所に見えた。これではわかりにくいから改めてはと始めは思ったが、こうした時代の差も復刻版のおもしろさだと気付いて、改めるのを止めた。なので、いま読んでおかしいところは大いに笑ってください。

事情のちがいというのは、例えば一四八ページにEMSのバーゲン売り場とあるけれど、これは実はアウトレットのことだ。米国のメーカー直営リテイル店には必ずアウトレット売場が付属する。OUTLETは文字通り外へ出すことで、通常は店頭に出ることがない作りそこないや破損品、店《たな》ざらし、デッドストックなどを安価で販売する所だ。そこには米国の合理主義や多様な消費者の存在がうかがえるのだが、この時点から十数年後、米国全土にアウトレットが急増しアウトレットタウンが各地に生まれた。これは九〇年代の不況による現象と考えられたが、そこは米国らしく暗くはならず、不良品や店ざらしをむしろ楽しそうに販売する様子が見られた。そしてそれに気づいた日本の業者がアウトレット商売を始めたので、日本でもアウトレットが知られるようになった。ということで、このEMSの当時はまだ知られていないアウトレットを何と言えば通じるか考えた末に、バーゲン売場としたのだ。当らずといえども遠からずの訳語だった。

事情のちがう例をもう一つ。一七八ページにジェリーのクライミングパックのウエストバンドのバックルを〈さし込み式〉とあるのは、いまではあたりまえのワンタッチ式のことだ。ジェリーはワンタッチを他にさきがけて採用したので、当時は珍しかったのだ。いまではバックルというだけで、ワンタッチとことわることもなくなった。

ほかにも、この復刻版ではこうした例が発見できるので、四十年の間にどんなに事情が変ったかがわかっておもしろい。といったところで、これをもって文庫のあとがきに代えさせていただきたい。

二〇一三年夏

小林泰彦

本書は、一九七七年、婦人画報社から発行された『ヘビーデューティーの本』を底本として再構成したものです。

ヘビーデューティーの本

二〇一三年九月五日　初版第一刷発行
二〇二五年五月二十日　初版第五刷発行

著　者　小林泰彦
発行人　川崎深雪
発行所　株式会社　山と溪谷社
郵便番号　一〇一―〇〇五一
東京都千代田区神田神保町一丁目一〇五番地
https://www.yamakei.co.jp/

■乱丁・落丁、及び内容に関するお問合せ先
山と溪谷社自動応答サービス　電話〇三―六七四四―一九〇〇
受付時間／十一時～十六時（土日、祝日を除く）
メールもご利用ください。
【乱丁・落丁】service@yamakei.co.jp　【内容】info@yamakei.co.jp
■書店・取次様からのご注文先
山と溪谷社受注センター　電話〇四八―四五八―三四五五
ファクス〇四八―四二一―〇五一三
■書店・取次様からのご注文以外のお問合せ先
eigyo@yamakei.co.jp

本文フォーマット・デザイン　岡本一宣デザイン事務所
印刷・製本　株式会社暁印刷
定価はカバーに表示してあります

Printed in Japan ISBN978-4-635-04761-6

ヤマケイ文庫のアウトドア・ライフスタイル関連書

加藤則芳
森の聖者 自然保護の父ジョン・ミューア
「アメリカの自然を救った男」の生涯をたどる

コリン・フレッチャー著／芦沢一洋訳
遊歩大全
1970年代の「バックパッカーのバイブル」を復刊

長尾三郎
サハラに死す
単独横断に挑み、消息を絶った上温湯隆の名作

小林泰彦
ほんもの探し旅
〝ほんもの〟を探したイラスト・ルポ四十二編

羽根田 治
パイヌカジ 小さな鳩間島の豊かな暮らし
八重山地方の島の暮らしや人間模様を綴る

芦澤一洋
山女魚里の釣り
風土を見つめ、自然を想う十五編の釣り紀行

芦澤一洋
アウトドア・ものローグ
自然と向き合う心と思想を語った八十二編

芦沢一洋
バックパッキング入門
1967年、大ブームを巻き起こした名著復刻

小林泰彦
イラスト・ルポの時代
1967〜70年、世界の街と若者風俗を活写

ヘレナ・ノーバーグ＝ホッジ
懐かしい未来 ラダックから学ぶ
ヒマラヤの辺境から学ぶ環境、自然、社会の未来

遠藤ケイ
男の民俗学大全
日本の暮らしを支えてきた男たちを徹底取材

坂本直行
山・原野・牧場
日高の山々を愛した画家の若き日の画文集

小林泰彦
日本百低山
味わい深い低山の楽しみをイラスト紀行で紹介

小林泰彦
続日本百低山
小林泰彦のイラスト紀行・日本二百低山完結